# みんなの
# 幽体離脱

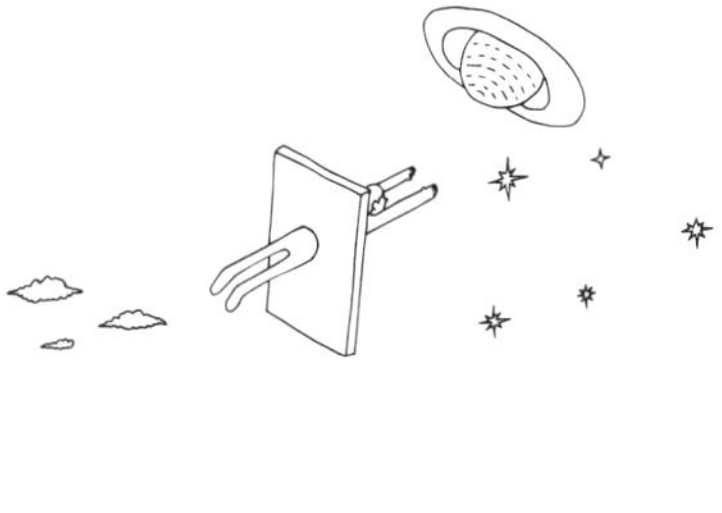

The Report of The Mystical Experiences.

［表紙・表紙カバー デザイン　村上智一］

もくじ

# Contents

## Chapter 2 シンクロニシティ&サイキック

Contents

Contents

# まえがき

# Prologue

本書は、facebook内の変性意識編成会というクローズドなコミュニティで、参加した人々が変性（変成）意識について書いたものをまとめたものです。それ以前に、わたしは精神宇宙探索という講座をしていましたが、これは変性意識に入ることで宇宙に飛び出すという趣旨のものでした。トランス状態に入るとか、シータ波の脳波になるとか、日常意識からこの変性意識に入ると、個人としての狭い枠に閉じ込められた意識から拡大してゆき、いつもは見えないものが見えたり、またどこかに飛び出したり、なんでもありの状態になります。

そもそも人間の構造とは、身体、感情体、思考体の三つの結合でできており、感情体も思考体も、目に見えないものです。休みなく自分は身体的な存在であると畳みかけて納得させないことには、つい感情体も思考体も身体の範囲からはみ出してしまいます。

古い日本人は、この感情・思考体が、身体からすぐに離れてしまうという癖を持っていました。というのも、そもそも魂や霊というようなものが、著しく狭い範囲にしか存在しない身体に閉じ込められることを好むとは思えないからです。誰もがわざわざ好んで牢獄の中にじっと入っているとは思えません。西洋人は異様に強い物欲を持っているために、魂あるいは感情体は常に身体にはりついており、離れるということはなかったようです。

わたしたちは身体的存在であり、自分はいま、ここにしかいないと思い込まされていますが、深くリラックスすると、身体的緊張がすぐにほどけてしまい、あちこちの空間、あちこちの時間に散らばってしまいます。

ごく普通に暮らしている中でも、変性意識に入ることは多い。そして、人それぞれ、この変性意識に入る方法には個性的なものがあり、画一的な手法にこだわる必要はないということでもあり、このいろとりどりの「妙な」やりかたを集めてみたいと思ったのが、変性意識変成会の趣旨でした。

わたしとしては、できるかぎり変わっていて、できるかぎり笑えるような種類のものを集めたかったのです。わたし個人は高校生の頃は不眠に悩まされ、起きているつもりでも、実はもう半分寝ていて、変性意識に入っていたという体験はおびただしくあります。その時に、硬いはずの壁が薄い布地のカーテンのように揺れていたり、鳴らないはずのピアノが鳴ったり。しかし夢の体験でもなく、奇妙な中間地点にいたという体験です。変性意識は、目覚めと眠りの中間にあるもので、眠りに落ちないで、この薄明の状態を維持できれば、そこで、さまざまな宇宙体験ができるものなのです。

本書には、変性意識という点で、優れた能力を発揮している人が登場します。でも基本的には、やはり暇であるということは大切なことだと思いました。猫のように暇な暮らしをすると、多くの人は変性意識体験をたくさんするでしょう。

松村 潔

# 幽体離脱

## Chapter 1

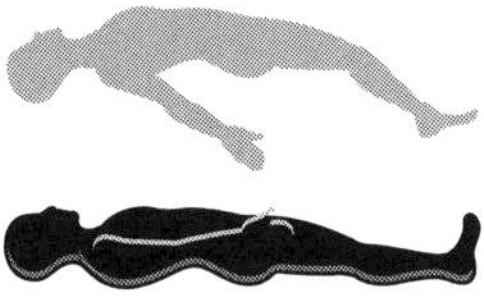

人は体脱して、どこに行くのだろう？
何を見るのだろう？
それよりも何よりも、いったい
どうしたら、そんなことができるのだ？
特別な人だけに許されたミラクル？
それとも、誰にでもできること？

## 4階の下は3階ではなく…

小学生低学年のころ、お布団に入ると必ず、床のほうへ体脱していたように思います。何をどうするわけでもなく、布団の中に入って仰向けでじっとしていると、だんだん下へ下がってゆきます。

マンションの4階に住んでいたので、下へ行くと3階のはずなのですが、そこは真っ暗闇の部屋で、戻るための白い階段だけが、部屋の真ん中にあります。

私は毎日そこへ降りていました。そこからはどこへも行けませんでした。

その当時は、無口だけど優しい女性と、鎧を着た男性がいつもそばにいて、学校へ行く時も一緒でした。

それから時々、三つの動物の顔が串団子のように連なっている生き物もそばにいました。

結井さくらさんの場合

スマヤソラさんの場合

## 濃いめの体脱と薄めの体脱

ある時、人から話を聞いて、幽体離脱をやってみようと思い始め、幽体離脱そのものの前に、まず自覚夢＝明晰夢（夢を見ている時に夢であると気が付くこと）から始めました。

これは始めてからだいたい2週間でできるようになりました（実は中学校のころ、やろうと思ってチャレンジしたのですが、できたことはありませんでした）。

その後、自覚夢から幽体離脱ができるまで半年ぐらいかかったと思います。

一度目はソファーで寝ていて、頭のほうに抜けました。

ちょっと抜けるのに抵抗があって、うんしょ、うんしょ、と中身のほうの体をソファーの手すりにひっかけ、頭側から抜けました。

そして、まず、「ガラス抜けができるだろうか？」とチャレンジ。

ガラスは硬くて、壁も硬くて抜けませんでした。

部屋をウロウロ、家を出て、ジャンプしたり、階段を下りたりしてました。

二度目は、ガラス抜けを目標にしました。

すると、ガラス抜け、壁抜け、天井抜けができたので、天井を抜けてから、幽体離脱を教えてくれた知り合いのＩさんに報告がてら会いに行こうと思いましたが、Ｉさんの家の様子がわからず、マンションの入り口と階段を見ただけで会うことはできませんでした。行こうと思った瞬間に場面がすっと変わったのを覚えています。

３回目ぐらいの時でしたが、抜けてから家の近所の土手を歩いていて、もう一回抜けようと思ったら体が抜けました。

体外離脱時の抜け方についてですが、私は手から抜けることが多かったです。上半身が抜けても下半身が抜けないこともよくありました。

頭から抜けるという知り合いもいました。

多くの人が抜ける時に音がするといいますが、私は音がしません。

ある時、幽体離脱の世界で、幽体離脱をできる友人と会ったので、共有できるのか試してみたく、「こっちの世界で会ったかどうか覚えておいてね！」と言いました。

こちら側の世界でその人にあった時に聞いてみると、あちらは「まったく知らん」という感じでした。

ある時、車に乗っていて、私は助手席で、友人が後部座席に座っていました。

私が半分居眠りしていたら肉体と中身が半分ずれてしまい、それを放置したままにしていたのですが、車から降りた時、友人に、なんと！「さっき幽体離脱してなかった？」と聞かれました。

「ええっ!? わかったの!?」と聞くと、「うん。なんか焦点がずれてたから」と一言。

その友人は生まれ年は違えど同じ誕生日の人で、幽体離脱の経験が一度ある人で、整体やら、気功やらをやる人です。気がつく人もいるのだと、その時知りました。

幽体離脱には濃いものと薄いものがあるようです。

濃いものは、抜けた後、壁抜けできず、飛ぶのも、ジャンプが普段より高く、長いぐらい。

軽いものは雲の上とか、とても高い所まで飛べます。

もうちょっと軽くなると二度抜け。

幽体離脱した体からもう一度抜けます。もしくは自覚夢から幽体離脱します。

一番軽いのは意識のみの時。

意識だけの時は、あっというまに太陽系を抜けてどんどん遠くに行ってしまい、銀河の渦をいくつか抜けていってしまい、さすがに怖くなってそこで止めて戻ってきました。

幽体離脱の若干濃いめのものは、こちらの世界のことも見えるみたいで、ある日、空中でいると、家族がマンションの入り口あたりを歩いていたので、もう帰ってくるなと思い、体に戻ると、実際に家族が帰ってきました。

一度、占いブースで居眠りをしたことがあって、その時に、建物の外の上空に意識が飛んでいて、こちらを見上げている男の人と目があったような気がし、「しまった、見られた!?」と思って瞬時に体に戻りました。その数分後に来たお客様が男の方でしたので、さっきの人かどうか確かめたのですが、同じ顔ではなかったです。

意図的でない幽体離脱もあります。

夜中に電気を消しに起きて、振り返ったら自分が寝ている。

朝起きぬけに、体が半分ぐらいずれている。

体から半分ぐらい床側にずれていて、腕とか振り回すと、床を突き抜ける。

電車の中で寝ていて、上半身がずれることも。

ハッとして、「誰かに気づかれてない？」と見渡すも、誰も気がついていないらしく、ほっとしたことがあります。

水晶を見ていて、手がずれたり、上半身がずれたりすることもあります。

こちらの世界とあちらの世界の二重知覚もあります。

以前、神社での奉納演舞の際に、「猩々《しょうじょう》」を舞っていて、水（お酒）を汲む型を舞っている時に、扇の上に水が見えたことがありました。

舞っている時は「あ、水が見えるな」と思って、普通に受け止めていました。

あとで師匠に話すと、「神さん、お酒飲みたかってんな」と返してくれました。

素敵な師匠です♪

練習してだんだん型をやっている感覚がなくなってきて、自分のものになりだし、自分の舞ができてきだすと、ある時、ぽかっと、どこからか風景とか情景とかが降ってきます。

「鵜飼」をやった時は、ある瞬間、真っ暗に感じたりしたので、「これはいったいどこから降ってわいたのだろう？」と思い、もしや師匠のものが飛んできたのかと、師匠に「先生、このシーンで真っ暗になるとか考えていらっしゃいました？」と聞いたら、先生はニヤリと笑っていました。

うちの師匠は、風景などを鮮明に思い浮かべることができる方で、お謡いからそれが飛んできます。だから師匠の作られたイメージだったのかもしれません（ちなみに師匠とは太陽同士、月同士がオポジション、言わなくても芸で伝わるって感じです）。

「静御前」や、他の何かを舞った時は、目の前を着物を着た人が歩いていたりしていた気が。そんなふうに、時折、着物の人が目の前を歩いているように見えるので、ついて歩いてます。

これはいったい全体どこからやってくるものなのか、いまだ謎なのです。能の世界の昔から蓄積された何かを見ているのか、先生の世界が飛んでくるのか、それとも私自身がどこかとアクセスして引き下ろしてきたのか、自分が作っているのか、謎です。

舞を舞っていると、「これって魔術だよな。結界の中で、風景や物や、空気を召喚する」ってよく思います。

神社での野外能なんかは、舞台の柱に本当に結界のような物がレイアウトされているので、ますますその色が濃い感じがします。

ある程度舞が頭に入って、自分なりの舞ができるようになったころには、舞っていると世界が二重に見えたりする時もあります。

こっちの世界とあっちの世界、ダブルで重なって見える時があって、自分で作った世界が多いですけど。そうでない時もあります。

駅のホームで電車を待っている時に、あっちの世界とこっちの世界が同時に存在していたことがあって、その時は向こうの世界のほうが強くて、危うく電車に乗り遅れるところだったことがありました。

また、かなりの量の運動をした後に起こったことですが、みんなでお茶を飲みに行って、話をしている最中に、知り合いが人間に見えなくなったこともありました。見たこともないような怪物チックな物に見えました。オーラがいつもと違って、ものすごくはっきりと見えました。

コンサートで音楽を聴いていて、映像が浮かぶケースがあって、コンサート直後、それを演奏者に伝えると、まったくその通りの風景を思い浮かべて演奏していたといわれたことが何度かあります。音に乗って、情景が飛んでくるものなのですね。

音は媒体になっているようです。

ある時、作曲者に感想を言いに行ったら、「それが僕が本当にやりたかったことです。パンフレットにも書いてなかったですが」ということもありました。

これらは、芸術をやるものとしては、お互いに本当に嬉しいことです。お互いものすごくフレンドリーな感じになりました。

**Sayaka Kido Imai**　ものすごく面白いです。お能をされてるのですね。
二重知覚の話、すごくわかります。駅で現実と混ざってたりとか、私の場合は人が怪物ではないんですけど、別の人に見えて、「お前、誰じゃ」と思ってたら母だったとか夫だったとか。過去生かなあと思ってるんですが、スマヤさんが見たのは宇宙時代の姿とかですかね？　面白いです。
**竹内紫恩**　僕もコンサートが自分の感性にハマった時に宇宙が見えたことがあります。
すべて和楽器のオーケストラだったのですが、指揮者（オケなので指揮者がいます）が誘導してものすごい一体感が生まれました。
ホールというよりも、皆が宇宙空間を漂っているような、重力すらないんじゃないかと思えるような……初めての体感でした。
逆に獅子座の新月か満月にあったコンサートでは、ソリストの「俺の音を聴け！」みたいな押しが強過ぎて、参ってしまいました（笑）。
**スマヤソラ**　和楽器のオーケストラというのは珍しいですね。獅子座で「俺の音を聴け！」ですか。おもしろいです。
**竹内紫恩**　僕は獅子座に天体が不在なので、あまりにもプッシュされると、ひえー、勘弁しておくれー。ってなるんですよ（笑）。
**スマヤソラ**　そういえば、濃いめの幽体離脱の時、家の中の間取りが変わっていることが多いです。夢でも、明晰夢でもそういうことが多いです。大きな部屋が増えていることが多いです。

私の体脱のしかたですが、まず脱力します。

体勢は寝ている状態か、リクライニングで少し背中を持ち上げた状態がやりやすかったです。

それからいろいろ手とか足を動かしてみて、中身がずれたらGOサインという感じです。

お風呂につかってゆるりとしていると、壁に文字が見えたりというのもあります。

脱力と半分寝かけというのがいいのかも。

一時はカスタネダの本を読んで、寝るだけで幽体離脱していた時期もありました。

私の経験では幽体離脱も、明晰夢も、自分がどれだけ関心があるかによって左右されます。

一日にどれだけの時間そこに関心を向けているかによって違います。そちらに関心が向いているほどよいようです。

幽体離脱で二度抜けした時に、体の形が変わることがあり、人型ではなくなったこともあります。

アルクトゥルスに行こうとすると形が変わる率が高いです。

それだけアルクトゥルスが遠いのかなと思っています。

あと、どこかの恒星に行こうとした時も、二度抜けして体の形が変わりました。

## スターゲートの名前と体脱

高野尚子さんの場合

ここ数日面白い体験があったので、シェアします。

一昨日、宇宙のスターゲートについてある文書を読んでいたのですが、読んでいる途中から、異様な眠気が襲って来て、気づくと(別の場所にいたのに)自分の事務所の部屋のカーテンを見ていたり、赤い服を着た赤毛の女性になっていたり（その人の目線から見えた）。

それで、これはもしかすると体外離脱に使えるものなのではないか？　と、ワクワクしました。

そのスターゲートの名前には聞き覚えがあって、おそらく1年くらい前に夢の中で亡くなった母親から言われた言葉だったように思います。意味がわからなかったので、検索した記憶があるのです。その時は何も出てきませんでした。

一昨日はとても興奮していて、眠る時になんか体が10センチくらい浮いたようになったので、「あれ?」と思いましたが、そのまま寝ました。

不思議なことにその言葉は、日常生活の中では忘れてしまうのです。「あの言葉、何だっけ？」と思い出そうと努力しないと出てこないのです。

そして昨夜、体外離脱しました（と思います）。

すーっと体が浮き上がってきて、背中の後ろに手を回しても、何もない。

わー、楽しいと思って、どこかの部屋（自分の部屋ではないような）の天井あたりを少しウロウロして、またベットに戻ってきました。そんなに遠くまでは行かなかったです。

これまでに2回くらい体外離脱の体験はあったように思うのですが、今回はスムーズで、何か安全運航的な感じでした（教習所で練習してるような？）。

この先まだまだ飛んでいくのかもしれません。

たぶんその言葉は私にとってのポータルになっているのではないかと思いました。

エジプト時代の過去世の一つで自分が飛んでいたのを見たことがあります。その時は非物質の存在だったのかなと思っていたのですが、体外離脱だったのでしょうか？　その時代にはよくやられていた、その時に作ったポータルなのかもしれないです。

エジプトのラーは、オリオンのアルニタクということですが、２０１７年の３／12ガイダンス瞑想中にオリオンからチャージされる感じがありました。

以下、ガイダンス瞑想でのメッセージ。

3／14「統合」。

3／15「統合」「unite one」。

3／16「明日メッセージが来るよ」。

その日の夜に見た夢でアルニタクに繋がらないと、と思いました。

3／17アルニタクから石板みたいなものをもらい、読めないけど文字が書いてありました。それは重要なメッセージで、とくに後半が重要とのことでした。

さらに記録を見ると、3／19に「半年したら」と書いてありました。

ちなみに今日受け取ったメッセージは「受託がある」。アルニタクのもののようでした。

その後、明るい声の女性から「こんにちは！」と声をかけられました。

## 身体の中身が浮遊する…

Yuri さんの場合

変成意識状態かわからないのですが、眠り過ぎると身体が眠っていて動けず、脳は起きている状態で身体の中身のようなモノが浮遊していく感覚が起きます。身体に戻れなくなったらと思うと、とても怖いので途中で止めてしまうのですが、少しずつ浮遊を進めていこうかなと思っています。

**松村潔**　わたしは以前、腹が裂けると思っていました。腹が痛くなる。分離する時に。そう思うとそうなるということですね。それから、首から切れていくというのも本気で怖い。

## 牛の角がぶつかって体脱

奥田さんの場合

　2才か3才のころのことだと思うのですが、牛小屋でふらふらと牛がご飯を食べているところへ近づいてのぞきこんでいた時に、「ん？」という感じで牛がヒョイと頭を上げて、その角がわたしの額に当たって後ろにふっとんだらしいのです。

　自分ではその一連の記憶はないのですが、もう少し大きくなって（小学生くらいでしょうか）、牛舎の天井のあたりから見える映像として、小さい女の子がすごく泣いていて、それを母親が笑いながらあやしているという光景が、ときどき鮮明に思い出されて、もしくは見えていて……。

「これはなんだろう」と思っていたら、そういえば小さいころこんなことがあったよ、と母親から聞き、あ、その時のことだ、あの下で泣いていた子は自分だったんだと、深く納得したという話です。

　これは、ふっとんだ衝撃で体脱して上から見ていた、その記憶を思い出していたのかな、と単純に思っていたのですが、小学生のころの自分はその光景を思い出して、または見に行くことで、母親の愛情とか、守られている感覚を確認していたのかもしれないという気もしてきました。

**髙野尚子**　これが、〝牛にごっつんされて体脱〟ですね？

とても面白いです。その時は忘れていて、小学生になって思い出したっていうのが、なんだか時空間を超えている感じがして面白いです。

**奥田**　そうなんです、ちょっと時間差があるのです。

自分が下でギャーギャー泣いているのに、意識は天井付近にいて見ているというのが、やっぱり不思議で、あれも自分だったのなら、じゃあ誰が泣いてたんだろうと。でも不思議な安心感がある光景でした。

**髙野尚子**　実際のところ、エーテル体レベルでは時間は関係ないのだと思います。

竹内紫恩さんの場合

## 片頭痛と体脱

今日の昼ころ、片頭痛で寝込んでました。

久々にけっこうしんどい頭痛で、目を閉じたら、意識して初めて左目でビジョンを捉えました。

線の中に無数の糸があり、それが超高速で形を変えながら移動してました。

しかし、いかんせん片頭痛。

とにかく酔ってしまって撃沈でした。

あまりにひどかったおかげか、体脱（笑）。

頭からにゅるーんと。

どうやら僕は、体脱する時って、まず球体があり、そこに中身がにゅるーんｉｎするみたいです。

どこ行ったかは撃沈につき不明。

拾ったものか、お腹も痛くなり、エアーで吐いたらでっかい蛭が出てきて、退治しました。

そのまま寝て、無事に頭痛腹痛から復活し、今はぼーっとしてます。

**髙野尚子**　その始めに球体みたいなのを作るのは、バトラー方式だと松村先生が言われていたような。
**竹内紫恩**　自然とそうなっちゃいますー。
**髙野尚子**　それはきっと過去世で身につけたものに違いない（怖っ！　過去世縛り？）。
**竹内紫恩**　話は変わりますが、肩をトントンしただけで、「わあ！」ってなる人がいます。ビックリ病だったかな、変な名前までついてますよ。これ、現代ってか、西洋医学では病気なんです。さすがは西洋ですね（笑）。
**晶**　びっくり病、すごくわかります。会社員の時に、過集中で上司からの呼びかけがぜんぜん聞こえないから、肩を叩かれ、「わあああ！」って飛び上がって驚いてしまい、毎回なので失礼極まりない……。びっくりしないようになりたいと今でもたまに思います。
**髙野尚子**　この前の講座でも松村先生は日本人はもともと体から出やすかったと言っていましたね。幽体離脱しやすいのだと思います。
　ご存知と思いますけど、現在の精神医学の診断分類はＤＳＭというアメリカの精神医学会が作成したものと、ＩＣＤ１０というＷＨＯが作成した診断基準の両方が使われています。これは数年に一回改正されていると思うのですが（ＤＳＭは）、最初のものは文化差をまったく考慮せず、たとえば幽霊を見たというのも、統合失調症に加えられていたのです。『カッコーの巣の上で』という映画がありましたが、あれはそういうものの批判でもあります。その診断基準でいけば、アメリカン・インディアンのビジョンクエストで守護霊と繋がるなどは、まったくの精神疾患と考えられ、精神科に入院されていたということです。年々改正されて、ましにはなってきている（いやないか）かもしれませんが、西洋の自己の捉え方は日本人の自己の捉え方と異なるので、幽体離脱は病気になってしまうのでしょう。

**竹内紫恩**　へえー。本当に『カッコーの巣の上で』ですね。あれだってインディアン出てきますもんね。

**さり**　インディアンのビジョンクエストに興味あります。知人がやってたような……。

**高野尚子**　どんなことをやられていたのですか？

**さり**　違ってたらごめんなさいですが、歩く時にそのモードにすると、視界が360度になるような、五感で微細なものすべて受け取れるような感覚だったと思います。

**高野尚子**　さりさん、ありがとうございます。私は文化人類学の授業で勉強して言葉は知っていたけど、具体的に何をするのかは知らなかったので。面白そうですね〜。

川蝉さんの場合

## 松果腺刺激で確率アップ――私のメソッド①

以前は、エネルギーで満たして睡眠し、あとは偶然まかせで待っているというものでしたが、昨年、松村先生から松果腺の前後のパイプを両手で刺激するメソッドを紹介していただき、これがかなりパワーアップになりました。

私は本当に面倒くさがり屋で(笑)、両手をかざすのが逆に緊張感出てしまうので、イメージでエネルギーを流します。

初めてやったときには、驚くべきことに、頭の中で、ボコッと、何かが取れる音がして、そのあと、かなり興味深い明晰夢を見ました。何かの詰まりが取れたようでした。

それからは、明晰夢や体脱の確率が大幅にアップしました。

つまり、夜中に目が覚めたとき、布団の中で横になったままで仰向けで呼吸法をし、エネルギーをチャージする。十分に満たされたら、松果腺、あるいはその前後のパイプをイメージ操作によってエネルギーで満たし、そのまま睡眠に入るというものです。このときに、接触したい恒星や惑星があれば、そこに接触すると心で決めておけば、星の探索ができます。

私の場合は、慢性鼻炎があるので、右を下にして眠りに入りますが、鼻の具合がいいときは、仰向けですることがあります。そんなときは、エネルギーで全身を満たしたあと、自律訓練法で全身の力を抜くと、かなりスムーズに体脱ができます。鼻炎さえなければなぁと、よく思います。そうそう、テキスト通りに呼吸法ができないのは、慢性鼻炎であることも大きな理由です。

離脱中は、戻りたくないのに戻されることばかりです。そのときの意識状態にもよりますが、離脱中にエネルギーチャージすることで、延長できることがあります。離脱中に呼吸法をするのです。本当に息をしているのかどうかわかりませんが（笑）、いつものチャージ方法をとることでエネルギーに満たされます。

離脱中は、肉体なしでエネルギーを感じるためか、半端ないエネルギーに包まれます。あまりにやりすぎると、激しすぎて驚き、逆に覚醒してしまいます。

あと、サンドイッチ方式もあります。夢の中の私が、さらに体外離脱の過程を経ることで、より遠くに飛べるようなときがあります。

しかし、これはコントロールの効かない最初の夢の私の心意気次第（笑）なので、いつできるかはわかりません。最初の夢の私は制御不能なのに、飛び出た私は自由に動けるという不思議な現象です。

夜中に目が覚めて、リアルだと思っていたら体脱中で、それに気づかずに、もう一度、意図的に体脱の手続きをしてしまうこともあります。最近は、こちらのほうが多いです。エネルギーの濃い部分を脱ぐ感じになります。

**高野尚子**　川蝉さん、なかなかメソッドが確立していますね。参考になります。体脱中にエネルギーチャージされると書かれていた方は他にもいらっしゃいました。川蝉さんは途中で呼吸をする（しているかわからないけど）のですね。面白いです！

**Yuki Nagata**　なんだかいろいろ読ませていただいた中で、川蝉さんのやり方がわたしに一番合っててやりやすい気がしています。

**川蝉**　ありがとうございます。よかったら試してみてください。

## イメージでエネルギーを満たす――私のメソッド②

明晰夢や体脱から帰ってきたあと、もう一度、イメージで全身をエネルギーで満たし、さらに松果腺をも満たします。うまくいけば、もう一度、明晰夢や体脱になります。ならない場合でも、フォーカス10の状態［金縛りに近い状態：編注］、エネルギー体に重心が移動している状態になることが多いです。全身がボワボワした感じになっています。

基本的には目の前は真っ暗ですが、ときどきいろいろなビジョンが見えます。おそらく、どこからか来た自分へのメッセージだと思います。恒星探索のあとだと、恒星からのメッセージです。質問にも答えてくれるときがあり、ちらっとビジョンが見えます。

フォーカス10で恒星と接触した感じがあるときは、わたしはエネルギーの交流を欠かさずしています。接触したときには、たいてい、ケテルからエネルギーが注ぎ込まれます。恒星によって味わいが違います。私からもあちら側にエネルギーを送ります。すると、さらにエネルギーが入ってきます。たまに、骨が動いたりすることもあります。エネルギー体の治療や改造（？）をしてくれているのかもしれません。

恒星とのエネルギー交流で何が変わったのかは、さっぱりわかりません（笑）。しかし、そうすることで、パイプは太くなっているのではないかな、と思いますし、効果はあとあとわかってくるのではないかと思っています。

私の場合は、覚醒時に、不思議な何かが見えたり聞こえたりするということはまったくありません。睡眠を使った変性意識状態のみです。

ネイタルの月に土星がスクエアなので、ふだんはロックされているかのようです。緊張感が強い性格です。

離脱中は、人格が変わったかのように自由に振舞います。怖いものを見ても、面白がる感じになります。覚醒時には幽霊に怯えるような感じですが、変性意識中は幽霊を追いかけるような性格になります（笑）。この月には、火星海王星がトラインで、冥王星がオポです。離脱中は、土星から離れて弾けている男になるわけです（笑）。

**髙野尚子**　覚醒時と変成意識状態のギャップが面白いですね～。
**川蝉**　追いかけると、なぜかみんな逃げるんですよ（笑）。幽霊なのか何なのかわからないのですが（笑）。

## マカバを作る――私のメソッド③

マカバの練習を始めたのは、わりと最近で、まだ数ヵ月くらいです。離脱中にマカバを作ろうと思っているのですが、変性意識になると忘れてしまい、なかなかできません。ついい先日、初めて手応えのある経験をしたところです。松村先生の夢を見た直後で、「そうだ！マカバに乗るんだった！」と思い出したのです。

やり方は、覚醒時の呼吸法のエネルギーチャージを離脱中にし、そのときに、マカバに身体が包まれるように、エネルギーの流れをイメージするだけです。

初めて手応えのあったときは真っ暗闇の中で、頭上から眩い光が差し込み、マカバが回転して浮上、そして着地というものでした。残念ながら、濃く出すぎていたために、移動の感触はあったのですが、風景が見えませんでした。

これからは、マカバに乗る練習を継続していきたいと思っています。

また、通常の夢でも、重視するケースがあります。迫力があったり、心に強く響くような内容のもの。松村先生か、エネルギー使いの先生が登場するもの。メッセージ性が必ずあると感じます。逆に、明晰夢や体脱になっても、そこに何のメッセージ性がないものもあります。むしろ、ない体験のほうが多いです。

**高野尚子**　川蝉さんのマカバはどんな形なのですか？

**川蝉**　作り方が我流と思われるだけで、形は同じです。星型八面体です。正四面体を重ねた形。

**高野尚子**　星型八面体ですか！　乗るとやはり違いますかね？

**川蝉**　あ、もしかしたら私の勉強不足かも。マカバって、いろいろな形があるということでしょうか？　私は『フラワー・オブ・ライフ』という本で、星型正八面体のを知り、それがマカバだと思っていました。私の場合は、マカバで自分を包むという感じです。あとは自動的に動いてくれました。とは言っても、まだ体験が1、2回です。

**高野尚子**　私のほうが勉強不足です。恒星探索では球体をイメージしてて、それがマカバ（乗り物）だと思ってました。

**川蝉**　了解しました。真っ暗で、本当に恒星にたどり着いていたかわからないのですが、もし本当にたどり着いていたとしたら、ほんの2、3秒くらいでの移動だったと思います。マカバなしに太陽系の外に出たときは、外に出るまで、もっと時間がかかりました。とはいっても10秒もかかってなかったように思います、たぶん。

**高野尚子**　ほお、早く感じるのですね！　それはちょっと試してみたいです。

## トンネルのような筒の先にいたもの

なかなか緊張感のようなものがあって、今日はダメそうだなぁと思っていると、外からネコがニャーニャー鳴き始めた。低音で、あまりにもしつこいので不気味だったが、これってもしかして体脱できるって意味か？　と思った。すると、いきなり体が弛緩し、フォーカス10になり、真っ暗に。体脱するからネコが鳴くのではなく、ネコが鳴くので体脱するという（笑）逆説的現象。

で、真っ暗なので、濃く出すぎたなと思ったのだが、目を意識するとそこにエネルギーが流れ、フェイドインするみたいに見えるようになった。これは、新しいテクニックで使えそうだ。

で、あちこちぶらついて、何かの拍子に体に戻ってしまったのだが、相変わらずネコがニャーニャー鳴いていて、気持ち悪かった。

体をを緩めると、また真っ暗になり、いつもは天井のほうに出るのだが、下のほうに飛び出た。下に出たのはあまり記憶にない。

下に出たかと思うと、ものすごいスピードで、仰向けのまま暗闇の中を転落していった。

真っ暗だが、なんとなくトンネルのような筒の中にいるような気がした。

かなりの距離を落ちたのだが、これはいっそのこと、この筒の底を見てみようと思い、頭から底に向かって直進し、さらに加速した。かなりのスピードで、ぐいぐい底に飛んでいった。

すると突然、まわりが明るくなったが、速いスピードで降りているので、周囲の状態はよくわからない。

しばらく筒を進んだところで、もしかしたら何かあるのかなと思い、ストップすると、白い壁や床だが、古びている四角の筒状の空間で、螺旋状に階段が続いていた。上から見下ろすと左回転状になる。

何か見つからないだろうかと思い、駆け下りるが、同じような空間が続いて、これといったものが見つからない。

私は立ち止まると、ふと、自分の右脚の後ろのほうに、白い物体が付いてきているのに気づいた。それは背の低いロボットのようなもので、手足がなく、足の部分は蛸の足を極端に短くしたような円形になっている。腕らしき部分も胴体にくっついていて動かない。

顔は、アンパンマンに出てくるホラーマンににていた。

私は、スターウォーズに出てくるR2D2みたいだな、と思った。触ってみたが、別に反応はない。しかし、作動しているのはわかる。

私はふと、このロボットは、常に私の傍にいたのではないか？　と思った。私の相棒的存在なのか、あるいは監視役なのかはわからないが。

私は気をとりなおして、階段をさらに下っていった。すると、古びてはいるが、少し可愛らしくオシャレな感じの扉があった。木でできていたと思う。ドアノブには、この向こうにいる住人の名前らしきものが書かれた札が掛けられていた。「ＡＩｓｏｎ」みたいな名前だったが、正確ではないかも。

扉を開けると、眩しい光で目がくらんだ。

草木の生えた美しい庭があり、その向こうに、一軒の家が建っているような予感がしたが、そのまま肉体に強制的に返され、目が覚めた。

## 木星

アルシオン［牡牛座にある恒星：編注］の話題が出て、今日、アストロ・コムでもう一度確認したら、木星が関係していました。木星で思い出したのですが、一度ユニークな体験をしたので紹介します。

体外離脱したときに、飛べと思った瞬間、猛スピードで宇宙に飛び上がりました。STARWARSのワープみたいな感じ。飛びながら木星を視覚的に確認し、次に岩の群れを突き抜けると、その向こうは暗闇でした。もし飛んでいたことが間違いでないなら、光よりも速いことになります。

ただ、異次元や恒星に飛ぶ人は、距離とかスピードとか無視できると思うので、ある意味、この体験は「遅さを体験した」とも言えるのかと思えます。

飛んだ時、太陽系の外側は真っ暗闇で、その暗闇を突き抜けると、ロード・オブ・ザ・リングみたいなファンタジー映画のような世界になりました。

城下町の酒場みたいなところで、ドワーフみたいなおじさんと会話したのですが、相手の声が聞き取りにくかったです。これはアルシオンではないかもしれませんが。

**スマヤソラ**　お邪魔します。私は、体脱した時は光より速いというのもありますし、こっちの物理世界の法則が関係ないという感じもあります。

**川蝉**　確かに物理法則無視の世界ですよね。このときは、「太陽系外に行くのに、わざわざ、あたかも物理法則的に飛んでいくの？」というツッコミ的な気持ちが湧いたのです（笑）。みなさん、太陽系外に出るときはどんな感じなのだろう？　私には初めての体験で、たいへん面白かったです。あっという間の出来事でしたが。

**スマヤソラ**　私も、ものすごいスピードで太陽系外に行ったことがあって、ビックリしたことがあります。ほんとにあっという間でした。確か、その時は体がなくて、意識だけだったと思います。

**松村潔**　３Ｄダークネスのショートカットなら瞬間で行く。なおエーテル体は、光よりも振動が高く、つまり速い。物理法則は太陽系の中でのみ通用すると思います。太陽系から出ると、原子という法則がそもそも成り立たないのでは。

**Sayuri Tokito**　私がはじめて体脱した時は、惑星グリッドのようなものに引っかかってしまい、それ以上外には出られませんでした。高級茶筒の蓋が閉まる時のような、わずかな抵抗でした。

**Litro Litro**　面白いです。ガリレオ空間からユークリッド空間への移行のようです。定期的に世界観は変わるので、当たり前かもしれませんが。

**松村潔**　この太陽系のようでない恒星と惑星の関係のもあるので、そこでは、この太陽系の中にある原子モデルとは違う物質単位が出てくることになり、もちろん地球で作った物質はそこに行くことは不可能で、ここでマカバが有用になるというわけ。幽体離脱は裸で飛んでいるようなもので、こんど体脱する時にはマカバに乗ってください。すると、遠くまで行く。惑星グリッドに引っかかったというのは、地球的構造を持ったまま行こうとするから、鳥網にひっかかる。

**Ｌｉｔｒｏ Ｌｉｔｒｏ**　単位が出てくるということは、ディメンションといいますか、空間の受け取り方が変わりますね。惑星感覚と違った宇宙空間の山羊座的感覚になじみやすくなりそうですね。がんばってみます

**松村潔**　馴染んでくれ。徹底して。

**Ｌｉｔｒｏ Ｌｉｔｒｏ**　手の爪が生え替わりそうなのですが、馴染みかけです。頑張って馴染みます。相性的によくても宇宙酔いしてましたが、なんとかなってきました。

**松村潔**　もっとも異質なのは、アンドロメダ銀河。わけがわからない。なので、こちらからあっちに行く人も、あっちからこっちにくる人も、身動きとれなくなるケースがある。そして何百年も亜空間に幽閉されている存在を、誰かが連れ帰る。

**川蝉**　離脱中に気功的エネルギーを操作すると、肉体にいるときとは比較にならない大きなエネルギーを感じます。これでマカバをつくれるかも！　と思いました。次の離脱が待ち遠しい（笑）。

さり さんの場合

## 自分の体に戻る自分を見た

4～5歳の夏に、寝起きに自分の体に戻るところを見ました。

眠りから覚めた瞬間、2メートルぐらい下にある自分の体のへそに、螺旋状のコイルのようなもので繋がったもう一人の自分がくるくると吸い寄せられ、次の瞬間に目が覚めました。

母に話しても夢を見ていたんだねということで、気にしてくれませんでした。

後にシャーリー・マクレーンの『アウト・オン・ア・リム』を読んで、宇宙にでも行っていたのかもと思いました。

シャーリーも、自分の体からひものようなもので繋がったまま、宇宙に飛び出したという話を書いていたからです。

ですが、このような体験は1回だけで、自分で意識して体脱したこともありません。

Emika Kurata さんの場合

## 起き上がるとそこは水底だった

ある時期、体調不調が続き、しょっちゅう体脱していた時です。外の世界にあまり楽しみを見つけられず、本を読むのと幽体離脱が唯一の楽しみでした。

そのころは体脱が容易にできて、始まりの合図としては身体の重さや境目がなくなり、胸からお腹付近が浮いた感じで、ふわわぁぁぁん…ふわわぁぁぁん…と、こそばゆい感じになり、持ち上げられるように次第に上にスゥ〜っと浮いていくような感じでした。とくに朝方は、2、3回意識が変わるたびに体脱していたと思います。

何回か地元の伏見稲荷や東山、もしくは近所の大型スーパーの屋上の小さなバルーンみたいなのを見に行ったりしていたのですが、外の世界はあまり面白くなくて、おかしな話ですが、異世界を垣間見ることのほうが増え、そちらのほうが楽しみとなりました。

昼寝をしていた時でした。知らずに体脱していて、目覚めたつもりで普通に起き上がると、自分の部屋にいるはずなのに、岩陰のような仄暗い水の底にいるんですね。一瞬ゴボゴボと空気が漏れる音がし、息ができないような気がしてもがいたのを覚えています。

岩陰かと思ったのですが、その仄暗さの中、振り向くと、鱗のある巨大な龍体のようなものが自分の後ろでトグロを巻いていたのを覚えています。驚くと、ざぁーと、まるで部屋から水が引くようにその世界が薄く、遠くなり、自分の部屋が戻ってきました。

　またある日は、ふと起きると障子の上の壁に、小さな2匹の蛇が8の字を描くように交差しながら走っていました（螺旋を横にしたDNAのよう）。しかも白い蛇と、まるで素麺束に1〜2本入っているようなピンク色の蛇が、お互いを交差させながら走っていて、あぁ紅白や……と思いながらボーっと見たりしていました。

**松村潔**　なかなか不気味ですが、昔の日本人はみんなこんな体験をしていたと思います。いつのころからか、これが非現実になってきた。

**Emika Kurata**　私の母は熊本の田舎出身で、オジイちゃんは山で火の玉が出たらその火でキセルを吸って休憩していた、叔父は河童と相撲を取ったらしく、必ずお辞儀をしてお皿の水をこぼさせてからすること、などと母から遠野物語ばりの、現代では使えない情報ばかり吹き込まれたんです。

**晶**　以前、20代の時に、蛇つき狐つきの話を趣味で集めていて、地方出身の高齢の方は面白い話をよく聞かせてくれました。とくに四国、高知のほうから聞いた話を思い出しました。龍つきのエピソードで、天井に金の龍がウネウネとはっていて、鱗が落ちて刺さって痛くて眠れないという霊障の娘さんを調べていたら、その方の母が一人暮らしの娘さんのために龍に祈っていたというエピソードを思い出しました。

**Emika Kurata**　私もそんなお話が好きなタイプで、怖いけどもっと知りたくなります。私の友人が静岡の田舎出身なんですけど、何か困り事があったのか、彼女がお母さんに連れられてある男性の拝み屋さんの所に行ったそうなんです。すると、拝み屋の神棚には木でできた筒状のものがあり、男性が拝むとその筒から白っぽく光る糸のような細いものが立ち昇るように幾つか出てきたそうで、その部屋には女の幽霊もいて、気持ち悪くなって親を置いて走って逃げたという話を聞きました。それっていわゆる管狐では？と話をしていたのですが、管狐は自分のmy管狐を山の中で自分で捕獲するって聞きました（変性意識になって捕獲するのでしょうか？）。そんなトンデモ話に惹かれます（笑）。地方の山間部なんかはきっとそんな話の宝庫なんでしょうね。

**松村潔**　人間のエーテル体は必ずしも人間の形をしていない。龍の形の人は案外に多い。変成意識に入るときに、身体から外に意識が拡張するということをイメージすると、だんだんと感覚から離れて、身体が膨らんできますが、結果的に、「あら？　蛇みたいな形になっちゃった」と思う人は多いのでは。［19］太陽のタロットカードの二人めの子どもは、エーテル体の子どもですが、この子どもは［18］月のカードでのザリガニで、それは古い記憶では［17］星のカードで、星との関係を思い出したことで、古い記憶にアクセスできた。

星の記憶が古い記憶としてのザリガニを呼び出し、それが成長することで、第二の身体になる。おそらく9割は人の形をしていない。このあたりの回復手続きは、ケンタウルス、シリウスあたりを行き来することで加速します。

**晶**　そういえば、ケンタウルスに行った時に白い巨大なおたまじゃくしみたいなものが、「おれもつれて帰れ」と言ってきて、でも、不気味だから、みんながびっくりするからダメだよって断ると、シリウスに行った時にまたそいつが出てきて、こんどは可愛くゴマアザラシのゴマちゃんみたいにバージョンアップしていた。

**Emika Kurata**　晶さんの天井に金の龍の話ですが、私の場合、天井からまるで う○ちのようにとぐろを巻いた気持ち悪い真黒い蛇がボンボン落ちて来るのです。その時の私は体脱状態のせいか、普通ではあり得ない程愛に満たされていて、それを気持ち悪いとも思わずに、天井から落ちてくる蛇を受け止めて抱きしめると、蛇が光になって消えていくという具合でした。

ある団地に家族で引っ越してから調子が悪くなったのですが、そのころは怪奇現象がひどくて、自転車がバタンと倒れたり、ガラスが割れたり、CDがケースごとフリスビーのように飛んだりと、ポルターガイストもあってたいへんでした。

第二の身体ですが、トリマン［恒星の名前：編注］とシリウスを行き来している時、ドゴン族［アフリカの少数民族：編注］のお面を被った人がガイドになって案内してくれた所に、サイケデリックな光を放つしめなわの掛かった神輿のような小さな神殿のそばに、まるでここにいましたと言わんばかりの、魚拓ならぬ大きな龍拓の跡が岩壁に写っていたのがすごく気になり、私の本物の身体はこっちで、今、黒曜石を持っている人間の私の手に違和感を覚えたことがありました。それが先生のおっしゃる太陽のカードの人の形をしていないふたり目の子どもだったのかと思います。

**晶**　愛の光に引き寄せられた魂をリトリーバルしたのでしょうか。他人かもしれないし、自分が大事にもっていた思いかもしれないですね　素敵なビジョンですね！　激しいポルターガイストには遭遇したことはないのですが、土地に蓄積されたものってやっぱりありますよね。私が今いるところは縄文時代より前の石器時代の土器が見つかるところで、弥生時代の墓地跡が5分圏内に2つあるのです。だから変なものばかり見るのかもしれないとふと思いました。近所を歩いていると、この道を原人も歩いていたのかなぁと不思議な気分になります。

サイケデリックな光のしめなわ。私もサイケデリックな神社のような巨大な狛犬のような獅子像のある神殿（?）を明晰夢でみたことあります。

それはそうと、もう分身だと自覚があったのですね。いままで私は、それらを別のものと見ていて同調しただけだと思ってきました。

いつも人が見ている夢が映画みたいに見てみたいと思ってきたので、ほんとうにこの場はワクワク楽しいです。

## 体脱して亡者と大乱闘

体脱を繰り返すと、何か見えないものの気配に敏感になるのだろうか？　夜中にふと目が覚め、その途端、まるで冷凍庫のような冷気がスーッと前から近づいて来るのがわかっても逃げられず、このまま襲われる！　金縛りにあう！　と覚悟をした瞬間、その空気が私を素通りして「アレ？」と拍子抜け。すると、隣に寝ていた彼が激しくうなされ始めたのです。起こして「どうしたの？」と尋ねると、「亡者が俺を川へ引きずり込む夢を見た」というんです。

翌朝、彼にそれを言うと、彼はまったく覚えていませんでした（余計に怖い）。ただ、彼の体調がかなり悪くなり、毎日吐き下しがひどくて、体重が減り、人相が変わっていきました。

後日、体調不良の彼と昼寝をしていた時です。また何かの気配で私は目が覚め、瞬間、鮮やかな映像が見えました。夜、山の上にある神社の鳥居に皓々と丸い月が昇っていたのが見えた後、大勢の怒号が聞こえ、クワやカマを持ったたくさんの振り上げられた腕が見えました。ふと彼を見ると、彼の腰に巻き付くようにしている女の人が見え（なんだかゼリーのような白っぽい質感のぷよぷよしたヒルコのようなイメージ）、その女の腰にはまた違う人が巻き付き、まるで数珠繋ぎのように遠くのほうまで人間が繋ぎあって続いているのが見えました。

彼はまたうなされ始め、あまりのおぞましい光景に恐怖よりも腹が立ち、次の瞬間、私はすごい勢いで彼の腰に巻き付いた女の人を引っぺがしにかかり、他の人間も引きはがしにかかりました。抵抗して巻き付こうとするので、指を一本一本引きはがしながら、私は亡者らしき人たちとドタンバタンと音を立てて大乱闘しているつもりだったのですが、実際は寝ていただけで、体は動いていなかったので、腹が立った瞬間に完全に身体から飛び出していたのだと思います。

彼はこの出来事の前に、京都の福知山や亀岡付近に出張で1週間ほど出かけていたので、何かが彼に憑いて来たのかもしれません。なんとなく見えた映像から、神社の鳥居の正面に月が来る時間が、一揆の待ち合わせだったのかと思います。それから彼は二度と出張の仕事はしたくないと言って引き受けていません。福知山や亀岡付近なんて、すごくエーテルが濃そうな土地柄だったのではないかと思います。なぜ彼に憑いたのだろうかと思うのですが、波長が合ったのか、何か縁があったのかもしれません。

本来なら神社でお祓いといったところですが、体脱してエーテル世界で亡者達と格闘してたら、たまたま憑きものが取れました、みたいな話なので、体脱も自分だけの楽しみだけでなく、たまには役に立ったのではと思います。

**S a y a k a K i d o I m a i**　亀岡福知山付近、すごく濃いです。地名にも月信仰の跡らしいものとか、めっちゃ古い発音がそのまま残っているものとかがあるんです。確か聖方位にも関係してるという話だったような。うろ覚えですが……。聞いた話だと、亀岡付近はいわゆる落人村みたいなので形成されてたそうで、今でも古い集落はかなり閉鎖的で、埋め墓と参り墓がまだあったり、埋葬の習慣も非常に独特だったと聞きました。霧と洪水が今でもやたら多く、昔はたくさん亡くなったでしょうね。K u r a t aさんの彼がなんか憑けて帰ったとしても納得です。私の弟も洪水で人がたくさん亡くなったところにうかつに踏み込んで、憑かれてエネルギーごっそり持っていかれたことあります。

**松村潔**　亀岡と綾部には、大本教の本部があり、この建物の庭に、出口なおに関係した井戸があります。この井戸の場所が、その力の焦点であると思ったことがあります。井戸を見て、あ、これかーと思った。綾部も亀岡も、強烈な影響力のある場所だと思います。一度は行って見るといいと思います。

## 臨死体験とウォークイン

私は、28歳の時に意識不明で死にかけたことがあるのですが、それまでも甲状腺や膠原病を疑われたりしていました。28歳以降も免疫系の体調不良を繰り返すようになり、あまりにもしんどいので、病院に勤めたら何かあった時に安全かもと、約10年医療事務の仕事に就いたくらいです。

人は死の瀬戸際に臨死体験をするといいます。三途の川やお花畑は見えなかったのですが、覚えている宇宙の記憶があるんです。

蓮の台というよりは、無機質なロート型の台が幾つもある空間で、大きな映画館のようなモニターが前に見えました。それぞれ一つの台に一人か二人ずつ乗り合って、談笑しています。雰囲気は一貫して和やかで、談笑と言っても静かなさざ波のような優しい挨拶のようで、天使的ともいえる穏やかさに、「私はここに帰って来てホッとした」と感じたことを覚えています。

何処かの星というよりは、集合場所のようなエリアで、違う支部に配属された同期達に久しぶりに会っているような雰囲気でした。私もその仲間に加わり、まわりに挨拶しながら前のモニターを見上げると、地球が映し出されました。

そこで場面が変わり、瞬間、「地球で女の子を助けに行くのですね」と私が発言し、そのまま地球に向かって飛び立ったという記憶があるんですね。

ウォークインって日本語では「憑依」って言われることが多いようなんですが、私の場合、元々がワンダラーとかウォークインと呼ばれるものだったのではないでしょうか。そのために意識体が肉体と順応できず、失敗して肉体が死にそうになったので、違う意識体が再度入り直したのではないかと思うのです。それが、このときの臨死体験だったのではないでしょうか。

その後、肉体が生き直した時は、調整中だったのか、言葉の音は知っててもそれが何だったのか思い出すのに苦労したり、近所なのに自宅がわからなくなって親に迎えに来てもらったり。変な話ですが、お風呂でお臍の掃除をしていたら、これ以上やると痛くなるという体の記憶が飛んでるので限度がわからず、すごぉ～く痛くなるまでやってしまったり……。このままではウッカリけがをしてしまいそうだったので、この期間はさぐりさぐり丁寧に生活しながらも多幸感が一月くらい続きました。

以前、松村先生がハイブリッドの記事を書いてくださっていて、たとえばアストラル体はアークトゥルス［恒星の名前：編注］、エーテル体はミンタカ［恒星の名前：編注］、身体は地球産だとすると、違うソースからの身体を集め、ハイブリッドに挑戦したものの、順応が難しく、三層がズレやすい。すると心身共々の不具合を起こしやすいというのを読んで、長年の体調不良だの自分の中でモヤモヤしていたことが統合されて、人生が変わるくらいに救われた思いでした。

知らないだけでこういう症状や不具合のせいで生きづらさを感じている方ってけっこう多いんじゃないかなぁ〜って思います。

**Yumiko**　臨死体験は、たとえばヘミシンクでいうとどのレベルなんでしょう？

**Emika Kurata**　臨死体験は深いデルタ睡眠だけど意識ははっきり覚醒していて、あの世とこの世の境目である、いわゆる三途の川があるあたりはフォーカス21〜22くらいではないでしょうか？

10代のころ見た明晰夢で、たぶん南方に戦争に行った人が出てきて、ジャングルを逃げているんですが、敵方の網みたいな罠に掛かって木に吊り上げられて捕まって殺されるんだけど、死んだらまた振り出しに戻ってジャングルを逃げるところから始まって、それを延々と繰り返しているんですね。これこそ地獄のようだって思ったことがあります。

## 至高体験

体外離脱と言っていいのかわかりませんが、高校3年の時の話です。

私は何かにつかまってすごい勢いで上のほうに引っ張り上げられていきました。暗いトンネルで、蜘蛛の巣のようなものが内部にあり、移動しながらそれが体にひっかかっては片手で振り払い、もう片方の手でつかまって引っ張り上げられました。

着いたところは綺麗でほんのり明るく、イメージで近いものは雲の上です。

そこにある建物の入り口で、見えない誰かに「こちらへどうぞ」と通されるような感じがあり、中に入ると、その1年前に他界した母がいました。「久しぶりねー。元気だったー？」というような話をしました。何か約束をしたようなのですが覚えていません。

戻ってくる時の経緯はうやむやなのですが、目がさめた後に、明らかに通常の夢とは違う実感がありました。

やはり高校のころのこと、夢で夜の高校に行きました。暗い廊下と非常口の緑色の明かりがはっきり見えて、廊下を歩いて、階段を降りる時に、足の感覚がないことに気がつき、

PARCAさんの場合

その瞬間に転んでしまい、「地面にぶつかるーっ！」と思ったら、すすすーっと移動して、寝ている体にガクンと戻ってきました。

ガクンとなって目がさめることは今でもときどきありますが、思春期のころは頻繁でした。そのころは思考のデジャヴュというのか、思いついたことや、ふと感じたことを、後になって本の中で見つけるといったことが多かったです。

19歳の時は、体外離脱ではなく至高体験ですが、二晩徹夜した明け方、散歩に出てから部屋に戻ると、朝日が射した瞬間に、意識の目の前にかかっていたカーテンがぜんぶ剥がれる体験をしました。とてもまぶしい知覚で、その瞬間、ありとあらゆることが「わかった！」という感覚がありました。継続した時間はほんの数分で、カーテンは徐々に戻ってしまい、その時の体験はほんのひとかけらしか覚えておらず、とても悲しくなったのを覚えています。

ちなみに、海王星が蠍座20度、カーテンの度数です。でも、いつでも自在に開け閉めすることは無理です。なぜならそれらの体験は、意図的に起こしたものではなく、勝手に起こってしまったものだからです。

その至高体験の再現を追い求めて、20代の初めにTM瞑想を習い、トランスパーソナルセラピーに足をつっこみ、ホロトロピック・ブリージングを受けたり、アイソレーションタンクやスエットロッジも体験しました。

そんなある時、ふとしたご縁でマジック・マッシュルームをいただく機会があり（非合法になる前のことです）、その時の体験で、精神的渇望感といったものはすべて吹き飛んでしまいました。その時の詳細は省きますが、一つ面白かったことを書きますと、テーブルの向こう側や柱の向こう側にあるものが見えるのです。たとえば、書いた字を消そうと思って、消しゴムはどこだろうと探すと、テーブルの陰など見えない位置にある消しゴムが見えるのです。基本の視野は肉体の目の位置から見ているのですが、あらゆる角度からも見えるというような不思議な視野感覚でした。中高生のころは何かと落ち込みやすかったのですが、ある時、ものすごく落ち込んで世をはかなんでいた時に、急に、目の前のエンピツやケシゴムやノートや目に見えるものが「大丈夫だよ」「大丈夫、大丈夫」「大丈夫だからねっ！」と話かけてきたことがありました。

同じようなことは20代の時、地下鉄の中でも起きました。落ち込んでいたのに、急にあらゆるものがキラキラして優しくなって、世界の見え方が変わってしまったことがありました。

その後、ＴＭ瞑想を習い、真面目に瞑想をしていたある日、目をつぶって静かな状態になっている中で、自分の目の前に一本の道が伸びていて「このまま真っ直ぐ、自分の道を進んでよろしい」という言葉が浮かんだことがありました。

それから紆余曲折ありましたが、ある意味では自分の道をまっすぐ進んできたという自信もあります。

瞑想状態ではいろいろなことを感じたり見たりはするのですが、とらわれないようにと教えられたせいか、あまり記憶に残っていないように思います。

## 半透明の上半身

子どものころ、眠っていると身体が上へ上へと上がっていって、空まで上がると、そこには大勢の人がすでに上がってきていて、とても悲しい気持ちで、布団の中で泣きながら目が覚める。

＊

夜中に目が覚めて、隣に眠っている娘（中学生）が、身体は横たわっているけれど、半透明の上半身だけが起き上がって、無表情でどこを見ているかわからない目をしてボーっとしている。思春期なんだなあと思う。

＊

とても小さなころ、砂場で遊びながらウトウトしていたら、隣の田んぼの畦道を兵隊さんが列をなして行進していった。それから、横を向いて寝ると、心臓の鼓動が行進の足音のように聞こえて、怖くて眠れなかった。今は大丈夫。

＊

受験生の時、夜中に受験勉強をしていると、隣の台所でガスが漏れていて、真冬だったのでドアを閉め切っていて気が付かないでいたら、一番遠くの部屋で寝ていた母が血相を変えて起きてきて、ガスが漏れていることが判明。二人で窓を開けてガスを外に出しながら、しこたま怒られる。

母の眠っていた部屋もドアを閉め切っていたのに、なぜ気がついたかと聞いたら、母は眠るとすぐ夢を見て、それが台所が散らかっている場面とか、雨が降っているのに女物の長襦袢が干してある夢とかで、起こそう、起こそうとされているみたいで気持ち悪いから起きて台所に行ったら、ガスが充満していたらしい。

母が眠り半分で見た夢がなければ、隣の部屋にいた私はガスが爆発して死んでいたかもしれない。

## ここには来たくないと泣いた闇の中

子どものころから、自然にそうなりそうな時（半分眠っていて、半分起きている時に）、体を振動させて、体温を上げて、ブーンと低い音（振動）から上げていって、キーンと高い音になったら、足から抜けます。ときどき、頭だけ抜けない時もあります。

行く場所は、真っ暗な闇の中が多かったです。暗くて見えないけれど、そこには、たくさんの人が集まっています。こんな場所に来たくないと泣いたことがあるのですが、そこにいる男性に、みんな来たいと思っているんだぞと言われたことがありました。絶対嘘だと思う。調子が悪いと、天井まで上がって、ずっと爪で天井をガリガリしています。

**松村　潔**　この天井で爪をガリガリというのが不気味で面白い。たぶん濃度が高すぎるところで抜けてるんだと思います。なので暗くて、しかも見えない。宇治拾遺物語を見ているようです。足から出てるのが原因で濃くなるのでは。

**菫**　宇治拾遺物語の中世（時間の流れがとてつもなく遅い）地獄みたいな暗闇です。まさにそうです。

## "電線にからまる"問題

私は寝てる時に勝手に抜け出してその辺を飛び回ってるらしいのですが、よく電線に捕まってからまります。よけようと思ってもどうしても電線に引き寄せられて捕まってからまるのです。からまらずとも、電車の線路の上の電線に沿って飛ぶしかできなくなったりとか……。ロバート・モンローも、確か、計測機器かなんかで電気的に包囲された部屋で体脱実験をした時、電気の網みたいのにからめとられて動けなかったみたいな話を書いてて、幽体と電気は物理的に干渉するんじゃないかみたいなことを言っていた気がするんですけど、皆さんは体脱して電線にからまりますか？　からまるなら対策とかありますか？

**晶**　わかります！　なので、最初から電柱に飛びついて電柱の上から出発するか、東京タワーからやるようにするのがいいですよ。あ、今はスカイツリーですかね。

**Sayaka Kido Imai**　電柱に飛びついたら、そのまま電柱に張り付いて動けなくならんでしょうか？

**晶**　電柱に張り付いて、また上に向かって飛ぶ、また意識をととのえて、また上に向かって飛ぶの繰り返しです。だんだん、ひとっ飛びのジャンプの高度が高くなっていきます。そうしたら、屋根やビルの屋上を飛び石みたいに、ポーンポーンっといく感じ。

**Sayaka Kido Imai**　おお〜、なるほど〜。ずーっと飛ぶんじゃなくて、電気に対する自分のジャンプ力みたいなものを鍛えて、跳ねていく感じですね！　やってみます。ということは、晶さんもやっぱり電気に捕まるんですね。体脱する他の皆さんも電気に捕まってるのかな……。

**晶**　捕まるというか、自由にビュンビュン飛ぶには高度が上がらないとダメなんだと気がつきまして、よくわからない、幽体の筋トレみたいなことをしていました。だから、「電気だったのか！」と今知った感じです。

私の中では壁抜けして行ける感じの体脱は、捕まる場合の抜けで、明晰夢的な体脱は電気に捕まらない領域での抜けかと思いますです。

**Sayaka Kido Imai**　あ、私も捕まらない時もありますね、そういえば……。捕まらない時はだいたい微妙に現実とは違う感じの世界にいるようで、街の上にいても（知らない街なのですけど）、捕まる時はだいたい現実と同じような感じで知ってるところを飛んでるんです。うっかり新幹線に捕まって、新幹線に引きずられてすごい高速で運ばれてしまったりします。抜けにも数種類あったのですね。

高度が上がれば捕まらないのではと考えて、私も思いっきり高度を上げてみようと何度か試みてるのですが、高度を上げると、決まって白いモヤみたいなものがたくさんでてきて、なぜかそこに突入するのが怖くて怖くて、結局、降りてきて電線に捕まります。あのモヤは何なのかというのも長年の謎です……。モンローみたいにそこに入ってみる勇気があればいいのに。

**スマヤ ソラ** 私は体脱で電線につかまったことはないですが、知り合いは、よく電線の上に乗ると言っていました。そこを切り替え地点と自分で思っていて、そこからまた新たに飛ぶんですって。

**晶** 濃い身体感覚を持ったまま高度をただ上げると、元の身体が冷えるのか、それとも上空だからか、すごく寒く冷たくなり、戻ったことがありました。その時は雲より高く大気圏を抜けて宇宙に行きたかった。

思うに、この時点で幽体になったまま恒星探索や、私はロバートモンローをよく知らないのですが、フォーカスを指定していく意識活動をやってみたらよいのかもしれないですね。

新幹線楽しいですね！　横たわった状態で高速に飛ぶ感覚をつかむために、寝台列車の個室で体脱を試みたことがあるのですが、抜けた後に新幹線に捕まればいいのですね。

スマヤさん、私もずっと孤独に練習していたから、同じ工夫をしていた方を知り、興奮してしまいます。

**Sayaka Kido Imai** スマヤさんは捕まらないんですね。捕まるのと捕まらないの違いは、やっぱり晶さんのおっしゃっている抜けの種類的なものなんでしょうか。知り合いの方の方法はたぶん晶さんのジャンプと同じ感じみたいですね。やはりジャンプ力を鍛えるといいんですね。いつもからまったらジタバタしてるだけでした。からまらずに上に乗れるかどうかやってみます。

晶さん、寒くはならないんですが、そこを超えるともう戻ってこれないんじゃないかみたいな恐怖があるんです。モンローは体脱中にいろんな恐怖を感じるんですが、そこに突っ込んでいくんですよ。ヘミシンク中にフォーカスの境目みたいなので同じような靄を見たので、もしかしたらあれは境目的なものかもしれません。

新幹線、楽しいと思えばよかったのか！　目から鱗でした。途中下車の方法がわからず、ただひたすら走る新幹線の上空に固定されて運ばれていきます（笑）。トンネルが割と怖いです（笑）。

**Sayuri Tokito**　電線にからまるという感覚について。

地球から出ようとした際に、惑星グリッド（？）にからまったことがあります。もがけばもがくほどに電線のような電気的エネルギーで巻き巻きされてしまい、最後はぶーらぶらと。

**Sayaka Kido Imai**　Ｔｏｋｉｔｏさん、惑星グリッドは電気的なエネルギーだったんですね。そういえば私も、高度を上げてもなぜかまだ電線が現れて、「こんなところに電線あんのー」と思いながらまたからまったことがあったのを思い出しました。もしかしてあれは電線じゃなくてグリッド的なものだったのか……。巻き巻きされる感覚はたぶん近いと思います。電気的なものに反応しやすいのは体質でしょうか？　最近、電気自動車に変えたのですけど、あれに乗っている時は電線にからまってる時と同じような電気的なエネルギーの包囲を感じます。それで、やはり人間のエーテル体というか、エネルギー的なところと電気は干渉するんだろうなあ、と思っていたんですが、体質的なものという可能性もあるんですね。

**Ｓａｙｕｒｉ Ｔｏｋｉｔｏ**　思い出しました！　その日はやけに電線が気になる日で（高度の低い山間部飛行）、まるで走り高跳びのベリーロールのように、体をクネらせながら飛んでいたように思います。なぜか、電線に近づくと映像が止まってしまう（飛行を続けられなくなる）と思っていたわけですが、おそらくそれ以前に、実際に映像が止まってしまった経験があるのかもしれません。

**晶**　ｓａｙａｋａさん。エーテルと電気の干渉はたしかにあるかもと思います。私は時計が壊れたり、切符の磁気がすぐおかしくなってしまったり、体格がいいのに自動扉が反応しなかったりする日があって、なんかチャンネルがあってないなって思うのですが、グリッドを意識して飛んだことはなかったので、わたしも上空のグリッドでからまってみたくなりました。

**スマヤ ソラ**　ｓａｙａｋａさん。もしかして、体脱する時の濃さによるのかなと思ったんですが。私、人の話を聞くまで、電線が出てきたことがなくて、よくわからないんです。電線が、自覚夢か体脱かに一度出てきた時も、「電線あるな」ぐらいで……。ただ、個人的には肉体的感覚が薄いほど、自由度は増します。

晶さん。知り合いは、「やたら電線が出てくる」と言っていて、体脱したらパターンとして、まず電線に乗っかってから動くといっていたことがありました。

**晶**　スマヤさん。なるほど！　私の場合は電柱に飛び移って、電柱の先っぽに立つのをまず目標にして高度を上げていきました。まだ固定観念があって、電線の上に立つと感電しそうで怖いから、電柱のほうにって気持ちが働いていたのです

**松村 潔**　エーテル体の濃いところは、電気と振動がかなり近いために、昔は生体電気などを電気と結びつけて研究している人がいました。まあ、わたしも二十代のころは、怪しげな発信器作ったりして、それがエーテル体に影響を与えることなどを実験していました。ちなみに、非主流科学として、四次元科学では、エーテル物質を電気に下ろす装置を開発して永久動力とするというようなアイデアはずっとあって、妙なコイル作ったら、いきなり飛び出して、壁に穴をあけて飛んでいったとか、おかしな話がたくさんありますよ。

惑星グリッドは、電気に比較すると、比較的振動が高いです。秋葉原にお店を出していた内田博士は、こういうのを研究していました。お店は総武線の線路の真下で、そこでは妙なことがいろいろ起こったし、わたしはいつもそこに行くと記憶が欠落していました。

**Sayaka Kido Imai**　晶さん。ブランコの説明で「丹田がヒョ〜」とする感覚わかりました！（笑）私も感情が強まると電化製品吹っ飛びます。あれもエーテル体と電気の干渉の一つだったのですね。そうか、エーテル体の側から強く干渉すると電化製品が

吹っ飛び、電気の側から強く干渉されるとからまるのかもしれないですね。

スマヤさん。そうですね、肉体的感覚を濃く残したまま抜けてるのかもしれません。そういえば、飛んでる最中は寒さ暑さはないのですけど、風の抵抗を感じることはあります。新幹線に捕まった時とかですね。でも壁は抜けるんです。そういう干渉を受けやすいゾーンがあって、そこにはまってしまっているのかもしれないですね。スマヤさんは電線自体出てこないんですね。不思議です。もしかして、今まで電線だと思ってたものの中には、電線のように見えてた何らかの電気的な回線（ラジオ電波とかケータイ電波とか）だったものもあるのかもしれないと思ってきました。超高度にもあったので。

**スマヤ ソラ**　Ｓａｙａｋａさん。今日、幽体離脱経験者二人と会ったので聞いてみましたが、二人とも電線を見たことはないらしいです。一人はそこまで動いていないらしく、一人はビューンと違うところに行くそうです、宇宙とか。人それぞれですねー。

私は、濃さはいろいろあって、壁ぬけするときに、ザラザラ感がある時が濃いとき、軽いときはもう一度体から抜けて、上空に行きます。一番軽いのは、意識のみの時で、あっという間によその銀河系です。

## 飛行練習

　寝ている時に抜け出て飛んでいると、だいたい電線に引っかかるという話をしたら、晶さんから飛行練習についてアドバイスをいただいたので、自分の飛行練習について思い出してみました。

　飛び始めたのはだいぶ子どものころでしたが、なぜか地面すれすれにしか飛べませんでした。住んでいたマンションの部屋は7階にあって、ベランダからエイヤッて飛び出したりするのですが、そのまま真っ逆さまに落ちていって、地面の1メートル上くらいで止まったり（これはしばらくしたら現実と区別がつかなくなって、今は飛んだら死ぬ時なのか死なない時なのかが判断できなくなってきたためやめました）。その後は、地面すれすれをキープしたまま、ふよふよとスローにしか移動できなくて、これじゃ地面に降りて歩いたほうが速いじゃん、という状態になります。で、地面に降りるともう浮かび上がれなかったりすることも。

　なんとか自由に飛べるようになりたくて、魔女の宅急便のキキのように坂道を走って飛び上がってみたりとかしました（これも現実と区別つかなくなってきて、現実のほうで坂道を走って飛んでこけたりして怖いのでやめました。だいぶ痛い)。

そのうち、飛ぶためのデバイスみたいなものを自分で開発しました。「それを持っていると飛べる」みたいなエネルギーツールなんですが、最初はカードだったりしました。そのカードは強い指向性を持っていて、意識をカードに流し込み、行きたい方向に向けると、カードの指向性によってその方向に飛んでいきます。が、指向性が強すぎるため、しばしば暴走して目的地で止まれなかったり、うまく曲がれなかったりしました。

で、次は板にしました。その板に乗っていると飛べるみたいなもので、これはだいぶうまくいきました。魔法の絨毯みたいな発想です。それがだんだん進化して、風の谷のナウシカのメーヴェのようなものになり、ツールが高度な機能を持ったものになるほど、コントロールがよくなっていき、だいたい思ったように飛べるようになっていきました。

そうなると、こんどはまたどんどん小型化されていって、最終的に指輪みたいなものになりました。つけていると自由に飛べる。今はつけていなくてもだいたい自由に飛行できますが、たまにまだツールを持って飛んでいる時があります。

子どものころは、自分が夜中に飛んでいることと現実世界がうまいことリンクされていなくて、「なんで私は街を上空から見た景色を知っているんだろう?」と不思議に思っていました。なのにまた夜には何の疑問もなく飛ぶ練習をしていたり。そのことを覚えているのに、街を上空から見た景色を知っていることと、そのことが結びつかないという不思議な状態でした。

昨日、久しぶりに飛んだのですが、思ってもみないことが起こりました。電線には引っかからなかったのですが、知らないおじさんに捕まりそうになりました。今までも飛んでいる間に知らない人に遭遇することはよくあったのですけど、追いかけてきて捕まりそうになったのは初めてで、必死で逃げました。おじさんはうまいこと飛行ができないようで、上下移動ならできるんだけど推進力はあんまりないみたいな感じ。飛んでいたら下のほうにおじさんがいて、私を見つけてボーンと上空に来てつかもうとしたので、びっくりしてあわてて逃げました。あわてるとコントロールが落ちてしまって、思ったように速く飛べなくて、すごく焦りました。

変な体験を交えて書いてしまいましたが、晶さんが飛行練習されてると知って、最初うまく飛べなかったのはわたしだけじゃなかった！　皆さんもそうなのかな？　と。飛べる皆様はやはり練習して上達されたのでしょうか？　あと、おじさんとか誰か知らない人に出会ったことはありますか？

**晶**　私も昔は高さと速度がいまいちでした。とにかく、高度が落ちるのは、思考が「飛べるはずがない」という思い込みを再生し始めているから。それに気がつくことから始めて、ビルの上から飛び降りたりしていました。最初は痛くて、それは痛いという体感を再生するのを許可しているからで。『マトリックス』という映画を見て、「私もこの練習を明晰夢の中でやったわー」ってびっくりしました。

起きている時に、飛んだり浮き上がったりする体感のバリエーションをどれだけ認識から剥がしてインプットするかが大事かなって思いました。

**Sayaka Kido Imai**　なるほど、飛べるはずがないという思い込みを再生しているから……。痛いというのは感じたことはないのですけど、マンションの7階から地面すれすれまで落ちた時の落下感はかなりのものがありました。バンジージャンプってあんな感じか……。

『マトリックス』、そういうシーンありましたね！　見たんですけど、晶さんのコメントを読むまですっかり忘れていました。そういえば、ブルース・モーエンも本の中で、自分のガイドと飛び込み練習をやったと書いてましたね。皆やるんですねぇ。最後の一文の、「認識から剥がして」というのがちょっとよくわからなかったのですが、「思い込みを解除しつつ」という理解であってますか？

**晶**　「認識から剥がして」というのは、ちょっとわかりにくいですよね。うまく説明できないのですが、感覚と認知をバラバラにするという感じです。たとえば、辛いということを知らない赤ちゃんは、痛いというのが先にあると思います。びりびりするとか。それを辛いとあとから名付けて、その後、認知していきますが、体脱や明晰夢、恒星探索にしても、それをバラバラにするほうが、自由度が増したり、クリアにキャッチできると思うのです。

起きている間にいかにそれをするのかが大事というか、赤ちゃんとか、初めて地球にやってきた宇宙人になったつもりでとか、戦国時代の人が今にタイムスリップしたとか、なんでもいいのですが、思い込みを解除して新鮮にフラットな気持ちで改めて体感していくことが大事かなぁと思うのです。それが一番受け身な状態で体験できるのが旅かなぁと。またば読書かなぁと。

**Ｅｍｉｋａ Ｋｕｒａｔａ**　晶さんにおうかがいしたいのですが、私は体脱や心霊系の現象でしんどかった20代のころ、お肉が苦手で食べていなかったので、余計に抜けやすかったのかもと思えるんですね（今はお肉も食べられるようになりました）。このことから肉食はエーテルや体脱の成功に影響を与えると思う、もしくは食べ物で他に実感されたようなことはありますか？　もしよろしければお聞かせいただけましたら嬉しいです☆

**晶**　Ｅｍｉｋａさん、ありがとうございます。いろいろ発見があり、考察し直したり、実験したくなりました！

私は子どもの時から肉に血の味を感じて共食いみたいで食べられなくて、小学生のころはお昼休みも掃除の時も6時間目まで給食を下げさせてもらえず、超苦手で肉とは戦いという感じでたいへんでした。

ですが、受験の18歳ごろから、社会に対して闘いを挑むのに肉のエネルギーが必要な気がして、しゃぶしゃぶ肉の薄切りを超焦げ焦げにして食べることから始めて厚みを徐々に増やし、23歳のころにはラーメンのチャーシューや角煮、レアのステーキと、厚いものも食べられるようになりました。

しかし、言われてみたら、私が一番抜け気味で体脱したりしていたのは肉を果敢に食べ始めたのがきっかけかもしれません。

ビーガンやローフードによる飛び具合、抜け具合は、拡散霧散&自分を構成している粒々が透明になる感じがして、種類が違うように思います。

肉を食べ始めたころの抜け具合は、魚肉ソーセージを押し出す感じというか、なんか、引っかかりがあるほうが抜けやすくなる感じに似ています。柔らかすぎるゼリーは型から抜けないけど、ある程度の固さがあると、プルリンと離れやすい感じに似ているというか。

肉や波動の粗いものを食べていない時は、境界線がないことでキャッチしやすいメリットはありますが、ある程度、ジャギジャギにしないとキャッチしたものを人に伝えたり、サービス業として成立する業務ができない感じになるような気がします。なので、今はよいバランスを探っている感じです。

## 初・体外離脱

ヘミシンク・ゴーイングホームCD3（死後世界ツアー）で、初・体外離脱。

いつも通りに呼吸を整えながらフォーカスに入っていくと、景色がチャコールグレーの世界に変わった。これはきっとスクリーンで何か見えるかと思いきや……いきなり腰から浮き上がり、スッと肉体から抜けた。

抜けたのを確認しようと、ドキドキしながら目を開けてみた。すると、ばっちり変性意識状態にいる。

ヘミシンクで体外離脱は初めてではないか！　思わぬ展開に、早速ジャンプして異次元を探検するか。「ジャーーーンプ！」と勢いよく上がろうとすると、なんと両手を誰かに握られて飛べない……。誰だ？　わたしの手を握っているのは？

左右を見ると、両側に一人ずつ女性がいた。

左側には、色白丸顔で髪をアップにしてお団子に結んでいる、30才前後の小柄な日本人と思われる女性。右側には、やや浅黒く、四角い顔で白いTシャツを着ている、30才前後のインド系かタイ系の女性。

わたしは二人の顔をまじまじと見た。そして、二人に聞いた。「名前、なんていうの？」

右側のインド系かタイ系の女性が教えてくれた。「ワガッキー」（ワダッキーだったかもしれない）。

しかし、左側の日本人と思われる女性は教えてくれない。何度聞いても、視線を逸らして下を向く。聞かれるのがイヤなのか、言いたくないようだ。

その雰囲気にバツが悪くなったというか、二人はいつの間にかいなくなった（ＣＤの誘導アナウンスでフォーカスが変わったからかも）。

よーし、再び探検の旅に挑戦だと思い、天井を抜けようと両手を合わせ、肘を伸ばし、ゆっくりと天井に入るのだが、肘までしか入れない……。

あれ？　どうやら、スタミナ不足というか、燃料切れのようだ。しかたなくあきらめ、天井から肘までの腕を抜く。

上のほうから響くように、ヘミシンクＣＤのアナウンスが聞こえる。「24」と、帰りのフォーカス24にいる。

まだ変性意識状態にいるが飛べないので、部屋の中で悶々として浮いている……。

すると、ＣＤからフォーカスのカウントダウンが聞こえてきた。ギリギリのフォーカス３ぐらいまでは状態を保てたのだが、この先の展開はないなと思い始めたら、この世に戻っていた。

２０１４年当時でＣＤ３は、少なくとも３５０回以上は聞いていて、この２ヵ月前から水晶スクライイングを始めています。

**松村潔**　ゴーイングホームは、番号を言うでしょ。どの番号あたりで、体脱したのか興味あります。で、わたしが体験したこととしては、信念体系に閉じ込められている、つまり浮遊している人が登場する時には、連れて行けるところまで誘導するということになるのですね。自分ができない場合には、ヘルパーを呼ぶ。生きている人にしか誘導ができないというのも、霊的なもの、死者は自分の次元にしかいないので、生きている人が発見し、次にヘルパーが来ると理想的。で、放置しておくと、何度やっても、同じ番号のところでまた出てくる。コントロールマニアの集まりは、19にあった。その人たちは人を支配したくてしようがなかった。あと、13にじっとこもっているのがあったりと、あちこちで見つかる。で、体脱レベルは、ひとによって違うのですが、濃いところ、つまり数字が低いところでやると、めんどい。

**Sayoko Takeshita**　2014年のこの体験は、どこのフォーカスだったのはわかりませんが、今年3月にヘミシンクで体脱した時は、フォーカス27でした。
19のコントロールマニアの話ですが、2012年あたりのヘミシンクでは、よく19で3人ぐらいの黒っぽいスーツの男性を見かけました。ほぼ後姿でテーブルに座り、頭を寄せ合って会議をしていました。見るたびに同じ光景なので、その中の一人に当時好きだった韓流スターの顔を貼り付けるように変えてみたら、「ここまでするのか」と怒られ、相当イヤだったのか見かけなくなりました。

**松村潔**　なるほど。「コントロールマニアは、一時、わたしは二十人会議と呼んでいましたが、政治家たちに、エーテル体のヘッドギアつけたりして、世界情勢とかにも影響が及ぶような姿勢を持っていると思いました。

**Sayoko Takeshita**　わたしが見かけていた黒スーツ軍団は、アジア系でした。真面目で結束が固い役人っぽい臭いがしたんですよ。もし彼らがコントロールマニアだったとしたら、あの淡々さは怖いと思います。2016年夏で、ヘミシンクは卒業しました。もうアナウンスがなくても、勝手に飛べるようになったと自覚してきたからです。
このCDは400回近く聞きました、お陰で識別力が上がりました。

**松村潔**　脳が覚えこんでしまうので、ヘミシンクはある時期から使わないでしょうね。

## 光りの粉をまく存在

うつらうつらし、気づいたら、知らない女性4人と一緒にいる。そこで眠くなり、独りになりたくて近くにあった部屋へ入る。そこで足を伸ばして座っていたら、身体がこそばゆくなり軽くなってくる。徐々に浮いてきたので、バランスを取りながら少しずつ上がっていく。

ハッ！　と、この時に変成意識の中にいることがわかった。上がるたびに身体の重さがなくなっていき、部屋の天井に頭がつきそうになる。次に、目の前にある部屋の壁を突き抜けようとした瞬間、そのまま引っ張られるように後ろへ猛スピードで動き出す。後ろの壁を突き抜けると、それまでいた部屋は小さくなっていき、見えなくなっていた。

景色は暗闇……かと思っていたら、わたしの両腕近く、左右に身長15センチぐらいの銀色半透明で羽のついたティンカーベルに似た存在が二つ現れた。

彼らは、小さな手から光の粉のようなものを出し、わたしの胸のチャクラあたりにサラサラ〜とまきだした。キラキラしてキレイ。

固まってジーと見ているわたしを気にせず、彼らは淡々と粉まき作業をしている。真剣にまいているから話しかけられない。その間も、彼らもわたしも後ろへ動いている。

すると彼らは、粉をまき終わったようで、フッと消えた。

わたしは独りになっても後ろへと動いている。暗闇は続くのだが意外と心地よい。

するとまた彼らが現れて、光の粉をまき始める。そしてまき終わると消えていった。同じことが3回ほどあったのだが、最後までお互い無言のまま。彼らに話しかけたいのはやまやまだったが、話しかけたら彼らが消えてしまいそうに思い、そのまま身を任せてみた。

金粉散布作業が終わるのが合図だったかのように別の次元に瞬間移動した。そしていつもの夢見の物語が始まった。

**松村潔**　金粉とか金属粉は、上げるためでなく、降ろすためが多いです。内臓、たとえば心臓は活発になり過ぎ、爆発する方向に行く癖がある。すると、金属で物質界に降ろすのは、治療の一つ。心臓は金。肝臓は錫。金は虹のふもとにあって、虹を地上に繋ぐ。

**Sayoko Takeshita**　先生、ありがとうございます！　あの金粉は何だったのか、ずーと疑問でした。このころは、動き過ぎて身体壊すのパターンを続けていて、集中と暴走を履き違えていました。

## 夫の親玉

ウトウトしていたと思う。身体が振動して抜けたみたいだったが、ベッドを見ると肉体はなかったような。

すると、白い壁みたいなところから茶色くて頭のない存在がひょっこり現れた。腕が長いぞ、だけど全体像は見えない。からだ半分しか出さないのか？　わたしの識別力では見えないのか……。

その茶色い存在の細長い腕の先は象の鼻の先端に似ていて、口のようでありながら目のようにもなっているのだろうか。腕が伸び、わたしの顔をさわってきた。

次にその腕の先は変形して指のようになった。わたしは思わず、映画のＥＴのように人差し指を茶色い腕の先に向けてみたら、向こうも合わせてくれた。

さらにその茶色い腕は、わたしにやんわりと巻きついてきて、ほっぺたに触れてきた。

その瞬間に、あ、夫と同じ臭いだと思った。ということは、この茶色い存在は夫の原型とか親玉？　と思ったら、その茶色い存在の想念を受け取った。夫はわたしを見守るために置いてあるとのこと。え？　置いてある？

そこでいったん、目が覚める。

まだモウロウとしていたら、また身体が振動する。どこからともなく茶色いクッションが右からの風で飛んできて、わたしの体が浮かび上がる。そのままゆだねていると、体を大の字にして外に出る。どこなのかわからないが「もっと高く、速く」というと、首の後ろをつままれるように街中を飛び越え、宇宙らしきところにいて前に動き始めていた。そこには金平糖のような形をした銀色の小さい星みたいなものが（人工衛星のゴミらしいとも聞こえた）たくさん浮いていて、バチバチわたしに当たって痛い。それらをはらって文句を言いながら、その空間を引きずられるように飛んでいる。

気がつくと、地上に降りていた。わたしはウルトラマンみたいになっていた。でもすぐにウルトラマンから抜け出て、ウルトラマンの仕事を見ている。彼は人間を助けていた。でも街は荒れて戦争中のようで、高速道路もボロボロだった。

## わたしと幽体離脱体験



20代前半、偶然に幽体離脱をしてしまった時に、あまりにも気持ちがよくて、最高に幸せで、本当に自由で、力強いんだけど軽くて、軽いという概念すらも溶けていき、宇宙に自分が霧散している感じを味わいました。とにかくもう、これ（幽体離脱）が自由にできるようになれば一切の快楽はいらないなって思ってしまったんです。

なんというのでしょうか、何かを達成した瞬間の歓喜の頂点。コアのコアが長い時間、体の隅々、細胞の一粒一粒に充満している感じといいましょうか。そしてなんといっても、単純に肉体的快楽がありました。そもそも肉体の輪郭自体が喪失してしまっているのです。

天にも昇る気持ちと言いますが、なんだかフワフワ歩いちゃうあの感じが強烈に体感できるというか。オーガズムで得られる体感&歓喜で言えば、幽体離脱の快感は、私はそれまで得ていた絶頂のおよそ100倍は気持ちがよかったのでした。

私たちは「自分」がこの肉体の中に収まっていると思い込まされています。それは自分の皮膚感覚がその境界線を知らせてくれますし、視覚でいつも自分の手や指が見えますから、肉体とその外の輪郭を見ることで、あたかもこの肌の中に自分が入っていると思っているのです。

でも、本当はそうじゃないですよね。みんな本当はもっと溶け合うことができるのです。すでに多くの人が体験していることでいえば、音楽に身を浸している時、リズムが自分を揺らして思わず踊り出す時、一番それを実感できるのではないでしょうか。または、生まれたばかりの子どもや、おすわりしかできない子どもは　なんとなくまだ自分であるという認識がなく、自分の手指をなめたりして、やっと体の輪郭を知っていく間は、自分の体や容れ物をまだ理解しないまま、お部屋に魂が肉体から広がりきって溶け込んでいるのではないか。そんな気がする時があります。

無意識でぼーっとしてる時や、気がついたら「どうやって家に帰ってきたんだっけ?」と思うような夢うつつで歩いていた時など　体から意識がはみ出しているんだなぁって思うのです。

幽体離脱はさらにその感覚がもっと霧散している感じといいましょうか。「自分なんか、ひとつかけらもない!　逆に自分が宇宙と同じで、そこに在るものすべてが自分なんだ!」とわかることというか、「今まで自由だと思っていたことはまったく自由ではなかった、これこそが自由なんだ！」と思ったのです。

＊

はじめて体脱した時には、アドバイスを求められるような人はまわりにおりませんでした。それに「幽体離脱」という言葉すらも思い浮かばず、でも、これは絶対に夢ではないと……。

それからは明晰夢でまず飛ぶ練習をするのを強化しました。しばらくして、インターネットのオカルト話が書いてある某掲示板で、自分がやろうとしているのは幽体離脱なんだとわかりました。その掲示板に書かれていた呼吸法と四肢をリラックスさせる自己暗示、額のスクリーンに立方体をイメージする方法を書き写して、一人でコツコツと試していました。やがて、明晰夢で空への飛行、そして夢自体をもコントロールする精度があがっていきました。

その後、「幽体離脱」をネットで検索したところ、モンロー研究所とヘミシンクCDが見つかったのですが、ヘミシンク・セミナーもCDもまだ私には高額すぎると思い、手を出せずにいました。でも、独学にも限界があるので、まずは本屋さんの臨死体験の本があるコーナーへ行き、幽体離脱の書籍を探してみたところ、発売されたばかりの『体外離脱を試みる』（ロバート・ピーターソン著）を見つけて購入し、さっそく試してみました。

基本的には、体を超リラックス状態（泥のように疲れて眠る手前の感じ）にもっていくのに対して、それとは裏腹に神経は高ぶらせてソリッドにコントラストを強め、体は眠らせて脳みそは起きているという強制的な金縛りのような状態を作り出すことをしました。そうすると足下のほうからビリビリと体が振動してきます。そのまま続行していくと耳鳴り（キーンっという金属音やゴオオオオという音）が聞こえてきて、震えも胸のほうまで響いて移動していく感じがします。この時に余裕があれば、丹田の背中の側に光の玉が呼吸とともに溜まって行くイメージで呼吸を続けます。いよいよ震えと耳鳴りがひどくなってきたら、その光が脊髄から脳幹を通り、脳天を貫いて外に出て行くイメージをします。そして体を起こしてみます。この時、仰向けから上体を起こす方法と、走り高跳びで横向きに飛ぶように体を側面にひねって脱ける方法（ローリング法式）があります（個人的に大事なポイントは、寝具や寝間着の肌触りも大事に思えます。イライラしたり、少しでも締め付けるのは邪魔になるのでおすすめしません）。

成功率をあげるために個人的に工夫してたどり着いた方法は、次のように変遷していきました。額のスクリーンで映す画像は、立方体から正三角形へ（暗がりでピラミッドを思い浮かべる。三角形の縁が暗がりでインディゴブルーに光っている)。深い呼吸から、ほぼ息をしない呼吸へ。手を脇へ投げ出していたのを、指を組んで胸におき、心臓を圧迫する方法へ。ローリングの方向を最初から壁脱けになるようにするために、ベッドの左側が壁になるようにしてローリングと同時に外へ出る方法に。地面から始めないで、電柱やタワーでまず高度をあげておいてから飛行するように。

軽い抜けには、音楽が一番自分にあっているように思います。徹夜して(肉体を疲労させて眠らせる)、心拍をあげて(ダンスや速い呼吸)、金属音(変拍子、倍音)や電子音(心拍に似た2ビートやトランス)を使って体と意識の接着をバラバラにずらすようにします。

＊

わたし自身の方法について、もう少し詳しく整理してみます。

1　ミイラの寝方

仰向けに寝て軽く両手を組み、その重さが心臓に重なって圧迫するように置き、極端に呼吸を浅くして行う方法。細かい設定があるのですが、書くとすごく長くなるので割愛します。20代のころは、自分で編み出したこの方法で2年半ほど毎日おこなっていたので、深呼吸して瞑想するのが苦手です。この方法だと、そこそこの脱け具合で、壁抜けとか大気圏以上の浮遊から明晰夢での飛行などができました。しかし、絶対的な超快感の宇宙と自分が同じで、心底の自由という離脱の再現にはなりませんでした。この「そこそこの脱け」では、視界は昏い海の中で見えるような感じです。明晰夢の場合は極彩色です。

2 非電気系のミラーボールを数個使って速度の速い光の渦をつくる

昼間に行うので、白昼夢的な感じをさらに気持ちよくしたものになります。視界の刺激による脳の誤作動的なものを誘発するのでしょうか。

3 ローフード（生の果物野菜だけを6週間食べる）

眠らなくても平気になり、まったく疲れず、アイディアが湯水のように湧いてきて思考の速度が上がります。階段を降りる時に下を見ると、飛んでしまいそうになるほど、なんだか宙に浮いているような感じで、いわばずっと変成意識状態が続いてしまいます。視界の彩度が上がり、異様な多幸感に包まれます。でも、家族や友人に変だったよって言われます。

4 徹夜48時間以上になった場合

すぐにも眠ってしまいそうな身体を利用して、カフェインを大量に飲んで神経を無理やり起こし、体と神経をちぐはぐにさせて金縛りに近い状態にしておき、金属音の響き&ポリリズムや変拍子で飛ぶ方法。ガムランやゲイリー・バートンを聴いて行います。体の外に広がらず、自分が小さな玉のように圧縮されて体内を無秩序に弾き回る体験になります。

### 5　反復運動と有酸素運動（踊りと2ビート）

テクノやトランスや阿波踊りといった、身体からハイの状態になったところで動きながら瞑想する。これも4と同じで面白いのですが、外というより、血管の中を高速で走り抜ける赤血球や心臓の弁や電気信号といったミクロなものを超拡大して見えるビジョンに、目の前のものを重ね合わせて見る感じ。外じゃなくて中に入ってしまう。

### 6　他者からの誘導

凄腕のヒーラーに両手をつかまれて、その人がいつも行っている領域に連れて行かれました。また見たいけれど、自分一人では行けません。ガイドに頼んでから体脱する方法があると、ある本で知り、やってみたところ、ものすごい恐ろしい体験をしたのと、その本に入っているエネルギーと合わないと思い、その体験を機にこの方法での体脱の練習をやめました。

### 7　ドライブで100キロ以上

意識の容れ物である体の輪郭を、運転するために車体まで広げることにより、瞑想状態と似てくるので、運転すると自動的に変成意識状態に入りやすいです。その上、物理的に100キロ以上出ていることで脱魂してしまう。

＊

いろいろ試して、瞑想によって最初に味わった感覚に近いところまではいけるようになりましたが、そのレベルで諦め、執着を手放すまでには月日がかかりました……。ほんとうに一切がどうでもよくなるくらい強烈な体験だったのです。

死ぬ時って、本当はあれくらい超気持ちいいのではないかと思うようになってきました。でも。そちらに思考を傾けると、死ぬほうに意識がいってしまうと思ってストップさせていました。なぜなら、私は幼稚園のころから死に興味がありましたが、親に心配かけてはいけないと思ってきたからです。

現実逃避に、見えない領域の世界を使ってはいけない。不思議な世界との距離感は畏敬の念を忘れずに、時に探求も趣味として楽んでいたとしても、「ちょっと逃避してるかも」と自省するバランス感覚が大事だなと実感しています。

体があるからこそ欲望があり、そのために生き生きとした「今を生きている」という実感を刻むことができる。心に飛来する苦みも甘みも、胸の痛みや胸踊るさまも、この体感はすべてがこの肉体をもって生まれたからなんだなぁって、この数年やっと思えるようになりました。そんな当たり前のことに、最近やっと気づきました……。

今でも爪や毛先の細胞一つ一つに神経があるんだって思ってしまうような快感が残っています。意識はすべて繋がっていて、体は仮の境界線にすぎないと強く体感したことは大きいことだったと思います。一瞬が永遠というのはその通りで、だからこそ今ここにある幸せや喜びを感じて永遠に響き轟かせる自分でありたいと思うのです。一人でも多くの人が、すべてが全部繋がっていて一緒だと知るようになったなら、世界がもっと平和になると信じています。

## こっちに来るな!!

幽体離脱にはまり、もういちどあの快感、最高の歓喜、本当の自由と思ったところまで到達するために自主練をしてきましたが、そこそこの脱けと気持ちよさ（空を自由に飛んだり壁脱けしたり）までは高確率で実践できるようになりましたが、どうしてもそこから先にはいけませんでした。

幽体離脱の自主練には、およそ目安として早い人は半年、時間がかかる人は2年くらいと言われていて、私はすでに2年たっていましたので、自分が求めている幽体離脱時の圧倒的な至福の快感というのは死んだ時のものなのかもしれないと思うようになりました。

私の親族はみな霊感があるのは当たり前で、各々の霊現象に対して好意的に見てはくれるものの、そうはいっても現実的な人たちが多いので、盆暮れに親族が集まった席で私が趣味である幽体離脱の進捗を近況報告していることにだんだん皆心配してきて、血のつながらない伯母の旦那さんに激高して怒られたということもあり、これはあんまり人に言ったりしてはいけないんだ、薬物をやっていると思われたり、病気になったと思われたりするのだとわかりました。

そして、ある時に脳手術された夢をみて現実と夢がごちゃごちゃになってしまい、最大の味方であった妹にまで「いいかげんにしなよ！」と怒られてしまったので、それ以来、幽体離脱の練習はやめてしまいました。

しかし、数年後に本屋さんで『幽体離脱入門』という日本人が書いた本を見つけて、「もう私はやめたのに……」と思いつつ、つい手に取って読んでみたところ、自分の試していないことがたくさん書いてありました。

そして、私が夢だと思っていたものはすでに幽体離脱であったのだとわかりました。

この本の中に書いてあるものは、自分にとっては毛色の違うものに思い、躊躇があったのですが、試してみたいと思うものがありました。

それは自分のガイド（守護）を呼んで、幽体離脱で脱ける前に、この体から連れ出すのを手伝ってと頼むことでした。

私は、もともと自然に幽体離脱ができてしまったことや、その体験が至福だったことから、人間には最初からこういうことができる機能が具わっていて、なので幽体離脱のために高額なセミナーや道具を買うのにためらいもあったことから、自力でやらなくてはいけないという思い込みがありました。人に頼ってはいけないと思っていたので、目に見えない存在ではあるものの、自分以外の何かに体から抜け出すのを手伝ってもらうという発想はなかったと、すごく衝撃をうけたのです。もうやめると誓ったのに、やっぱりどうしても快感が忘れられないので試したくなり、久しぶりに幽体離脱を試してみました。

いつものように組んだ手を胸に置いて横たわり、会陰から脳天まで循環する深呼吸をしながら、額の上に図形を思い浮かべて図形を動かし、人工的な金縛りに持っていきます。

この時に「私のガイドさん、私が幽体離脱ができるように手伝ってください、私を引っ張ってください」と強く念じました。

すると突然、「こっちに来るなぁ!!」と巨大な顔が私の顔1センチ上に落ちて迫ってきました。

男性の大きな声がまるでドラがなるように頭に響き、迫ってきた風圧を顔全体で受けたのです。

直接的に頭に声が響くのは、それも明らかに自分のモノローグではなく、別人の声がはっきり聞こえるのは、初めてのことでした。

しかも声だけではなく、顔の産毛を震わせるような体感をしっかり感じ、とても恐ろしかった。

映画ハムナプトラで空を覆う暗雲が男の顔になってしゃべるシーンがあるのですが、あれにそっくりです。

天井付近全体に広がるモヤモヤとした黒い顔が、一気に私の鼻先まで落ちてきたのです。

私は芯から怯え、震えあがってしまいました。

そしてもうやっぱり幽体離脱はやってはいけないんだと思ったのです。

そしてこの時、この男性は私の祖父かもしれないとも思いました。

声が似ていたのと、昼にホログラム的に祖父の幽霊を見たことがあり、そんな風にハッキリと私の前に出てきてくれた死者は祖父だけでした。この時も私が思い悩み、とても危うい時期に出てきたので、私にとっては幽霊ではあったけれど、救いになるような安心というか、正しい道への誘導をしてくれたように感じました。

なので、怖い形で出てきたとはいえ、これは護られて私の意志を阻まれたのだとわかりました。

幽体離脱で抜け出る場所には階層があり、私が行きたいところは近い死後の階層ではなくて、もっと遠い死後の場所なのかもしれないと思いました。

だから祖父が、ここには来るなと言ったのかと思ったのです。

親族や妹から呆れられて、もう現実的に健やかに生きなくては……とせっかく方向転換したのだから、その方向に戻すように祖父がアシストしたのかなと思いました。

その時は、その本が怖くなり、捨ててしまいました。


後日談。

チャネラーのエリザベス・ニコルソンさんに、私は幽体離脱が趣味だったけれど最後にこのようなことがあり、止められたのでもうやらないほうがいいのだと思ったと話したら、目指していた至福の幽体離脱はどんどんやったほうがいいものだと言われました。

それはガイドではない、ガイドは脅したり怖がらせたりはしないと言っていました。

私は祖父がカミナリ親父的に出てきたのかもと思っていたので、「ガイドは怖いことはしない」のかなぁと思いつつ、じゃぁ、ただの邪魔しにくる低級霊だったとしたら、「こっちに来るな！」という声に反抗し、あきらめないで、また練習してもいいのかもしれないと、性懲りも無く幽体離脱の至福を思い出して、むくむくとまたやる気が起きたのでした。

**松村潔**　その日本人の体脱の本は、大澤氏のものですね（『幽体離脱入門』弊社刊）。大澤式はバトラー式なので、大澤氏みたいに、火星が獅子座9度の人が一番向いてる。つまり複製を作って、この中に息を吹き込む。火星は外に飛び出すという意味。わたしが一番楽だったのは、体を揺らすやり方。中身だけ。そのふりを大きくする。これは外国の誰かの体脱の本に書いてあったね。カフナ式のバイロケーションは、筒を作って刺すけど、その意味では大澤氏のは、筒でなく、球を作ることかな。

**晶**　私は知らずにカフナ式というのでもう癖がついていたのですね。振動と轟音の合図がきたら出るというほうが、体感があって楽しいので好きです。あの時の振動と轟音の感じは飛行機の離陸に似ていて、徹夜して金縛りになりやすい状況で乗りたくなります。

**松村潔**　ガイドに引っ張ってもらうというのは、わたしが二十歳のころに、渋谷の死者に足から引っ張ってもらっていたという話をしていた影響もあるのかな。

ガイドは脅したり怖がらせたりしないって、それは本人の好みでしょ。恫喝するガイドだっているのだし。わたしのところによく来るアンドロメダ座の連合のメンバーは、かなり怒るよ。怒ったことを、はっきりと表現してくる。なんか顔がぱーんと破裂する感じ。そういえば、「こっちに来るな」というのは、私の場合も、体脱しようとした時に前に立ちはだかったのがいた。この場合は、今日は環境が危険なので、という説明だった。また、ある人に頼まれて、その人のアカシックリーディングしようとしたら、今は読まないでほしいと言われたことがある。それはその本人のハイヤーセルフから言われたこと。来るな、

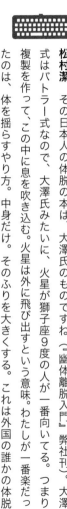

やめろ、というのは、たいてい時期が早すぎるから。

**晶**　早すぎたのかもしれませんし、一人でやっていたので危険だったのかとも思います。体脱にも階層があるのではと思いました、たとえば、「これから私は体脱します」って空中に向かって宣言してやっていると、それが見つかって、まだ男女の性が濃厚な意識とか幽体（？）の場合、不埒なものがやってくるというか。

大澤さんは松村先生の指導で体脱をされていたのですか？　本には引っぱり出してもらうということを書いていました。死者だったのですね。

**松村潔**　大澤氏がそれを言ってたのは、わたしが言ったことの記憶なのか、そうでないのかわからないけど、足から引っ張り出すのは、非常にリアルに感じられる。でも濃い体脱になってしまうので、目が見えない可能性もある。

わたしは大澤氏に体脱を教えたことはない。あっちのほうが上手だし。独学でバトラー読んで、二十代からやってた人。ただ、大澤氏を含めた数人に、体脱の共同取り組みを要求していたことはある。で、笑っちゃうんだけど、この数人の話が、だいぶ昔のことだけど、講談社の『ホットドッグプレス』という雑誌に掲載されたことがある。

**晶**　その雑誌、読みたいです。それにしても　そんな素敵な時代があったのですね！

**松村潔**　男女の性が濃厚というのは、人間的な男女の情感だと、また地上に戻されてしまうので、性的なエネルギーが残ってるなら、狐を呼び出すのがいい。狐は7段階ある。一番下は管狐《くだぎつね》。一番上に、命婦《みょうぶ》がいる。これはウカノミタマの使い。

**晶**　男女の情感を入り口にして体脱するというのはやっていなかったです。なぜなら最初の体験が強烈すぎて、誰かとの愛という固定されたものじゃないところと、男女の交わりでの快感はもういらないと思ってしまうような快楽があったので、「透明人間になってあの人のところに会いに行きたい、繋がりたい」というのが無かった。でも、狐を呼び出すというのは面白そうですね！

**松村潔**　女性ばかりのチームだと、基本的に太陽系から出ることはないです。関係性にからめ取られます。つまりは法灯明的な世界。男性ばかりのチームも、似たようなものだ。つまり、陽子ではなく、中性子的なものがあれば、外に飛び出す。クンダリニ的、性的なパワーはアルゴル［恒星の名前：編注］にあって、この力を引き出して飛び出すという手もある。金毛九尾《こんもうきゅうび》の狐だ。男女的なものは、その先に、生活ということしかないので、まあ先のない、希望のない世界です。誰もが知ってる世界にしか行かない。体脱というのは、中身のエネルギーが身体からはみ出すということを意味するので、それは究極の元気さでもある。

## 床抜けから飛行へ

昨日は急に眠くなり、20時に寝落ちしてしまったようでした。

まぶしくて朝だと思って目が覚めると、まだ深夜0時すぎでした。

寝ていたら全身がぶるぶると振動しているので、夢うつつに引き上げられて、少し覚醒してきました。覚醒しながら、「ああ、これは体脱にいけそうだ」と思い、試そうとするのですが、金縛りチックでなかなか脱けられない。

失敗したのは、最近、私はメラトニンを活性化するために部屋の真ん中の天窓の真下に寝ていて、ローリング方式（寝返りをうつようにして脱ける）をすると床にずぶずぶと入ってしまい、すぐ外には出られないせいかと。壁沿いに寝ればよかったと、うっすら思いました。

壁沿いに寝て、ローリングで脱けると同時に壁抜けをして外にコロリンと出て、目の前の電柱につかまったり、屋根へ上がったりしてスタートするのに慣れているので、しまったなぁと思いました。

しかし、「それでもやってみよう！」と思い、ローリング式でそのまま床にずぶずぶと脱けようと試みると、はじめて壁抜けじゃなく、床脱けができ、そのまま、階下の窓から出て行きました。

重たさを感じる体脱は久しぶりで、高度を上げる練習をしていたら、海の近くの金沢文庫あたりまで行ってしまいました。

電線より上になかなか行けなかったのですが、考えてみたら新幹線の線路がすぐ近くにあるのだから、そこに行けばよかった。とにかく脱けたら、どこへいくか、何をするか、脱けた後にすぐに行動しないと、目先のことに流されてしまうのだったと反省です。

重たさを感じる体脱は、飛んでいるときはそれなりに気持ちはいいのですが、快感が少ないので、何か目的や意図をつくらないと退屈に思って失速してしまいます。今思い出したのですが、脱けた後で恒星探索をすればよかった。強く意図しないと忘れてしまいます。

今回収穫だったのは、床脱けしてガラスからスムーズに出られたことです。それと、怖がらずに、霊でもなんでもいいから私を出してほしい、手伝ってほしいと意図したら、それに何かがこたえてくれたことです（見えたり聞こえたりは今回しなかった）。

また、これは今までの蓄積でわかっていたことですが、胸の上に手を重ねて寝ていると、やっぱり脱けやすいみたい（私の場合）です。それと睡眠状態からビリビリとした振動で起こされるというのは初めてでした（ベッドが揺れるとか、地震と間違う揺れから起こされるのはありますが、それとは違った）。

**髙野尚子**　晶さんのコメントの「とにかく脱けたらどこへいくか、何をするか、脱けた後にすぐ行動しないと目先のことに流されてしまうのだった」というところが、松村先生が精神宇宙探索講座でよく仰っている、死んだ後の行く先を決めておかないと輪廻のルートにはまってしまうという言葉に通じるものがあり、しっかり決めておかないといけないのだなとますます思いました。

それから私の一番最初のはっきりした体脱は宇宙でした。

## ピアノコンサート

友人に誘われて2017年3月、アンドラーシュ・シフさんという方のピアノコンサートに行きました。

途中休憩なしにおこなわれるピアノコンサートということで、始まる前からホール全体が異様な集中状態につつまれていました。

何かの宗教儀式の会場に来たかのような、システィーナ礼拝堂とか古い教会でミサをやるような雰囲気です。

一曲目はとくに超ピアニッシモや難解なメロディに聞こえ、あたかもピアニストが、「みんなこのホールに集まってこのホールで演奏が始まるけれども、会場はここではなくてこっちなんだ」と言わんばかりの勢いで、変成意識のある階層の場所、ピアニストの魂の中で鳴っている音楽の場所に連れていってくれました。

深い瞑想状態に入ると、座っている場合、私は座面から上半身が旋回をはじめてしまうのですが、コンサート中にもかかわらず、そのような状態になってしまいました。

また隣の人が自分の膝を鍵盤に見立ててピアニストに合わせるかのように膝を指で叩い

ているのが、聞こえるはずもないくらい微細な音であるはずなのに、耳が顕微鏡になったかのように聴覚が拡大されてしまいます。

あちこちでハラハラと泣いている人の涙が流れる音が聞こえてくるようでした。

3曲目では　気がつくと舞台上のピアノを上から見ていて弦の近くにいました。

次の曲では宇宙に飛ばされて浮いていました。そして、自分が星屑になり、バラバラの粒子となっていました。

呆然としていると、アンコールの1曲目は私が死ぬ時に流してほしいと思っていたゴルトベルク変奏曲のアリアでした。

そのピアノコンサートは死んで魂になること、その魂は宇宙に遍満すること、アンコールではそしてまた生まれること、子どもになって楽しむこと、生活すること、死と生を体験させてくれる曲順と構成で織りなされる一つの交響曲のようでした。

私は、たった一人の人間がこのように同時にたくさんの人を宇宙に連れて行くことができるものなのかと、びっくりしてしまいました。こんなに集中と意識が拡大したことはそうそうなく、それも座ったままで。

たくさんの人と魂と魂で混じり合う体験でした。

それはまるで、私たちは星であり、そして素粒子であること。同時に、このホールが体で、心臓と脈動はピアニストとピアノで、聴衆一人一人は80兆の細胞なのだと、そう感じるような音楽体験でした。

あとで、インターネットで参加した人の感想を見ると、同じように気がついたら星が見えたとか、宇宙にいたとか書いている人がちらほらいて、やっぱり自分だけではなくて、みんな飛んでいったのだねって思いました。

音楽による変成意識はあっても、はっきりと自分の視点が違うものになるのにはびっくりでした。

体感や脳への刺激での変成意識や、どんどん上にあがっていく体験はあっても、音楽の中に入っている精神や弾き手の意識、芸術性に感化され、引上げてもらっての幽体離脱はしたことはありませんでした。

シンクロニシティ&サイキック

# Chapter 2

変性意識の状態にあるとき
世界は不思議な現れ方をする。
時空間はゆがみ、物理法則はねじ曲がる。
そんなことが起こるもんか!?
そんなことはあり得ない!?
そういう〝そんなこと〟が、ここにある。

## 未来視と父

小さいころ、誰に教えられたわけでもなく、一人でに自然に、イメージを作って発射するとそれが現実化すると思ってやっていました。

たとえば、家族でお出かけした時に、車のラジオから渋滞情報が流れてくると、渋滞に突っ込んでは嫌だと思い、この先の道のりのずっと前に一台も車がいない景色が続くとイメージを作り、それを道の先に向かって発射します。

すると渋滞は解消されていき、結局自分たちがそのポイントに達するころにはまったくなくなっている。

ベランダに大事な服を出しておいたのに、出かけている間に雨が降ってきてしまった。なので、ベランダ全体を包み込むビニールの袋をイメージし、それを発射します。すると家に帰っても服は濡れていない。

そういうことをやっていたんですが、どれもイメージと結果が明確に関係あるというには抽象的というか、雨がベランダだけをよけて降ったところを見たわけでもないしな、という感じでした。

そういうことをしながら小学校二年生になり、家族で星を見に長野県へ行きました。しかしあいにくの薄曇り空でした。

私は星が出て欲しくて、自分を中心に広がる丸くて広大なエネルギーをイメージし、それを空に向かって円筒状に立ち上げました。そのエネルギーが雲を払い、しばらくは雲がその領域に入ってこないよう結界を作るというイメージでした。

すると、本当に頭上の雲がサーっと退いていき、私たちのいる場所を中心に空に丸い穴があきました。そこだけに星が見えていました。

家族はラッキーだねとか言ってたくらいで、とくに不思議がったりしていませんでしたが、私にはそれは明らかに私のイメージに反応した動きに思え、とてもショックを受けました。

幼心にこれは言ってはいけないことだろうと思いました。それ以来怖くなり、そういうことをやらなくなりました。

何が怖いかというと、そういうことを口にした結果、父親にどういう扱いを受けるかがありありと予想されて、それが怖かったのです。やり続けてたらうっかりポロっと言ってしまうかも。

しかしその後、やはり家族で行ったスキー場で、父親のスキー板がごく小規模な雪崩に巻き込まれて一本行方不明になってしまいました。そこはゲレンデの中腹だったので、板がなくては長い距離を歩いて降りねばならず、父親の機嫌がマックスに悪化するのは必至でした。スキー板が見つかればよし、そうでなければ地獄絵図。なので禁じ手を使い、埋もれたスキー板と自分の間に糸が繋がっていて、どこにあってもそれを感知できる、とイメージしました。さらにスキー板を人格化し、コミュニケーションができる、とイメージしました。

目を瞑って集中し、スキー板に呼びかけると、もっと下ですよという反応があった気がしました。その声にしたがって、家族が集中的に探していた場所よりもかなり下へ滑り降りました。父親がそんな下にはないよと言っているのが聞こえました。私も、そんな下へ行くだろうかと思いましたが、もっと下、もっと下、と言い続ける声にしたがって滑り降り、そこ、という声が聞こえたところで止まりました。細かい場所を教えてくださいとイメージすると、もうちょっと前、という声がし、少しずつ前に出ると、また、そこ、という声がしました。その場所にストックを突き刺すと、ガチッと固い手応えがあって、掘り出すと探していたスキー板でした。家族は私が一発で掘り当てたことにかなり驚いていましたが、私は偶然だと言いました。

同じことを、大切な腕時計をなくした時にもやりました。広い畑のど真ん中で、ストラップが切れて落下してしまったようでした。目を瞑って集中し、腕時計を思い浮かべながら、落としたと思われる時に歩いたのと同じルートを辿っていくと、ある場所で自然に足が止まりました。下を見ると時計が落ちていました。

また、小さいころから意識すると少し先の未来が見えました。

その日、父親が何時に帰ってくるかがわかる。

もっと集中していると、職場を出た瞬間にわかる。

テレビ中継のスポーツの試合で、ゴールが決まるか逸れるかがわかる。

カードゲームなどで、条件がかなり指定されていれば次に出るものがわかる。なので本気でゲームをすると勝ち続けてしまう（たとえば5より上の数字か下の数字かなど。今これでお金が作れないかやってみています）。

投稿は「孤立して悩んでいる人へのメッセージ」という意図を知り、私がほとんど話さず秘めていたことを書いてみました。

小さい時に松村先生や皆さんのような方々がまわりにいたら、自分の資質を殺そうとせずに伸ばすことができていたでしょうね。そう思うと書きたくなりました。

ここまで書いてきた中でたびたび父親が登場していますが、私の変性意識的資質、とくに未来視の資質は、父親の恐怖から逃れるために発現してきたものだと思っています。いわゆる超能力者にはそういう人がよくいるという話を聞いたことがあるんですが、虐待的環境から逃れる手段として発達するというのは私には当てはまっています。とくに、父親の感情面を読み取る能力は発達し、玄関を開ける前にその日の機嫌がわかるようになったのは、今でも人の感情エネルギーを読み取る癖として続いています。これは電車などだと、その場にいる他人全員の感情が全部なだれこんできて、逃げ場がないので非常にしんどいです。

しかし、イメージを作って発射することなど、どこから思いついたかはまったく謎です。

**高野尚子**　Ｓａｙａｋａさん、大切なことを書いてくださり、本当にありがとうございます。

**Ｓａｙａｋａ Ｋｉｄｏ Ｉｍａｉ**　高野さん、そんなふうに言ってくださり、こちらこそありがとうございます。少し涙ちょちょ切れました。投稿が本になると浮かれていましたが、髙野さんの「孤立し悩んでいる人に……」という言葉を読んで、私もそんな一人だったんだと思い出しました。

**奥田**　横入りいたします。私も、変成意識は少しも特別なことではない普通のことという本の趣旨を読んで、投稿してみました。

私も暗闇に溶け込む……とかもしてました。持ってうまれた普通の感覚だよなと思ってました。わたしも小さいころは勝負事には、その気になればですけど、気合いで勝ててました。コインの裏表を絶対出せるワザとかも自力で開発してましたね。あの感覚を、思い出したいこのごろです。どこかで封印したのか。

**ＳａｙａｋａＫｉｄｏＩｍａｉ**　コインの裏表の技って、念力ですね！　ちょうどジョー・ギャレンバーガーの、念力でサイコロの出る目を操る本を読んでました（笑）。人によって得意な分野があって面白いですね。私は念力より未来視のほうが得意なんです。封印したものは、思い出しさえすれば、取り戻すと意図することで割にすぐ戻ってくる気がしています。私は小さいころからずっとトレーニングしていたら今どれほど精度を上げられてたのか、それを考えてしまいます。

**晶**　簡単に「わかりますその気持ち」とは言ってはいけないと思うのですが、イメージを発射すると現実化すること、電車の中の人の気持ちが雪崩や津波のように入ってきてしんどいこと、わたしもそれを閉じたり使ったり。

苦い経験や、救いになったこと、ｓａｙａｋａさんの体験を読んで喚起されました。あ

りがとうございます。この場は本当にありがたいです

**Sayaka Kido Imai**　晶さんも人の感情が入ってくるのですね。満員電車とか、無理ですよね？　感情に並外れて敏感なのに、親からは「人の感情を考えないやつ」と真逆のことを言われて、セラピストから指摘されるまでそれに気づかず苦しみました。学ばないといけないのは、むしろ閉ざす術だったのに、もっと人の感情を考えなければと、どんどん敏感にしていったわけですから。こういうミスマッチというか、ミスリードを経験してる変性意識編成会的人々は多いのじゃないかなあと思います。

星雲界ピープルって、いわゆるライトワーカーのことかと思いますけど、本とか読んでると、虐待的環境に生まれて苦しむことが多いみたいですね。

**髙野尚子**　Ｓａｙａｋａさん、晶さん、私も17歳の時にバスに乗っていて、同じような体験があります。まわりの感情がなだれ込み、そして自分の感情もすべての人に伝わる気がして、私は頭がおかしくなったのかと思って、不登校になりました。そのころに閉じてしまった感じはします。松村先生に会ってから、それでいいという気がして、また開きつつあるような気がします。ヒーリングスクールでも、あまりよろしくないと言われていたので。子どものころはけっこう敏感で、遠くで犬が可哀想な泣き方をしていたら、涙を流していました。

**PARCA**　なくし物を探す時は、私もそれと同じような方法を使っているなーと思いました。私の場合はもっと緩く、うまくいく時といかない時がありますが。もっと精度を上

げたいなーと思いました。

**Sayaka Kido Imai**　投稿に書いた方法はかなりエネルギーを使うので、最近はガイドに丸投げしてます。「〜が必要です」と宣言してからいったん意識を空にして、最初に気になった場所を見ると、ある、みたいな。これだと自分のエネルギーは使わなくてよくて有難いです（笑）。

笑ったのは、母が山でノコギリを見失った時です。ないないと言って斜面を行ったり来たりしてるので、いったん動くのを止めさせて、「ノコギリが必要です」と叫ばせました。そしたらその瞬間にやはり山に入っていた隣の家の人が、「ノコギリがありましたでー」と言いながら現れました（笑）。

**PARCA**　な〜んか、私も似たようなことやります。探してる物の名前を呼びながら「○○はどこですかー、○○出てきてくださーい」と言いながら、ふっと思ったところを探したり、本当にどこか思い当たらないときは、部屋の中央で目を閉じてぐるぐるっと回って、「あ、こっちから引きが来る！」と思った方面にふらふらと行ったりします。ダメなときもありますが、ちゃんと見つかって家族に驚かれたことも何度か……。

**Sayaka Kido Imai**　皆さんひとりでに同じような方法に辿りつくのかもしれませんね。こういうのは、やっぱり無意識下で情報に接続して、そういうことができるんだってことをダウンロードしてきてるんですかね。イメージの発射のやつといい……。

**M・H**　Sayakaさんの記事を読んで「うん、うん」と思いました。

変成意識の記事を次々読んで思い出したことがありました。小学2年か3年生のころ。

　父が出掛けていて帰りが遅くなっていました。そこで父が今何処に居るかを実況中継のように姉に話しました。父の一挙手一投足をとても細かに話しました。そして「今その扉の前に帰って来ました～」と、私としては単なる空想を姉に話したつもりでした。だから「今その扉の前に帰って来ました～、な～んてね」と言った瞬間、父がガラッと扉を開けたので、私と姉は文字通り飛び上がって驚きました。我が家で父はとても怖い人でしたから、その驚愕は私には恐怖として記憶に強く残りました。

　つい最近、アカシックリーディングをなさる方から「アナタはサイキッカーですよ」と言われ、驚きました。私にはそんなパワーはないとずっと思っていましたし、今も自覚はありませんが、もしそうなら、あの時私は自分のパワーを封印したのだろうと思っています。それ程の強烈な記憶なのに、なぜ最近まで忘れていた、思い出さなかったのか不思議です。

　去年父が亡くなり、それ以降、不思議と今まで気づかなかったことや知らされていなかった事柄を次々と知ることができました。

　それは私の力で、というよりも与えられる、といった感じです。

**Sayaka Kido Imai**　M・Hさん、とても似てますね。封印すると本当に記憶から消えちゃうんですよね。M・Hさんもそのショックの体験は小学校二年生くらいなんですね。そのあたりの年齢って一つの関門なのかもしれないですね。自分の感覚と物質的社会がなんか違うことにショックとともに気づくというか。

変性意識に日常的に入る人は透視や念力はだいたい使えるんでないだろうかと思っています。みんなサイキッカー。

**M・H** いえいえ、私は変成意識に入った感覚もないのですよ。桜の花に酔った感覚はありますが……。それに体脱の経験もないのです。幽体離脱もないです。子どものころ魂が抜けて自分が住んでいる町を自由に飛ぶ、空中を飛ぶ空想はよくしていましたが、本当に経験したことだとは思っていません。なのでサイキッカーと言われると「へっ!?」て感じなのです。ただただ、皆さんの記事を読んで興味深いなぁと。いろいろな惑星の名前などはまったく理解できていません（笑）。母と娘はチョッと「サイキッカーか!?」と思える兆候はありますが……。

## 四次元を斜めに歩く

ラテンダンス教室で生徒仲間として知り合い、その後急速に親しくなった女性がいるのですが、彼女は当時56歳少し手前。「さあ〜これから遊ぶわよ〜」と豪語していた時の表情が今でも印象に残っています。そんな彼女の土星は獅子座。そういえば、私に占星術を勉強するようにすすめてくれたのも彼女でした。

ご自宅に何度かお邪魔しているうちに、私は彼女の息子と出会うことになるのですが、私の出生図の7室に水星があり、その水星は冥王星とコンジャンクションしているせいか、昔から不思議系年下男子との出会いは多く、彼もそのうちの一人。一番驚いたのが、彼の誕生日が母親と2日違いで、その隙間に私の誕生日が入ること。要するに3人の誕生日が続きます。ちなみに彼と私の太陽度数は分まで一緒。最初の年は3人で祝い、次の年はふたりっきりで祝いました。

松村先生がよくおっしゃる四次元を斜めに歩くという移動を、私はこの時もやっていたようで、確か彼と知り合った日の夜のこと、私は自宅のベッドに横たわり、仮想鏡（と私は呼んでいます。オデコに映る事象を私は裏側から見ます）の中に、白と紫の煙のようなものに巻き込まれ、彼が死んでしまうのが見えました。実際に他界したのはその2年後で、転落死でした。

それからさらに2年後、私は警察官とお見合いをし、少しお付き合いをしました。そして何度目かのデートの折、前にいた所轄で起こった事件の話になったのです。

その日出勤したとたんに遺体確認処理の指示が入ったこと、まだ息があるのか、すでに果てているのかの違いで、その後の手順が違うこと、毎年同じような時期にそのマンションで転落があること、現場となったマンションの住人が中古相場が下がることを懸念していたことなどなど、私を退屈させぬようとの気遣いもあるのか、身振り手振りで繰り出される話はもっと長かったように思いますが、途中でこの事件の日時を口にしたことにより、この目の前の警察官が彼の最後を処理してくれた人だと気がつきました。

その後知り合った霊能者の大先生から聞いた話によると、人は転生を繰り返す中で、一度だけ自殺をする人生があるそうで（本当かな?）、一度やった人は次からは怖くてできないのだとか。これがまことなら私は過去生で間違いなく自殺してますな。みなさんはいかがですか？　今これを書いていたら、ふと彼のセーターの匂いがしました。

## 笑気麻酔と変性意識

山ゆうき さんの場合

変な話かもしれませんが、麻酔の時の体験です。

2年前、ある治療の際に笑気麻酔を使う機会が何回かありました。

ぼーっとさせる程度の、麻酔としては軽いものですが、その時の感覚が面白くて、毎回楽しみにしていました。

麻酔が効いてくると、デジャブな感覚がやってきます。看護師さんが言うことも、タイミングも、当然のようにわかっていて、この瞬間は今までもずっとあった、いつもあるよこれ、という感じになります。

それで、もとの意識に戻った時にふだんと感覚が違っていろいろなことを思うのですが、それを携帯にメモしていました。そのメモの一部です（変なテンションで書いていて恥ずかしいのですが）。

1回目…おままごと
帰り道の表参道を、スキップして踊りながら歩きたい気分でした。そんなふうに心のままに伸び伸びするのが自然だけれど、変な人に見られないように、普通っぽく振る舞おうというのを、私はここで大事にしているんだなあ。そういう「ちゃんと」しようという振る舞いとか、なりきっている様子って、集団でボケをしているみたいで超可笑しいな。おままごとだな。好みのおままごとを機能させて何らかの役割になりきったりして、それをキチンとやろうとするのもいいねというか、好き好きというか、自由だね、などと思って、とにかく自分や人の様子が可笑しかったです。

3回目…粒子をくっつけている力

自分の腕を見て、つぶつぶ（粒子）がくっついてこの腕がかたち作られている！　と思いました。そのかたちを成り立たせている、くっつけている力は、とんでもない寛容さでした。そうしたいなら何でもよいという果てしない許可。すごい優しさ。そうしてかたちづくられて、成り立たされているこの形としての体験は、どんなに自分がくだらなく思っているものでも、素晴らしいものだった。ここに表現されることとは、どれだけのことか。この体験の中で、スポーツなどで、ほかの同じように素晴らしい体験をしている人と、それ同士がここで交流したり、ゲームで競い合ったり、出し合ったりする体験て、なんて、素晴らしいんだーーーーという内容のことを書いていきました。

5回目…スペース

慣れてきたので、麻酔に入る時に、「自分の本質を見せて」と思いました。そうしたら、ここの身体に入っている自分のところから、ギューンと、視点がものすごい勢いで引き（巻き戻し）になっていって、引けば引くほど広がって、行き着いたら、ただ果てしないスペースでした。それが、狭い中に、ほんとうにちょびーっとの中に入ってみて、無限さを忘れて制限を体験してる。そういう遊びをしている。制限をなくしたらただその広大なスペースを知るだけで、そこに戻るだけで、懐かしいというか、わかりきっているというか、知ってるよって感じでした。

いろんな好きな制限を使って、くくりをつくって、そうやってスペースがスペースを体験していると思いました。

このような体験でした。

その時の言葉の変換がどのくらい適切なのかわかりませんが、読み返して、そうだったなーと思います。

**晶**　粒子の話は、本当にそう思います。だから、体脱は壁抜けというより、壁だと認識している点々と自分に集合している点々が混じって分離して抜けていく感じがします。

粒子を形に集合させてみるこの遊びは、恒星探索でトゥバン［恒星の名前：編注］の円形状の祭壇のような装置で見ました

また、アルクトゥルス［恒星の名前：編注］ではそのものを見ました。

看護婦さんが何をするのかわかるのも、私たちをつくる点々は微細にいつも振動して繋がりあっているから、常に交信というか響きあいをしていて、でも起きている時はいちいち輪郭があり、輪郭の中にいないといけなくて苛々してきます。その上さらにおままごとしていますしね♪

笑気麻酔、いいですね。

すてきな体験をきかせていただき、ありがとうございます。

治療にそのように対峙されていた話は、いつか私にそのような機会がある場合、サポートになりそうです。

**山ゆうき**　ずっと誰かに言いたいけど言えないと思っていたんですが、ここに放ってスッキリしました！

アルクトゥルスで見られたんですね！　どんな感じなんでしょう。私はなんとなくアルクトゥルスについて、粒子をくっつける力の働いている場所のようなすかすかの隙間のような場所に入り込んでいて、すべての状況をやわらかく包む力みたいな印象を、今のとこ

ろぼんやりと持っています。

シナプスで、アルクトゥルスーシリウス行きの誘導音声を聞いたのが、初めての恒星探索だったのですが、聞き終わった後、笑いキノコを食べたように、顔が１２０％の笑顔になったまま2時間くらい可笑しさがおさまらなくて、顔が変わってしまうんじゃないかというくらい笑って、寝られませんでした。お腹が膨らんだり、何かのエネルギーが身体の中にすごい押し寄せてきたりして、かなりびっくりしました（その時なぜか「小さいうつわだけどがんばるよ」とか思いました）。それから数日間、現実に向かう気が薄れて、人生がキケンでした。というのを思い出して長々と書きました。笑気麻酔は歯医者さんでも使うところがあるらしく、楽しいです。

**髙野尚子**　笑いは毒消しであり、最大の癒しと聞いたことがあります。

実際、笑うことで緊張が緩んで、副交感神経にシフトしていくのですよ。アルクトゥルスもヒーリング効果のある場所です。いい体験されましたね！

**山ゆうき**　髙野さんありがとうございます、ウケてるときって最高ですよね。さんまさんとか、すごい貢献だよなあと思います。人生のどんな深刻っぽさも、笑いになると思います。

**髙野尚子**　ホントそうですよね～。

私もある夜、光の粒が見えました。そしてそれがだんだんいろんな色の粒が集まってきて、ある存在になったのがわかりました。

確か松村先生も、オリオンあたりにいるハニワ星人がそれっぽいと書いていたような。

宇宙人だけでなく、本来私たちは粒の集まりだということを言い聞かせると（実際そうですし）体脱しやすいのですね！

余談ですが、麻酔というのは今でもどうしてかかるのか仕組みがわかってないらしいです。

楽しい変成意識体験ですねー。

**山ゆうき**　ハニワ星人のお話、わたしも何処かで読みました！　つぶつぶにもいろいろありそうですね！

**桜井ともみ**　私も麻酔で幻覚を見ました、硬膜下麻酔だったのですが、緑色と紫色の兵馬俑がたくさん歩いてくるのが見えました。一晩中続きました。モルヒネを使っていたと思われます。

**とよ**　麻酔ではいろんな人がいろんなことをしゃべります。

その時にドクターは不穏だと表現します。

手術に取りかかっている人たちはシラフで冷静なので、その立場からみると、この人、いったいどんな夢を見ているのだろうという感じです

**松村潔**　この体験は、おおよそＬＳＤ体験と同等です。とくに、ＬＳＤでは、つぶつぶ、というかドットはよく出てくると思います。言葉も、一つ一つのパルスの連続で成り立つみたいなものをよく感じる。

ハニワ星人は、エスプーマです。ドットというより泡。エスプーマって笑気ガスで作る

んだよ。

**山ゆうき**　スタバのクリームが出るあのボトルに充填されているんですよね。何でもふくらまえて泡にするやつ。笑気ガス体験は7回くらいあって、だいぶ気がすみました(何の?)。

**とよ**　依存性もあるので気をつけて。

体に合わなければ死ぬこともあるので……。

何も使わず飛べれば一番いいかなと（笑）。

**山ゆうき**　とよさんありがとうございます。いちおう医療行為の中だったので、安心でした。あと、なんだか私はその状態を求める気持ちもないのです。

**とよ**　よかったです！　みんな麻酔の話で盛り上がってたので、それを聞いて安心です。

ふんわりするなら、今の時期、花粉症の人は、鼻炎の薬でも十分ふんわりなりますからね（笑）。

奥田さんの場合

## 音楽とトランス

クラシックの勉強をしていた20代のころの体験です。

ジョリヴェという作曲家の作品を演奏していた時に、最後の数分間、頭が真っ白になり、共演者も同時に真っ白になったようで、勝手にどんどん曲は進み、あれ～とパニックになっているうちに最後までいきました。

袖に引っ込んでから、二人で今のはなんだったんだろうと、ガタガタしがみつきあい。その曲の最後のほうは、トランス状態にいかにもなりそうな感じではありました。

滅多に褒めない師匠が、涙が出たと言ってくれたりして、また、そんな演奏は一生に一回あるかないかなんだから、もう一生ないよ、とか言われたりして、そうなのだろうか……と思ったり。

ジョリヴェの曲は、人の演奏を聴いていた時にも、アフリカの平原に立って自分の影を見ている映像が見えたこともありました。

**Sayaka Kido Imai**　そういう経験、私もあります。というか、演奏家さんがそうなったのを見たことあります。三木稔のマリンバスピリチュアルをスタジオで録音していた時のことですが、まずテストのためにちょっと音出しをしましょうということになりました。そしたらブースに入っていた4人の演奏家さんが演奏しだしていきなりトランス状態に突入してしまい、エンジニアさんが「マイクを調整したいからいったん演奏を止めてください」と呼びかけても、まったく気づかず、演奏続行。20分くらいある大曲なので、これは止めねばいかんとブースの中に入っていかれて、演奏家さんたちの目の前で大きく手を振って、やめろやめろと合図したのですが、やはり誰も気づかず……ということがありました。その後、演奏家さんに「ずっとマイクで呼びかけてたし、エンジニアさん、ブースに入って合図してましたよ」と言っても、そのこと自体を覚えていませんでした。ただ演奏を始めた瞬間に意識がぶっ飛んで白い空間にいた、みたいなことを仰ってた記憶があります。ああいうのを目の前で見せられると、同じ作曲家としては思うところありますね。自分の曲ではその演奏家さんはそうはならなかったわけですので。

もう一生ないことはないですよ。これは私は言い切れます。演奏家がその曲を無意識領域でトレースできるほど熟達していて、曲のエネルギーをダイレクトに降ろしてきた時、何度でも訪れます。作曲家は自分の曲を演奏してトランス状態に入ることは日常ですので、演奏家さんも同じことだと思います。

ちょっとした興味なのですが、そのトランス状態になった演奏の後、頭の毛が逆立ちませんでした？　なんか指揮者とか有名な演奏家さんって、演奏のあと頭の毛が爆発することが多くて、私や一緒にやってる演奏家さんも、今のはよかったねという演奏の後、けっこう逆立ってることがあって、頭のチャクラからなんか出てるのかなあ……と思ったりします。

**奥田**　あ、作曲家の方なのですか。そうです、わーー止まらないよーーって感じでした。マリンバのその録音はできてなくてもったいなかったですね。髪の毛は残念ながらまとめてたような気がします。

作曲家の方が自作を演奏する時によくトランスに入っているというのははじめて知りました。そーなんだ……。考えてみれば、それでないとな、っていうことですよね。現代曲の新曲演奏とかもけっこうしました。この経験があるので、そこまでいかんと、という意識がたぶんあり、でも相性とかいろいろ、なんか、むつかしいですねー。自力オンリーでできることではない気がします。

**Sayaka Kido Imai**　もちろん、演奏する曲にそもそもそれだけの力がないとトランスにはならないんですけどね(笑)。一度入れた曲ならまた何度でも入ると思います。

## ブーバ＆キキ

母はガンで亡くなりましたが、いちばん最初に気づいたのが僕でした。

それというのも、声が変わったからです。

ただ、音とか周波数とかってものでもなかったため、まったく伝わらずに、結局は進行してからの診断となりました。

画像［下の図］は脳科学で使われるもので、どちらがブーバでどちらがキキかという質問をすると、大多数が右をブーバと答えてしまうという実験です。実際にはどちらがブーバでどちらがキキかは決まっていませんが、音で判断してしまうんですね。

で、僕の母の声は左のキキのようになりました。イメージですが、僕の耳にはこのトゲトゲが刺さるわけです。それが非常に不快でした。

もちろん、母は普通に、「おはよう」とか挨拶してるだけです。

「声が変だよ。トゲトゲしてる。耳を通る時にすごく嫌なんだ。なん

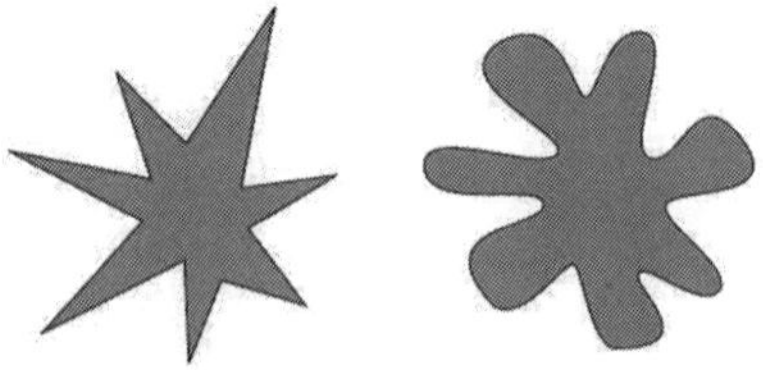

か身体が悪いんじゃないの？　病院行ったら？」とは言ったものの、こんな説明でわかるはずもなく、父も弟も、また変なこと言い出したぐらいにしか思えなかったそうです。

大好きだった祖父が亡くなった時は、連絡が来てからすぐに風呂に入りました。

そうしなきゃいけないと思ったからですが、それもまた家族には「？？？」だったみたいです。

祖父は施設にいた期間が長かったので、お葬式になる前に、施設まで迎えに行きました。

それも、そうしなきゃいけないと思ったからです。

母の姿はお葬式の時にはガッツリ見えていて、本人が希望した密葬にならなかったことにご立腹でした。

あと、祖母（母の母）が存命で、「なんでもっと頑張らなかったんだ！」と言ってしまった時の、母の苦々しい顔は強く印象に残りました。

## 不思議な祖父母の家

低レベルな喧嘩。
金星期に、隣の祖父母宅に泊まった時のこと。
夜中まで起きて一人でテレビを観ていました。
そしてそろそろ寝ようとテレビを消しました。
……つきました。
消しました。
つきました。
消しました。
つきました。
だんだん腹が立ってきて、怖いよりも眠いから寝させろ！　と（笑）。
結局、コンセントも抜きました。
で、つきませんでした。
祖父母宅は不思議な場所で、ばーちゃんの趣味なのか玄関に向かい合う柱の上には般若のお面、なぜか模擬刀がじーちゃんの部屋に。

土日は祖父母宅に泊まるみたいな感じで、水道の水滴の音が嫌で、怖くて泣いたりしました。

初めて金縛りにあったり、影を視たのも祖父母宅でした。

今はそういうのとは繋がらないので、怖くもないです。

むしろ家ごとまるっと護られてる感じがします。

mami さんの場合

## 鍼で変性意識に

私が最近面白かったのは、鍼灸院で鍼《はり》を打ってもらっていたときにリアルな映像を見たことです。経絡の刺激によって変成意識に入ったのかと驚きました。

過呼吸によるブリージングでは嫌な体験（過去生と思います）ばかり思い出すはめにあい、でも、終わりにはそれを抜けた感、恍惚感のようなものがあるので幸せな気持ちになるのですが、呼吸が苦しいのでたいへんでした。二人一組になって20人くらいでやったのですが、泣き叫ぶ人もいたりして、部屋が地獄絵図のようになってしまい、かなり怖かったです。

**さり**　わたしもブリージングに関しては地獄絵図の中に正気な自分がポツネンといましたよ……。

田中友香里さんの場合

## 頭に響く騒がしさの正体とは

常に過敏な状態で外に出ることが辛くなり、昼間は起きていても寝ているようで、夜は眠れない時期がありました。

日中ぼーっとしていると、頭の中でものすごい大きな音が鳴り響いて、その振動に合わせて視界がどんどん眩しくなり、何も見えなくなってしまうことがありました。

今でも寝入りと寝起きになることがあります。

映像を見たりはしないのですが、ちょっと抜けちゃったなあ、と感じます。

母や祖父が亡くなるとき、同じように頭に響く騒がしさを体験したことがあります。

これに関して松村先生に、「人が死ぬ時、ひきずられて、エーテル体領域に向かいます。死ぬ時に肉体からはがれていくので、共鳴してしまうんです。人が死ぬのは、たくさん居合わせたほうがいいです」とコメントをいただき、とても納得しました。

## 私の上で跳びはねる影

昔のことを、「気のせいだ、疲れていただけだ」として忘れていたことを宇宙探索しているうちに思い出していきました。

ただの金縛りかもしれませんが、影を見ました。

学生のころ、金縛りにあうのがとても怖くて、毎日枕の下にハサミを置いて寝ていました。ハサミを置いて寝た日は金縛りにあいませんでした。

14、15歳の時、学校から帰り、夕方寝ている時に影に囲まれました。枕の下にハサミを置くのを忘れていました。

金縛りにあい、キーンと音が鳴りました。

目を開けると、たくさんの影たちが私のまわりを取り囲み、回っていました。

あとはあまり覚えていません。

高校の時に眠り方がわからなくなり、眠れなくなったときも影は来ました。足元から乗ってきて、私の上で跳びはねていました。

3年ぐらい前に金縛りにあった時も、目を開けると足元に影がいました。私はコードにつながれ、それは影に続いていました。

ジジジと耳元で音が響いていました。

「調整」と聞こえました。

ある喫茶店に行った時に、マスターが指先を頭頂部にあてました。

ビリっと電気が走り、その夜、寝ていて目を開けた時に、3人の小人を見ました。ロード・オブ・ザ・リングのような小さいおじさんです。ぼやっと見たとかではなく、はっきりと見えました。テレビを見ているかのように。

## 聖地のエクソシズム

Emika Kurata さんの場合

聖地シャスタでエクソシストのような場面に居合わせた体験談です。

数年前、初めてシャスタの地へ旅行しました。皆が言うように不思議な土地で、いくつか訪れたネイティブアメリカンの聖地の中でもバーニーフォールズという大きな滝がある（日本ではクリスタルカイザーでお馴染み）、この聖地は私にとっては特別で、出発前からハートチャクラがこじ開けられるような感覚と電気的なパルスが身体の中を走り続けて、夜は寝ようと目を瞑ると、サイケデリックな色の渦がまわり、覚醒時なのにこんなにあからさまな、身体感覚をを伴った不思議体験は生まれて初めてでした。

縁あって、シャスタでワンドを販売しているネイティブアメリカンのファミリーのお家に呼ばれることになり、お庭でネイティブの女性とそのお父様がドラムなどの鳴り物を使って行う簡単な儀式に参加させていただきました。

儀式自体は、真面目だけど何だかゆる〜い雰囲気で、ときどきキリストをヘロヘロガリガリにしたようなヒッピーみたいな旦那さんが、ふらりと笛を吹いてはどこかへ去っていくという……よくわからない動きのなか終了しました。

儀式終了とともに、また旦那さんが、ふわぁっと現れ、「僕の祝福を受けたい人はいませんか？（友人が通訳してくれた）」と祝福をすすめられ、ふだん、吉原や昔の炭鉱場など、ディープな土地の除霊を生業としている友人の女性が張り切って挙手し、彼女は彼に連れられ、少し離れた場所に。

何をしているのかな？　と見てると、彼が彼女を軽く囲み、何やら宇宙語で天に向かって祈りを捧げているのが見えました。

そのうち、彼女の泣き声が聞こえてきたので、きっと何かで癒されて、感極まっているのねと、温かい気持ちで見守っていたのも束の間……泣き声がだんだん大きく吠えるような、苦しみを帯びたものになり、彼女がお腹を押さえるように苦しみ悶えるのを見て一同驚き、何が起こったのかと彼女に駆け寄りました。お腹を押さえ、えずくように呻き、泣きながら苦しみ悶えている彼女を見た奥さんが、子どもの一人に家からセレナイトのワンドを急いで持って来るよう言い、白い石がナイフのように加工されたワンドを使って、彼女の除霊のようなことが始まりました。

彼女曰く、お腹の底に大きな蛇がいるとのことで、ナイフを当ててると、一層友人が苦しみだすのです。30〜40分くらいはかかったと思います。

ナイフで蛇を誘導するようにし、彼女の口から蛇が出たのか、ネイティブアメリカンの女性がまるで、蛇の頭ごと大地に突き刺すようにナイフを振り下ろすと、エクソシスムが終了しました。

蛇をお腹から出した友人は、汗だくになりながらも、何が起こったのかわからないような雰囲気でしたが、もちろん見ていた私たちもです。ネイティブの奥さんが言うには、ものすご〜く古い時代のドラコ族の末裔の因縁が彼女の中に入っていたとのことでした。

ちなみにドラコ族の成れの果てを口から出した女性は、日本人なんだけど不思議と肌が浅黒く、ネイティブアメリカンのような顔立ちで、実際にネイティブアメリカンの歴史や彼らに、もともとシンパシーを感じていたようでした。

憑き物が取れたような……とは言ったもので、いつも苦虫を噛みしめたような人だったのですが、よく笑うようになり、雰囲気がガラリと変わってしまったのには驚きでした。

ドラコ族、古代のレプティリアンが入っていたということですよね……。

リアルに目の当たりにし、エクソシスムって本当にあるんだ！　と目からウロコの体験でした。

## 私を変えた神秘のエネルギー体験

みーさ さんの場合

学校を出た後に、とりあえずアルバイトを始めましたが、疲労感がすごくて、一ヵ月くらいしか持ちませんでした。バイト先の人に、骨盤矯正をすすめられて行ってみましたが、力が抜けたのか、歩くのも辛い感じになって、元に戻らなくなってしまいました（でも、バイトをやめたら普通に歩けるようになりました）。

その後もあまり体調もよくならず、何年もひきこもっていました。いろいろなところをあてにして行ってみたりしましたが、怒られてもう来るなと言われたり、私のほうが相手の対応に腹を立てたり、続ける気にならなかったりして、何だかうまくいきませんでした。認めてほしい人に認めてもらえない、褒めてほしい人に褒めてもらえないといった、そういうことを感じていました。すごく焦っていて、不安でした。

そんなころ、ネット上である掲示板にはまりました。とても面白いと感じて、自分も話の輪に入りたいと思いました。でも自信がなかったりして、何を書いていいかわかりませんでした。何度か投稿もしましたが、恐怖心でいっぱいで、緊張していて、何を言われるのかビクビクしながら書いていました。

２００５年のある日、その掲示板を見ながらいろいろ考えていたところ、頭頂に勝手に意識が集まっていって、じりじり、ピリピリしてきました。そして、頭頂から何かエネルギーのようなものが、まっすぐ、すごい勢いで出始めました。それから、そのエネルギーが、円を描くようにまわり始めた感じがしました。私は混乱して、壁に背中を押しつけるようにして床に座りました。その後、少し落ち着いてから書いたノートが残っているのですが、『苦しい、こわい。でも、死ぬほどじゃない。（その頭から出ているエネルギーが）だんだん遠くへ。隣んちの壁くらいまで。本当はもっと遠くまで。花火みたい』と書いてあります。その後、体が振動して、自分が部屋いっぱいに広がったような感覚になりました。それで何かやばいと思って、布団のある部屋までふらふら歩いていって、布団に入って寝たふりをしていました。不思議に思ったのは、母が「大丈夫？」と寝ていた私の様子を見にきたことです。何か感じたのかなと思いました。

そういう体験が初めてで不安だったので、その掲示板にその出来事について投稿してみましたが、「とても変な投稿だったので削除しました」みたいなコメントをされてすぐに消されてしまいました。それもけっこうショックでした。あれは私の妄想だったのかとか、そんなに不適切なことを書いたのかと考えて、落ち込みました。この時のことについては、たぶん今でもあまり消化できていなくて、「うーん、あれは何だったんだろう」と思うことも多いです。

２００５年の夏ごろにパニック障害になり、一人で電車に乗れなくなりました。ひきこもりの生活を続けていましたが、２００８年の2月に電話でカウンセリングを受けて、どうも自分はさみしいという気持ちを抑圧して麻痺させているらしいということを考えるようになりました。

それから何日かして、胸のつかえのようなものが、何時間かかけて取れていく体験をしました。胸をおさえてぜいぜい言っていたと思います。少し落ち着いてから、何か用事があって外出しましたが、その日はきれいに晴れていて、とても気分がよかったです。私はもう大丈夫、という気がしました。駅の近くの商店街に行きましたが、私はそれまでその商店街を歩くのが嫌いで、ほとんど通りませんでした。でもその日を境に、その商店街を歩くのが平気になりました。

また、私は道を歩いている時や自転車に乗っている時、後ろを振り返るということができない人だったのですが、その日以来、自然と、後ろを振り返って確認することができるようになりました。それで、パニック障害も治ったんじゃないかなと思ったんですが、実際、その後、電車にも一人で乗れるようになっていました。

その日は胸でしたが、次の日は額に圧力みたいなものを感じ、次に、頭頂からエネルギーが抜けていくような感覚がありました。この時は、とても穏やかなものでした。そして、半日くらいか、やはり頭から出た気が円を描くように回ってる感覚がしていました。それが、２００５年の頭頂から爆発するようにエネルギーが出たあの体験を思い起こさせてくれました。あの時の体験があったから、この時こんなにすんなりいったんじゃないのかなー、などと思ったのです。

それから一、二週間でしょうか、固形物があまり食べられない時期がありました。感覚が敏感になっていて、それまで普通に飲んでいた水もまずくて飲みたくないと感じ、浄水器を買ったりしました。でも、徐々にそういう感覚も薄れていって、食事も普通に戻りました。

自分に起きた出来事を、自分のためにまとめた感じになりました。でもとてもいい機会だったと思います。ありがとうございました。

髙野尚子さんの場合

## 美しいブルーと緑のオーラが

オーラが見えている時は変成意識に入っていると考えていいと思うのですが、先日相談に来られた方の頭の上にとてもきれいなブルーと緑のオーラが見えました。私の場合、目を閉じて見える（目では見えないけど感じる）ものと、目ではっきり見えるものがあります。目ではっきり見えるものは調子のよい時、または相手のエネルギーが強い時のように思います。

昨日は、目ではっきりと見えたのですが、おそらくその方のエネルギーが強くなったからかなと思いました。それまではそのように見えたことはなかったのです。

その方はいろいろと苦しい時期を自分でなんとか通り抜け、「これはドラマじゃないか？」というようなラッキーな展開もあり、本当に自分がやりたいこと（この方の場合は絵を描くこと）に取り組めるようになったからです。

喜んで絵を描きはじめたタイミングでこられたのですが、本当に美しいブルーと緑のオーラが頭の上にありました。

その方の絵の描き方も素晴らしく、気がついたら絵ができている、とおっしゃっていました。無になって、上と繋がって作業しているのだと思います。

他にも印象的なオーラを松村先生の頭の上に見たことがあります。オーラ視講座に参加して、瞳孔が開いていたのか、ヘロヘロになっていた翌日、占星術講座で話していた松村先生の頭の上に、金色のわりと大きなオーラが見えました。それだけでなく、その金色のオーラの中には虹色の階段のようなものがありました。

このようなオーラは初めて見ました。先生はいつも通り、冗談を交えながら講座をしていました（笑）。

**Yuki Nagata**　松村先生の巨大なオーラはわたしも見ました。わたしはまだ色まではっきり見えないのですが、とにかく大きかったです。

それまで、わたしに呼吸法を教えてくださった方のオーラが最大だと思っていたのですが、その方を軽く上回る大きさでした（笑）。

すみません、ここでちょっと初歩的な質問です。呼吸法の先生いわく、オーラは呼吸法で気の総体量をあげれば誰でもでかくなるんだよ、とのことでした。実際、呼吸法したあと自分のオーラを見たらでかくなるので、なるほどそうなんだあ、と目から鱗だったのですが、髙野さんが見られたような金色のとか虹の階段とは、おそらく次元の違う別物のような気がするんですね。わたしが見てるのはただの気の膜で、エーテル体ではないのかな、と。気の膜＝エーテル体？

**松村潔**　呼吸法でなんとかなるオーラは、わりに身体に近い部分のオーラで、たとえば仏陀フィールドみたいなオーラは、呼吸法ではどうにもなりません。オーラが大きすぎると、個人としての人格のサイズが保てないので、何かとたいへんです。

**Yuki Nagata**　ありがとうございます！　そうですよね。整理できました。

**竹内紫恩**　最近視えたのは、体の両サイドに蛙（ピッタンコカンカンのマスコットみたいな）がいる人と、背中の後ろにひまわりがめっちゃ咲いてる人かなー。

マツキヨ先生を思い出すと、まず海。

海からどう繋がってるかわからないけど、海の先に宇宙があります。

そしてパイナップル（笑）。

## サイババのオーラ

１９９５年サイババのアシュラムに行った時の体験です。

その日はシヴァ神の祭り（シヴァ・ラートリー）があるということで、アシュラムはとても混んでいました。

アシュラム内に宿がなく、困っていた私に声をかけてくれた人がいました。アン・キャサリーンというデンマークから来ている30代くらいの女性で、彼女はアシュラム内に宿が取れたから、かわりに自分の使っていた宿をどうぞ、ということでした。

今思うと不思議なのですが、その後もとくに約束したわけでもないのに、アン・キャサリーンには、人の多いアシュラムの中で何度も会いました。アン・キャサリーンは、自分はサイキックだと言っていました。どんな能力があるのかはあまりくわしくは聞きませんでした。

サイババのアシュラムへ行ってみてとても驚いたのは、聖なる場所のイメージとは程遠く、人間の欲がもろに現れる場所だったことでした。食堂も押し合いへし合いだし、みんな少しでもサイババの恩恵を得ようと必死なのが伝わってきます。サイババに手紙を受け取ってもらえると、その中に書いてある願いを叶えてもらえるということで、みんなにじり寄ろうとします。日本人の団体に混じっていけばもう少し丁寧に対応してもらえたのかもしれませんが、現地の人に混じっていたので、押しの強いインド社会の縮図を見るようで、かなり気圧されてしまいました。

そして、いつの間にか私もその色に染まり、サイババに手紙を受け取ってもらおうと必死になっていました。

その時に、アン・キャサリーンがアドバイスをくれました。

「ババのエネルギーは愛のエネルギーだから、そんなに体を固くしていては、感じられないよ」と。

そう言われて、自分が必死になり過ぎて、体も心も固くなっていたことに気づきました。私は体の力を抜き、瞑想をするようにゆったりした途端に（今思うと変成意識に入ったのだと思います）、サイババのオレンジ色のオーラが、それもステージ全体に広がる大きなオーラがはっきりと見えました！　とても感動しました！

私は今でも、何かに必死になって力が入りすぎた時には、この時のことを思い出しています。

## 額から伸びた筒から見えたもの

額から筒のようなものが伸びて見えた体験です。

その1。

約8年前、某ヒーリングスクールで、ガイダンス瞑想という、ガイドからメッセージをもらうクラスに初めて参加した。

まずはガイドと繋がる瞑想をやっていると、急に額から筒のようなものが伸び、まるで007の映画の最初のシーンのように円形の小窓を通して、ある風景が広がった。それは私がまだ小学生のころ、父親に連れていってもらった海岸だった。父親が亡くなってすでに10年ほど経っていたが、その風景の中ではまだ元気で若かった。そんな父を見て思わず涙が込み上げてきた。父からのメッセージは母親を大切にしなさい、姉妹仲よくしなさい、といかにも言いそうなことだった。こちらから仕事のことについて質問すると、お父さんは専門外だから知らん、と言われた（これもいいそうなことだった）。

その2。

約4年前、関係性エネルギー・ヒーリングのクラスでのこと。

友人のMちゃんとペアになり、母親コードをやってもらっていたとき、また再び額から筒のようなものが伸び、同じように007の映画の最初のシーンのように円形の小窓を通して、母親が見えた。入院中の母に数日研修で留守にすると伝えたら、唐突に「サンキュー、オールマイティ」といった。ふだん英語なんて話さないし、「何、そのオールマイティ」とその時は笑った。亡くなる1ヵ月前の、その光景が見えた。ヒーリングしていたMちゃんも私の母親を感じたといい、母からのメッセージを伝えてくれた。「感謝」と「誕生」。自分が見た光景と一致したことに驚いた。母なりに感謝の気持ちを伝えようとしてくれたのかもしれない。

どちらも亡くなった人との繋がりで、過去の光景を思い出していますが、こういう体験をすると時間軸など関係ないように感じます。

しめっぽくて、すみません。

## アストラル界の音楽

実際に音楽が鳴っていないのに音楽が聞こえてくることが何度かありました。初めて体験したのは、2010年にヒーリング・スクールで蔵王合宿に行った時でした。音が鳴っていないのに音楽が聞こえてきました（一人だけ他にも聞いた人がいました）。民族音楽のようでした。それを当時のヒーリング・スクールの先生に尋ねると、アストラル界の音楽だろうということでした。

それが2014年1月に再び頻繁に聞こえてくるようになりました。後でわかりましたが、私の12ハウスにあるノーアスペクト木星にトランシット天王星が合になっていた時期です。

その音楽は耳を塞いでいても聞こえていました。でも、聞こえている自分を疑っていました。すると、ある日、iPhoneが勝手に鳴りだし、その歌詞が「メロディのない歌があるんだ、どうやって君に伝えればいい」と始まるものでした。私のガイドは何か伝えたいことがあり、大好きな嵐の歌を通してなら信用すると思ったのかもしれません。

その数日後、「重要なメッセージがあります」と言われ、再び音楽が聞こえました。意味はわからないけど、何かダウンロードされた感じがしました。

すると、翌日、それが言葉になって降りてきたと思いました。こんなにはっきりと言葉となって降りてきたのは、初めてのことでした。

それは——

「自分を否定することなく　自分を受け入れなさい。

修行という名においては　自己を鍛錬するもので　人の手を借りる必要もある。

枠組みが異なる場所で　より深く自分を育て　真の自己を発現する手助けとなろう。

修行の旅は続く」

——と。

その時、ちょうどヒーリング・スクールをやめることを決意していたものの、この先はもうどこかで勉強などせずに、自分一人でやっていこうかと思っていましたが、これを聞いてから、松村先生の所に通おうと決めました。

## 桜の気持ち

M.H さんの場合

初めて行った住宅街の中の公園。

それほど大きな公園ではなく、子どもたちの遊具が三つ四つくらいある程度。

その公園に一本の桜の木があり、満開を少し過ぎたくらいでした。

私は人と待ち合わせをしていて、相手が来るのを待ちながら桜の木を見上げていました。

すると突然、強い風が吹き始め、花を散らし始めました。桜の花は一斉に舞い上がりました。風はつむじ風となり、やがて私を取り込み、私は桜吹雪に取り囲まれました。それは『綺麗』というより『ぞわぞわザワザワ』する感覚。身体は覚醒しているのに頭が眠っているような、逆に頭は起きているのに身体が眠っているような。

まるでお酒に酔ったような感覚で、「私、花に酔ってるんだなぁ」とボンヤリ思いました。

その瞬間、なぜか「桜の気持ちがわかった」気がしました。

「桜の気持ちって何？」と聞かれても、言葉にはできません。なぜか落ち着かない、でも「桜の気持ち」「桜の感情」を感じた、とその時は思いました。

これが変成意識かどうかはわかりません。

なぜこの感覚を急に思い出したのか、そのキッカケがありました。

先月、アカシックレコードを読む方とお会いしました。その方が三人の方々を次々とリーディングしている場を私は見学していました。

リーディングの最中に、あるビジョンが見えた気がしました。そこから、ずっと首の後ろがゾワゾワしてきて、その会が終わって帰る時もゾワゾワは治らず、足元がフワフワして、明らかに普通ではない状態になりました。

それが、あの桜に酔った感覚に似ていたのでした。それで思い出したのです。

これは夢とか体脱体験ではなく、何十年か前、実際にあった体験です。

# 宇宙人

# Chapter 3

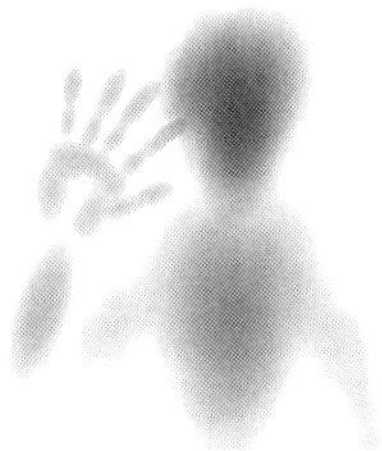

宇宙人はＵＦＯではなく
非物質的次元を介してやって来る。
彼らはわたしたちのことをよく知っている。
わたしたちの本当の故郷のことや
わたしたちの本当の運命のことを。
彼らはいったい何者なのだ？

晶さんの場合

## 水の塊のような宇宙人と〝統合〟

宇宙人に遭遇した時の話。

最近、トゥルパというのを知ったのと、宇宙人の本を読んだので、この話を投稿しようと思いました。

ハピネス軍が来ているから安心しなさいといわれた時と同時期だと思います。

夜道を歩いていると、いつも星や月に励まされたり会話したりするのですが、その時は満月を見ながら、「宇宙の平和的調和のために私の命を使ってもいい。私は友好的な宇宙人と仲よくなりたいと思っています。協力できることがあるなら協力します」と、なんだか宣言していたのです。

なんだか地球の未来を憂いてぐったりしているモードだったので、そのようなことを改めて宣言してみたくなったのですが、以前から私は、海岸とか見晴らしがいいところに行くと、夜空に向かって「宇宙人やＵＦＯ、出てきてください」と祈っていました。

そうしたら次の日のお昼に、また急激に眠くなり、私は昼寝をしようとベッドに横になりました。

まだ眠りに落ちきらない夢うつつの状況で、部屋の外の人の気配が手にとるようにわかるモードの中で、足元に何かが来ている気配がありました。

そのまま軽い金縛りになったのですが、まだ自由度があります。

こういう時は部屋の中の密度ががらりと変わってしまうのです。

コントレックスという硬水のミネラルウォーターを飲むと明らかに他の水と舌触りが違うように、空気や気配ががらっと変わってしまう。それも微細に調べると、部屋の一部が歪むように濃密になっているのがわかります。

頑張ってうっすらと目を開けてみたところ、足元の空間が揺らいでいて透明な水の塊のようなものが立っています。

それは120～140センチくらいの人の形をしていました。

私はものすごくびっくりしました
いままで人型でホログラム的にみえたものは知り合いか、または夜、薄暗い中での遭遇でしかなく、明るい部屋の中ではっきりと人型がみえたことは無かったからです。

透明の水のきらめきごしに部屋の背景も見えるのですが、歪んだレンズごしのようにそこだけ部屋がハッキリと見えない。

見たことのない光景に緊張しながらじっと見ていると、その人型が壁から近づいてきました。びっくりしていると、ベッドの脇までやて来ました。

自分の想像とは違う動きでどんどん近寄って来るものに、恐怖が抑えられず、起き上がりたいのだけれど、金縛りが強まっていてまったく動かせない。それなのに意識だけがハッキリしている状態です。

そしてその透明の水のような塊は、ベッドに上がって来ると、しまいに私の体に倒れかかってきました。

自分の胸の上に正座している霊を見て金縛りになったことがあったので、恐怖の中でも、体の上でとどまってくれるのではないかと一瞬思ったのですが、足のほうから順にそのまま私の体のなかにずぶずぶと重なってきます。

私は金縛りで固まりながら、「わあああああっ」と声にならない声を心の中で叫んで、「何これーーーーー」とパニックになりました。

すると私の頭の中に「とうごう」という声がガーンって響きました。同時に「大丈夫、安心して」というエネルギーが届きました。

そうはいっても　大丈夫で安心なんてできないよ！　ってびっくりしましたが、金縛りがとけて起き上がると、とくに変化はなかったものの、私が12時間前ほどに「宇宙人と仲よくします」と宣言したからこのようなことになったのだと思いました。

宇宙人なのか　なんとなくその時は地底人なのかも、地底人系の宇宙人なのかもしれないと思いました。

それから、あれはいったいなんだったのかと思っていたところ、大麻を研究し、縄文文化を発信している中山さんという方にあった時に、「宇宙パーティの招待状をもらったでしょう？　もう宇宙船に乗ったよね？」と言われて、透明の宇宙人のようなものに会ったことを話したところ、とくに宇宙人の何人などとは言われませんでした。わかっているのに言及をさけているような感じで、ただ、中山さんは出身の星がわかる人だそうで、私のことをアルクトゥルスーシリウス人、プレアデスも入っていると言ってきました。

そして、夢に啓示を出して来るから　夢をすべてメモしてと言われたのでした。

この透明の宇宙人のようなものがいったいなんだったのか、今でも謎なのですが、それから2年後に、「防災訓練用の白いチューブに促されて脱出する」というよくある夢を見たのですが、その時は、何かの基地のようなところで、いろいろ報告したりレクチャーを受けていたところ、何か違う勢力に見つかってしまい、急いで逃げることになり、わたしはたくさんスイッチのあるパネル装置をあわててパチパチとやっていました。誰かがそばにいてくれているのですが、その装置で脱出するための指標を設定するのにギリギリの状態で、追っ手が迫っていたので、私はチューブに飛び込まざるをえませんでした。そのチューブに入った時は、詰まりはしなかったものの、全身を柔らかい大根おろし器で擦られるようなものすごい不快感があり、目覚めてからも、その日は一日中ずっとその体感が消えないまま、ショックで起き上がれない状態でした。

飲まず食わずでずっと寝ているしかなく、でも理由が理由なので、人に説明しづらく、次の日は、ヒーリングのイベントで、私はエンジェルカードリーディングでブースに出る予定でしたが、とても準備できる状態ではなく、当日もフラフラしながら行きました。

すると、そこに宇宙語を話すチャネラーさんも出店していたので、一昨日変な夢を見たからその夢の意味を知りたいと話したところ、「それは宇宙人があなたから情報を得ていて、むこうは体がないから無茶なことをしてくるけれど、でもそれはもともとあなたが許可したことだ、あなたが契約をしたはずだ」と言われました。

長々と書きましたが、ある夜に私が「自分の命を使ってもいいよ」と言ったことがこのようなことに繋がったのかなと思いました。

そのチャネラーさんからは、いちおう向こうには「そうはいっても地球人は体があるから配慮してほしい」とオーダーしたほうがいいということ。また、宇宙人やUFOや遭遇した人が集まる会があるからと誘われ、そういう体験をした人専用のヒーリングをする人がいるからと紹介もされました。

と、いろいろなシンクロの思い出が今にまで繋がっているのと、また何本もそれが絡み合っているので、どこで切ってまとめればいいのかわからないのですが、この後、紹介されたヒーラーさんに話して、裏メニューとして、宇宙人とのハイブリット型の人向けの施術をしてもらい、ET会にも参加し、その時にライトランゲージを話せるようになったものの、星系の違いを感じました。その後、精神宇宙探索講座に出ていく中で、自分はもともとの契約を知らないので、こっちで二重契約（透明な宇宙人が統合）してしまったのではないかと思いました。

しかし、最近、トゥルパというのを知って、宇宙人じゃなくてトゥルパだったのかな？とまた揺らいでいます。

そもそも　私がエンジェルカードリーディングをすることになったのも、ヒプノセラピーをした時に宇宙人が出てきて、早くこっちの仕事を手伝ってほしいと言ってきたということがあります。

その時までは、私はただ趣味が幽体離脱だったというだけで、普通の人というか、会社員もしていたし、シンクロニシティや見えないものを信じたりはしてきましたが、宇宙人とかエンジェルとかを仕事の選択の決断に取り入れるというのはなかったので、最近、日記を読み返してみたら、なんだかいろいろ繋がっていてるなぁと思い、とりとめもなく書いてみました。

**髙野尚子**　このお話は直接聞いて知っていたけど、文章になると、なかなかパワフルだし、晶さんにとってとても意味のある出来事だったのだなと感じました。トゥルパについては、私もあまりよくわからないので、松村先生のご意見もおうかがいしたい所ですが、「(精神宇宙でも、異次元地球でも) そのどれに対しても、通路になりうる」とコメントされているので、晶さんがトゥルパを作っていたなら、それを通路にしてやって来た可能性もあるかと思いました。

契約は表面的な記憶に残っていないだけで、奥底には必ずあると思います。同意がなければコンタクトしてこないようになっていると本に書いてありました。

**晶**　今までで一番恐ろしかったのはこの体験かもしれません。話が通じるものに見えなかった。山の中のもののけ的なものとは、また違うものに思えたし、白昼堂々、のしのしくる感じがこわかったんです。

他の霊は、自分が思ったらその思念に反応するように動く感じ、自転車に乗ってぶつかりたくないと思っているのにぶつかるような、意識すると繋がってしまうような感じがほんの少しでもある気がするのに、この透明な宇宙人のようなものは、私とはまったく連動しない別なものだとハッキリわかっているのに、意思をもって近づいてきて、それがズブズブと身体に浸透して混ざり合う感じが筆舌に尽くしがたい。しまいに、統合とか言われて、私を落ち着かせようとしてきたのも何が何やらでした……。

**Teruko Tateishi**　実は以前、オーラ講座の練習で晶さんに横になってもらって前後のオーラを見た時、後ろのオーラが後方に大きく広がり、なぜか透明でクリアーだったのです。え？　色のないオーラがあるの？　不思議でした。アナハタも八方にレザービームのグリーンの蛍光色。ゆらいでいて大きかった。色が基本の色と違う……。

**晶**　そのように視てくださってありがとうございます。透明で大きいというのは外国人のチャネラーさんふたりにも言われたなと思い出しました。わたしはオーラは色では見えてないので、そんなにハッキリ見えるのは羨ましいです。

**松村潔**　透明ジェルが異質といっても、もっと大きな視点からすると、異質ではなく、いま晶さんが暮らしているレベルからすると、それはよそから来た感じでしょう。階層的な自分という観点で、一つ上のところから見ると、自分がその透明ジェルを送り込んだという、意図の側から見る視点が手に入ると思います。空間をレンズのように歪ませながらやってくる透明な存在というのは、私の場合、20歳のころ、遭遇しましたが、彼らはとりあえずいまはフロリダにいると言っていて、で、かつては人間であったが、途中から死ない存在になったので、人間ではなくなったという話でした。晶さんの場合、身体の細胞というか分子というか、成分がどんどん入れ替わっていて、こないだＤＭＭ講座で見たとき、なかなか進行しとるな、と思いました。

**晶**　境界線の部分や土星部分は退化していくばかりなので、進行している部分があるのが嬉しいです。頑張ります！

**松村潔**　思考体、感情体、身体という三つのユニットを調整するのに、結局は食べもののことも工夫しないといけないことになりますね。

**晶**　ローフードは生きた酵素を取り入れるという理由ではなくて、大事なのはバイオフォトンを取り入れることがよいのだなと改めて思います。バイオフォトンがたくさん入っている食べ物はスプラウトなのですが、発芽するエネルギーというのは、仮死状態であった種が蘇生した瞬間でもあるので、それを食べるというのは、それはエネルギーあるよね……って思います。

すべてローフードにしなくても、個人的には自分の前にきたどんな食べ物に対しても、まるで発芽させるように「ありがとう」って気を傾けて食べるだけでもぜんぜん違うと思います。ただローフード100％3週間やると、すべてがキラキラして彩度が上がって視界もかわるし、楽しいので、ぜひそれをいろんな人に見てほしい。宇宙人が地球に来て感動するのはこんな感じなのかしらって思いました。

**松村潔**　ぜんぜん関係ない話題ですが、宮沢賢治のアルファード〔恒星の名前。アルファルドとも：編注〕について。彼は友人にも鬼神の話をしており、恐怖を描いた作品も多い。透明な幽霊である二人の坊さんのことも書いている。原稿の中で、幻聴・幻視などによって書いたものは鉛筆で消していたらしい。晶さんの透明なそれ、宮沢賢治の場合には、透明な幽霊だそうです。

**晶**　宮沢賢治は大好きな作家ですが、知りませんでした。メルヘンにも死が濃厚に漂っているところ、因果の理がときに厳然と描写されていて、その厳しさというのがアルファードなのかなと思っていました。

**松村潔**　弟にはそういう体験を言ってたらしい。父には内緒で。前に遠野に行った時、若者が鍵を地面に落として、で、鍵が犬みたいに飛び跳ねていて、それに若者が甲高い声で、何かどなっていて、「なんだ、これ」と思ったけど、ああいう風土だ。

**晶**　そうだったのですね。妹さんは有名ですが、あまり弟さんの話にふれていませんでした。
　松村先生の遠野のお話、そういう体験を聞くとバイロケーションではなく、大地から上がってくる気の中に浸って歩きたくなります。遠野物語の遠野、行ってみたいです
　松村先生はたくさん不思議なものを見ているんですね。わたしは本の少しのことだけで、

ヘトヘトになってしまいます。畏敬や畏怖を忘れないでいようとすると、麻痺させることはできない、衝撃や感動の刺激に留まらないで次へと進もうと思うのに、怖いと思うと止まってしまう。先生は怖いと思うことはないのですか？　衝撃や感情の成分が溜まったら、どうやって空っぽにするのですか。たまに何も感じなくなりたいと思う時があります。

**松村潔**　恐怖は栄養分だ。何か食った感じ。

**晶**　えー、何か食べた感じなのですか!?　頭ではそのようにインプットできても、反応として、息が止まりそうになって、怖いっ！　ってなってしまいます。何か方法はありますか？慣れでしょうか？

**松村潔**　わたしの父親は、三日に一回くらい、寝ているときに叫び声をあげていた。何かの悪夢で。で、わたしも高校生のころから、悪夢というのがすごくて、数日に一回はギャーッというような体験をしていたけど、これは単に自分の反応なんだなと思うようになった。相手が怖いのでなく、自分が知らないものを見ると、リアクションとして自分が恐怖を感じてしまう。それを対象に押し付けるというのは勘違いだとわかりました。

**晶**　たまに、小さい虫にギャーって怖いと思うことがあるのですが、虫にしてみたら私のほうが大きくてギャーなわけで。幽霊も本当にその人が来ている場合と、ガイドがサービス精神（この子、こういう姿じゃないと認識しないし記憶に残らないからしかたない、幽霊型にするか……的な感じ）で出る場合もあるので、だんだん冷静にはなってきたのですが、感動が溜まって来ると自分が自分でなくなりそうで、何か決壊するような感じがして怖いのですが。

栄養にすればいいのと、自分の反応だと認識するのがいいのですね。少し、怖さが緩まりそうです。ありがとうございます。

**髙野尚子**　なるほどです。私も小さいころ（大人になっても）、よく悪夢を見ていて、そばに誰かいないと怖かったです。最近でも、たまにそういうことがありますが、確かに昔ほど恐怖感はなくなってはきています。他の人を見ていると、単なるリアクションなのだと、この仕事をしてて出くわす機会が多いのでよくわかるのですが、自分のことになると、認識だけで反応を変えるのは、まだまだ時間がかかりそうです。

**SayokoTakeshita**　恐怖が栄養分になるのなら、わたしはあまりそれにありつけてません……。何を栄養にしたらいいのかもわかっていません。恐怖＝知らないことという図式になってしもうた。

**松村潔**　SayokoTakeshitaさん、とろっとコクがあるんだよ。恐怖＝知らないこと。実演販売＝なんでも切れる包丁売り。

**晶**　松村先生の食生活はほんとうに謎めいていましたが、恐怖も食べていたのかぁと、沁み沁みしてしまいました。

**髙野尚子**　爆笑！　怖いものに出くわすと、Takeshitaさんの包丁実演販売が出てきて、トロッとした食べ物を想像しそうです（笑）。

**SayokoTakeshita**　血生臭いのも売ってたよ、北海道物産展で。

**Tamao Nishimura**　私の父親も、寝ている時に、すごい大きな叫び声をあげてました。すごい大きな叫び声でしたので病気じゃないかと心配しましたが、本人は怖い夢を見たのだと言っていました。癌になって亡くなる前は、たくさんの人が見えているようでした。癌によるせん妄かと思ってたのですが、本当に誰か迎えに来ていたのかもしれませんね。入院してからは、怖い夢を見なくなったのか、面白いことばかり言ってたのでよかったです。

**松村潔**　悪夢みたいな時は、わたしの場合には、だいたい閉じ込められるという感じが多くて、夢の中で、どうしようかなー、ここで一発声出して、気合入れるかと考えたりします。で、思い切り声出すと、その声で目がさめて、脱出できた、という感じ。

**髙野尚子**　そういえば私も夢で変なもの（人の想念とか）が来た場合の怖さは、声を出したり、払い除けたりしていました。ケースバイケースかもしれないですね。

**Tamao Nishimura**　私は、怖い夢を見て、声を出そうと思うけど、怖すぎて声が出なくて、なんとか声を出そうとして、声が出た瞬間に目が覚めてホッとしたりします。絞り出すような声だったりして、現実であんな怖い目にあったことないです。でもそんなに怖い夢なのに、思い出しても声が出ないところしか覚えていません。

**髙野尚子**　Ｔａｍａｏ Ｎｉｓｈｉｍｕｒａさん、声は練習すると出せるようになります。私も最初はうまくできなかったですけど、だんだんできるようになりました。自分の意志で動かせる明晰夢と通じるものがあるかと思います。

**Tamao Nishimura**　髙野さん、ありがとうございます。練習するとできるようになるのですか。

**松村潔**　宮沢賢治はそういうビジョンがありすぎて、しかし父に怒鳴られるので、全部フィクションにしとこうと思ったらしい。

**M・H**　皆さん強烈な体験をされているのですね。私は人生で最初でおそらく最後の金縛りを、娘が生まれて1ヵ月か2ヵ月ころに体験しました。胸の上に垂直に「紋付羽織袴」の正装で立った人が居て、顔は見えませんでした。後日、母にその話をすると「それはあなたの祖父の弟、大叔父さん」と言われました。私が人生ではじめて葬儀に参列したのが（2、3歳でした）この大叔父の葬儀でした。田舎でしたし、当時はまだ土葬で、棺桶を穴に入れるところは強烈に今も記憶に残っていますし、「死ぬってこういうこと」と言葉で思ったかはわかりませんが、それ以降、私に「死ぬって何？」といった思いを強烈に埋め込んだ、私にとっては「事件」でした。

**晶**　私も、そういうものを見たり感じたりすると母に怒られて、波動をもっとあげなさいってずっと言われて育ってきました。チャンネルをそっちに合わすなと。見たもので高次のものと低次なものをジャッジされるので、いつしか言わなくなりました。法事でとか、死んだ直後の人や死にそうな人の生霊は見てもオッケーなのですが、それ以外は「ダメ！」という感じです。ですが、人一倍そういうものを視るのは母なのです。宮沢賢治のお父さんもそういう気質があったのではないでしょうか……

松村先生、私が出会った透明な宇宙人もフロリダからきたのでしょうか。地底人かと思ったのは、あちらは慣れているなと思った感じがしたからです。フロリダのタンパという場所がリロケーションすると、いろんな惑星が交差している場所なので、そこにいつか行ってみたいです。

でも、もしかしたら、未来の私の意図が放ったものでもあるのでしょうか。意図の側から視る視点、一つ上のところから見るということ。自分のなかにそれを作ったことはありませんでした。

星を見ていると、星の光は何万光年先の過去からやってきている。もう死んでいる星かもしれないけれど、今ここで光を見ている。星の光から見ると私は未来にいるという、過去現在未来が同時に、空間も飛び越えているという体験ができるから星を視るのが好きなのですが、その視点をもう一つ中に入って、自分の次元が変わった状態から見たりするということをやってみたいと思います。

つい、頭（第6チャクラ）のほうで理解して、ハートチャクラのほうを連動して体感というか、内からわかろうとすることをほっぽってきたと思います。もう少し踏み込んで、意図をまた宣言して、新しい段階へ進んでいきたいです。

**松村潔**　タンパはブルース・モーエンが住んでいる場所なので、わたしは行きましたが、アトランタで乗り換えたり、しかも国内便は平気で時間がずれるので、行くのはたいへんでしたから、それならバイロケでいくのが一番いい。

**晶**　タンパはサッカーにハマっていた時に行くチャンスがあったのですが、行かれず。あとからチャートを見てサッカーにハマったのは「ここに来い」というシンクロだったのだろうかと思ったほどでした。残念に思っていたのですが、バイロケーションで行けばいいのですね！

**松村潔**　時間のゆっくりした動きに、いまのわたしは耐え切れないみたい。ゆっくり規則的な時間。で、そこから逃れようとして、感情体を、身体時間に合わせないようにしようとする。現実に行くより、バイロケだよ。で、ペッパー君をトゥルパで作るのもいいねと思ってる。トゥルッパー君かな。こないだ、おもいきりうなだれたペッパー君を見た。しかしうなだれていたのでなく、あれはアイドリング状態。休め、というやつ。人が来たら、むっくり、顔を上げる。

**晶**　トゥルパに名前をつけて作るの、いいですね♪　先生のトゥルッパー君に遭遇したら目がシバシバしそうです。

規則的な時間はたしかに耐えられません。感情体と身体時間に合わせないようにしようとする……。わたしは超絶に涙もろいので、感受性を半分閉じて生きているのですが、それも印星なのかもしれないとふと今思いました。

**松村潔**　わたしが二十代のころ、十年間は、ふたりのエササニ星人に毎日のように教育されていましたが、その時は紺色の輪郭と、中の漆黒の黒の三角は、彼らの服に現れていました。紺色の輪郭と黒い服でした。年齢的イメージでは二十代後半。たいてい夢の中で見ていましたが、数回は肉眼で歩いて去って行く姿を見ました。そして彼らは未来から来ているのだけど、今から生まれるわけです。彼らは三角形を頻繁に使います。で、ある日、仏陀の三角について調査して来ましたと夢の中で言われましたが、わたしは頼んでないのにな一と思っていた。彼らからすると、ブッダの三角は歪んでいました。またある日、楢崎紅月の脳の構造の図もフルカラーで見せてもらいましたが、やはり三層で表現されていました。

**晶**　私も見たように思うのですが、はっきり思い出そうとすると、なんだか自分が砕け散りそうな感じがしてこわいんです。すべて気のせいかもしれないのですが。

三角を思い浮かべて幽体離脱をトライしていたのは15年前です。

今から生まれるんですね。とても楽しいのですが、もう何が何やらよくわからなくなってきました……。

そういえば、引っ越してきたばかりで、誰にもどころか自分も電話番号知らないのに、宇宙機構（?）から電話がかかってきてアンケートに答えたんです。

途中から何かおかしいと思い、切ったのですが、笑いのネタにしていたのですが、今考えるとMIBでしょうかね……と思ったり。

**松村潔**　電話が来たのは5月26日?

**晶**　今、確認してみたら、5月なのはわかりましたが、日付まではわからないです。

PARCAさんの場合

## 二学年下の男子は金星人

高校三年の時に、学年下の男子に変わった子がいました。

私は当時、図書委員の友人にくっついて図書準備室によく行っていたのですが、友人になついた年下の男子がそこに加わってくるような感じでした。

その男子は『ムー』を愛読していて、超能力実験等をよくやっていました。そして、その話が通じるのは主に私で、私の友人のほうは超能力とか不思議世界とかには興味がないので、「ふぅ～ん、面白いねー」といった感じで聞きつつ、「変なやつ！」と陰で言っていました。

その男子は友人のことを前世の姉といって慕っていたのですが。ある時「お姉ちゃんたちだから話すんだけど、僕は本当は地球人じゃないんだ」と話し始めました。小さいころに大病して、その時に宇宙人と魂が入れかわったのだというのです。

私は『UFOと宇宙』とかを読んでいるような女子高生だったので、そういう話（ウォークイン）は読んだことはあったのですが、実際の体験者に会うのは始めてでした。

そして、彼が姉と慕う私の友人は、その男子と徐々に距離を置くようになっていきました。私はその男子の話を聞くのがけっこう面白くて、超能力実験をしている時もその原理を考えたり分析したり、彼の話にインスパイアされていろいろなことを思いついたりしていたので、友人が距離を置いたことで私と彼との接点がなくなってしまうのが若干残念でした。

その彼は今はどうしているんだろうと、ときどき思い出します。

名前で検索したことなどもありましたが、とくに見つかることもなく、ただ放置してある記憶です。

**松村潔**　わたしが20代の時に、かなり深く関わっていた中村君は、自分は金星から来たと言っていたよ。そして生活力はほぼゼロでした。チャネリング能力とかリーディング能力は異様にありました。

**PARCA**　先生、コメントありがとうございます。

その男子とは半年くらいしか交流がなかったので、その後どうなっているのかわからないんですよね。追跡したいような……したくないような……。

**松村潔**　例の北海道の青年ですが、彼の言ってたことは全部うそだとか、精神障害が原因での妄想だと言ってますが、あきらかに違う。で、あの金属リング、復元してみるのもいいなと最近思っています。

**PARCA**　中野良一（仮名）さんのことですね。私も会ってリング見せてもらったことがあります。

**松村潔**　そのリングの感触はどうでしたか？

**PARCA**　私、にぶいので、「へぇ～、これが!?」と思ったくらいです。細野晴臣さんと一緒に写ってる写真とかも見せてもらいましたｗｗ。

**松村潔**　磁場の独立性を作り出すものだと思う。周辺環境とは違う場を作り出す。つまり、小型マカバといってもいい。で、中村君と作ったのは、自分のオーラを閉じるみたいな感じで、健康にも具合が悪くなったので、やめたけど、コツを知らなかっただけだからかも。

**PARCA**　今なら開発できそうですね！

**松村潔**　太陽系の惑星で、この太陽系のオリジナル種は地球にしかいない。ほかの惑星は全部、よそから来てる。で、金星の逆転自転は、どうみても太陽系外から隣の地球に行き来するのに都合がいいので、かなりの種族が利用している気配。

**PARCA**　金星人と名乗る宇宙人って多いですよね

**松村潔**　金星出身って一人もいない。金星はバイパスに使われているだけ。

**PARCA**　そうなんですね！　驚きです。

**松村潔**　金星って、地球に対する保険かなー。

**PARCA**　……保険なんですねw。地球を見守るための観測場所みたいな位置づけでもあるのでしょうか？

**松村潔**　地球は閉鎖されたアルカトラズ。あるいはガラパゴス。で、地球のちょっと違う次元の領域に金星との通路があって、金星は太陽系の外に通じている。そもそもが金星は天王星の近くにあった惑星だし。ドロレス・キャノンは、地球は二つに別れると言ってるけど、実は、地球の12の次元が七つに統廃合される絡みで動いている話。

**PARCA**　金星は、そんな遠くから来たんですね！　わざわざ運んで来られたんでしょうか!?

**松村潔**　ビリヤードみたいに突かれて、移動してきた。しかしそのショックで自転方向が反転したという意見については、まだ確証が見つからない、と。

**髙野尚子**　地球は一種の実験場みたいになっているようですね。それも松村先生がよくおっしゃるような過酷な場所らしいです。この地球がどんなふうになるのか宇宙人たちは見守っているみたい。でも、直接手出しするのはルール違反なので、地球に生まれるようにしているという話です。この子もそうだったんでしょうね。

**松村潔**　そういう人たちは、不適応障害で苦しむ。

**PARCA**　昔入っていたUFOサークルの多くの人が「自分の星に帰りたい」って言ってました。私は自分が宇宙人だと言えるのかどうなのか確証がなかったので、悶々としていましたが。

**高野尚子**　先生、地球の12の次元が七つに統廃合なのですか！　面白いです！

**松村潔**　目の前に、ライザップのチョコチップ・ケーキ出ろと言って出てこないのは、地球の異常性だよ。

**高野尚子**　笑。そうですね！

**松村潔**　ＰＡＲＣＡさん。地球のオリジナルだとすると、それはレアメタルみたいで貴重品だ。だから、そんな存在はいない。

**ＰＡＲＣＡ**　宇宙出身ですとはっきり自覚できたほうが楽だと思います。私はいまだに確証がないので。言いたいような、言いたくないような……（こればっかり）地底人かもしれないですしｗ。　地球出身のレアメタルの人ってどのくらいの割合なのでしょうね？

**松村潔**　地底人だと面白い。なんかドストエフスキーの地下生活者の手記みたいに、地底人の告白みたいな本書こうよ。古代文明の末裔は地下に住んでいるよ。しかしちょっと次元違うので、そのままでは移動できないけど。で、レアメタルは少ない。

**ＰＡＲＣＡ**　私、シャンバラとかも興味はありますが、そちらも確証ないので。今世ではわからないかもしれないです。

**松村潔**　その人の好みの問題だ。つまりリアリティをどこに置くか。重心をどこに置くか。どうせ、この地球上の生活は死ぬまでしか堪能できないので、急ぐ必要もないぞ。長い時間からすると、一瞬なので、目隠しして暮らすのもいいよ。死んだら、その幻想は通用しないのだから。金属とか鉱物の比率を増やすと、この目隠し効果は高くなる。

**結井さくら**　長い時間からすると一瞬というこの地球生活ですが、松村先生がグルジェフが生きている間に達成できなかった意志を繋ごうとして、日本でグルジェフに取り組まれたのは、たとえば冥王星の1回転のスパンを繋ぐ2回目、みたいな感じで考えてもよいのかな、と思うのですがどうでしょうか。

**松村潔**　たぶん、グルジェフの知識の源流の教団は、古代文明からそのまま生き残っている末裔のグループで、それはエジプトの近くにあるけど、これを地球を一回転させようとしたわけです。つまり惑星グリッドすべてに行き渡らせる。たくさんの人の共同がないことには、それは達成できない。現代の時間位相において、それを浸透させようとした。

**山ゆうき**　宇宙人じゃない人っているんだろうかと思っていたんですが、太陽系オリジナル種は、ここで生まれて進化した人というようなことでしょうか?

**松村潔**　種を撒かれて育てられた。最初はエデンの園、あるいはタカマガハラで。

**結井さくら**　私、でくのぼうから作られたビジョンを見たことがありますが、でもそれが自分というより、共有している記憶を見ただけかも。私が見たのは、土くれです。粘土というか。作った者へ反逆していました。

**松村潔**　だいたい作ったものは、たいてい反逆されることを期待している。

**結井さくら**　なんか、急にベタな話かもしれませんが、私は娘にいつか反逆されることを期待しています。

**松村潔**　言うとおりにしている子孫は、気持ち悪い。可能性がほとんどない。

**結井さくら**　先生は、アンドロメダやプレアデスに反逆ではないけれど怒らせて、言うとおり、予定通りにはしなかったわけですね。

**松村潔**　わたしの場合、反逆ではないです。異なるグループ間の問題かなー。

**TamaoNishimura**　先生はどちらのグループですか？

**松村潔**　プレアデスと、アンドロメダ？　どちらにも属していない。連合にはアンドロメダの人員は多いです。

**のり和良**　昔、ヒーラーの方に、「本当に随分遠いところから来たのね」って。この遠いっていうのは今さらながら「何なんですか？」と聞いてみたい。地球に来るまでたくさん経由しないと来れないとか？　先生に星雲界人間指定していただいたものの、宇宙人マップが欲しいです。

**髙野尚子**　のりさん、私が勉強している方法は、誰かに言われるものではなく、自分で見てもらうものです。その方が確信が持てますよね。

深いレベルの催眠状態に入ると、のりさんのハイヤーセルフのような人が現れ、その人から情報をもらうのです。その時は自分がしゃべったことも忘れ、人格も変わるようなしゃべり方で、のりさんについて、のりさんの口から述べます。それを録音しておいて、後から聞いてもらう形になります。その手法でやった記録を読んでいると、すごいことをあっさりしゃべっています。たとえばこの心臓はもう直ぐ止まるとか。本人がそれを知りたいかどうかを確認してから、伝えることになっています。

宇宙人もマップにはならないものがほとんどのようで、松村先生のハニワ星人がどこから来たのか言ってもわからないだろうというように、そういう回答をもらうことが多いようです。

**PARCA**　昔、職場で一緒だった女性が、急に話しかけてきて、自分はＵＦＯコンタクティーなんだと告白されたこともあります。

24歳くらいの時、瞑想で知り合った友人たちと、ニューエイジ（死語。今はスピリチュアルですね）のミニコミ誌を作ろうと盛り上がり、その第1号を作った後の話です。当時の職場の女性が、突然話しかけてきました。「私、どうもあなたと話さなくちゃいけないみたいなのよ」。なななな、なんですか？　と思ったら、唐突に――「私、○年前にＵＦＯを見たの。夜、窓の外が明るいから、何かなと思って窓を開けたら、目の前にＵＦＯがいて、その光を全身に浴びたの。そうしたら髪が逆立って気絶したの。その後は体がビリビリして、電話や冷蔵庫や自販機が壊れたり、エレベーターが止まったりして、たいへんだったの。それから超能力者になったのよ。なぜかこの話をあなたにしなくちゃいけないって誰かに言われてるの。どう思う？」

それで私は、作ったばかりのミニコミ誌を見せて、瞑想仲間にその人を引き合わせて、いろいろインタビューしまくりました。その女性と最後に会ったのは10年ほど前ですが、連絡を取ろうと思えば取れると思います。

その職場では、他にも霊感の強い人がいたり、精神世界に関心の深い人がいたりして、面白かったです。

追記。その女性は、一般市民というか、道行く人のなかにもけっこう宇宙人はいると言っていました。その職場は地方都市だったのですが、彼女は都市部の地下街にけっこう怪しい宇宙人が歩いていると言っていました。急にテレパシーを送ってくる存在もいると。そういう話をただ聞いていると、精神的に危ない人かなと思ってしまいそうですが、仕事もきちんとして、仕事上のおつきあいも、通常の対人関係も何も問題なく、とにかく字が綺麗な、普通の良識あるお姉さんだったので（当時30代）、宇宙人の話の内容とのギャップがとても面白かったのです。

彼女は、自分の体験と、その後についた超能力に悩んで、サイ科学会の人に相談したことがあるそうで、サイ科学会の人がわざわざ地方都市まで来て彼女の身体のエネルギーを測定したりしたそうです。「そんな体験をすると教祖になったりする人が多いんですよね」と言われたそうで、彼女は「教祖になんてなりたくないわ。たいへんそうだもの」と言っていました。

**松村潔**　やはり、それは類友なんだよ。

## 金色のモジモジ君

norikomさんの場合

１９９０年ころ、婦人科の持病が見つかり、手術をしました。医師から、「もし結婚の予定があるなら、すぐにでも子どもを作らないと将来は難しいですよ」と言われた夜、生まれて初めて真剣に、自分が今存在しているのは祖先が脈々と命を繋いでくれたからなんだなぁと暗闇で考えていたら、天井から光り輝くＤＮＡみたいなモビールが降りてきて、足元に目をやると金色の点を集めたような細身の人（顔のないモジモジ君）がいました。

その人は宮尾すすむのように、「はい！　その通りです」と言わんばかりに指のない手を斜めに差し出してくれました。私が驚いて大きな声を出してしまうと、瞬時に消えてしまいました。

柔軟性を獲得すると、また見つけ出すことができるそうなので、日々勉強します。

木毎隆 さんの場合

## カタツムリのような目玉の宇宙人

8年くらい前の話です。体外離脱したいと思って寝た直後に、宇宙人と目が合ったことがあります。

私が驚いたら、宇宙人も「見つかった！」と思ったらしく、突然回線が切られてテレビのホワイトノイズみたいな砂嵐状の視界になりました。宇宙人は漫画ちっくな形態で、どろっとした茶色い体からカタツムリみたいに目玉が二つ出ていました。ふだん体外離脱できないので、珍しい体験でした。

# 過去生

## Chapter 4

変性意識は時として
わたしたちを過去生へと連れて行く。
その舞台は地球にとどまらず
はるか彼方の異星であることも多い。
人類がどこからやって来たのかを
教えてくれることもある。

## 故郷は音楽の星

ヒプノセラピーで、星時代と地球に留まる目的を思い出した話。

かなりトンデモな内容なので、書くのをためらっていたのですが、いろいろシンクロがあったので、判断抜きにして書いてみることにしました。私自身はこれを100％信じているわけではありません、念のため。ただ、「自分がこういうことをしゃべったのであるなあ」という、それこそ判断できない感じです。

去年の5月にヒプノセラピーを受けた時の話です。

その直前に、夢で地球に突入する時のことを思い出していました。

私は宇宙から地球を見ていました。地球は物質としてではなく、エネルギーの塊に見えていました。

過激なまでにエネルギーの渦巻く星で、周囲を幾重にもエネルギーの層が取り巻いていました。

その層は、海流のような感じで一定方向への速い流れがあり、その流れの先からが地球生命圏という感じでした。

近づきすぎるとその流れに巻き込まれてしまうため、私は一緒に来たらしいもう一人（？）と、少し離れて眺めていました。

地球には見物に来たという意識でした。地球生命圏に降りて人間になろうという気はさらさらありませんでした。

ただ、「面白い星があるから見に行こうよ」という感じ。しかし、間近に見た地球はあまりに珍しいものだったため、私は少しずつ近づいて行ってしまったらしく、気がついた時にはエネルギーの層の流れに捕まり、そのまま為すすべなく地球へ向かって落ちていきました。

瞬間的な強い恐怖がありました。その恐怖は、「落ちたら肉体的に死ぬ！」という地球人的恐怖ではなく、「落ちたらどうなるのか見当もつかない（そもそも脱出可能なのか）」という恐怖でした。

自分が絶叫したような感じがありましたが、それは「しまったー！」みたいな感じのもので、落下の瞬間に一緒に来たもう一人がちらっと視界に入って、すごいびっくり&呆れた顔をしているイメージがありました。

目が覚めて、「そうだったわ……あれが地球突入だわ、思い出した」となり、一緒に来たもう一人もしょうがないから私を追っかけて突入したんだった、と思いました。

これがきっかけで、そもそも地球に生まれる前にはどこで何をしていたのか思い出したい、と思うようになりました。

この夢とはまったく別に、私は仕事で非常に関わりの深い演奏家さんとプロデューサーさんがいて、そのふたりとはソウルメイトであろうと思っていました。

あまりにも深いつながりを感じるので、このふたりといったいどういう関わりがあって生まれてきているのか知りたいと思うようになりました。

ヒプノセラピーを受けようと思っていることをふたりに話すと、3人で一緒に受けることになりました。

ヒプノセラピーの当日、私の質問は、「あまりにも深いつながりを感じる3人の、魂のそもそもの関わりを知りたい。なぜこの3人で揃って今生まれてきたのか、目的を知りたい」というものでした。

セラピストの方が変性意識に誘導し、3人のルーツを知ると意図して、最初に見えたのは、青い空でした。

しかし地球のものとは違い、色素がちょっと薄い。一面に草原が広がっていましたが、地球の草原と違って桃色の草原でした。いや草原が桃色なのか、大気の色が桃色なのかちょっと判然としません。

もう一つ、地球と違うのは、大気がもっと濃いエーテル状のものだということでした。つまり、その星では私の存在は限りなく非物質に近いもののようでした。

その風景を見た瞬間、涙が流れ、「帰ってきた、故郷の星だ」と思いましたが、同時に「え、故郷の星？　宇宙時代からの関わりなのか！」と驚きました。

過去生からの関わりがあるとしても、せいぜいアトランティス時代のとか、そういう関わりだと思っていました。

その星では私たちは、クラゲというか、鈴虫というか、そういう存在で、桃色のエネルギーの流れる草原にたくさんふよふよ浮いていて、身体はあるようなないような。クラゲの身体の90％以上が水であって、海の中にいる限りは、水と自分の境界線があるようなないような感じであるのと同じように、私たちの身体もエネルギーと境界線があるようなないような。大気として流れていくエネルギーはそのまま身体を通り抜けるのですが、その時にエネルギーを身体に取り込むような感じです。その時に、音のような反応があります。

ですので、全員で一つの音を奏でているような感じ、皆でずっと歌っていると言えなくもない感じです。

ここで、「ああ、それで音楽をやっているのか。音楽についてわからないと感じたことがないのは、そもそも故郷が音楽の星だったから。自分にとって一番わかりやすく簡単なことをやっているのか」と一つ腑に落ちました。

そういう感じですので、存在しているだけでよく、不足は何もなく、皆でただ揺れて歌っているだけという星、揺れて歌って楽しいなーということ以外何もない存在でした。個の意識は緩やかにありますが、完全ではなく、全体で一つという意識です。

皆でエネルギーを吸いながらひたすら横に揺れているのですが、例外的な個体（？）が幾つか存在していました。皆は横揺れしているんですが、縦揺れというか、飛び跳ねてどこかに行って、またすぐ戻ってきて（たぶん時間の概念はないのですが）、また飛び跳ねてどこかへ行って戻ってきて、という動きをする個体（？）がいました。どうも飛び跳ねた時に別の星へ行っているらしい。

私は横揺れしている普通の個体だったので、飛び跳ねる個体を見て「飛び跳ねているね」とだけ思っていたのですが、だんだん飛び跳ねに憧れるようになり、「私も飛びたい」と思うようになりました。この「〜したい」という感覚を持つこと自体がその星ではかなり特殊なことです。

その飛び跳ねていた個体で、私からもっとも近くに存在していたのが、ふたりであるということのようでした。

ふたりがこんどは地球に行くと言って飛び跳ねた時に、私も横揺れから離脱し、飛び跳ねて地球へ向かったということのようでした。

迷いなく宇宙を突き進む強い光であるふたりの後ろを、これまた光である私が一生懸命追いかけている、というところまでを私は思い出しました。

ふたりは、私の後に続いて別々にセッションを受けました。全員のセッションが終わった後、体験したことを3人でシェアしました。

すると、セラピストの方がセッション中に他の人のセッションについてはまったく触れなかったにもかかわらず、体験が連続しており、3人の体験をまとめると全体となる、ということがわかりました。

私は星時代の関係と飛び跳ねた直後の追いかけるシーンを思い出した。

プロデューサーの方は、飛び跳ねて地球に向かう途中、自分が光として宇宙を進むシーンを思い出した。後ろを追いかけてくる私のことには気づいてもおらず（笑）、ただまったく迷いなく宇宙を進んだ。

演奏家の方は、地球に突入するところを思い出した。強い光である自分が、まったく迷いなく一直線に地球生命圏へ向かって突入していった。やはり後ろからついてきていた私にはまったく気づいていなかった（笑）。

こういう符合があり、この体験は本物であろうと思うようになりました。

3人の関係を思い出したあと、私はセラピストの方に質問されるままに、自分が地球に留まる目的を話していました。

「地球生命圏のエネルギーに流されて、ナイアガラから地球に落ちた。ナイアガラは大昔、地球の極だったことがあり、今も外宇宙との通路であるエネルギーの柱が存在している。

その時、地球にはすでに人間がいたが、まだ完全な物質ではなく、非物質や半物質のような存在だった。地球に落ちた後、彼らに助けられ、地球で生活した（人間になった）。彼らは私が宇宙から来たことを知っていた。

彼らはその時、大激変期の真っただ中におり、本当は宇宙人の世話をしている場合ではなかった。すべてが崩壊していくたいへんな時代だったにもかかわらず（アトランティス崩壊の時代？　それともそれよりもっと前?）、私は彼らと強い友好関係を結んだ。

彼らは地球から去る準備をしていた。何らかの理由で、彼らがそのまま地球に留まることができない時代が来るということだった。

いよいよ彼らが去ろうという時、彼らは私に一つお願いをした。それは、彼らが遠い未来に戻ってくる時まで地球に留まってくれないかということだった。

彼らの存在を知っている者が地球上に存在していないと、帰ってくるのはより難しくなるということ、帰るための準備を整える手助けを地球側からしてくれということだった。去るのは彼らの本意ではないようだった。

それが彼らと私の約束になった。そのために地球に留まっている。地球ではあと2回の人生をやる。その時彼らは帰ってくる。

この人生では、やることはとくにない（!）。楽しそうだから地球に来た。楽しいから地球に留まった。楽しくしてればそれでいい。音楽は楽しいからやっている。使命とかではとくにない（……）。でも楽しく過ごさせてあげるから、どうせならこれをやんなさいよと言われていることはある（誰に？　何を?）。

彼らが帰ってくる準備の手伝いというのは、地球を取り巻く損傷したエネルギー構造を回復させる手伝い。

そのためにやることは、ただ移動すること。私の場合、日本、カナダ、ヨーロッパ（ドイツ）、この3点を3角形を描くように移動すること。私の担当の3角形は比較的大きな地域を包含するものだが、小さな三角形を担当している人もいる。大きいものは限りなく大きく、小さいものは限りなく小さい。

人は移動するとその後にエネルギーの糸のようなものを残す。これが3角形を形成するように移動し、十分な力が溜まると、エネルギー的に形成された大小の構造を持つ三角形は、錐の形に中央から隆起する。これが損傷したエネルギー構造を回復させる。この大小の階層的構造を持つ三角錐の連続したものが地球のエネルギー的構造だが、ある時代にこれが損傷した。地球が今混乱しているのはそのせいもある。これを回復させるとバランスが回復し、彼らが帰ってこれる。端緒となるのは日本。日本の富士山を通るレイライン。これは何かというと、地球が、より大きい宇宙的構造に　内接するようなポイントになっている（つまり地球を正四面体が膨らんだようなものと考えると、一辺が日本にあるというような意味かなと思いましたが、より高次元の話なのであくまでイメージという感じです）。エネルギーが十分に回復すると、このレイラインが内側から開く。彼らはそこから帰ってくる」

というようなことをドワーッとしゃべっていました。

なんか……。セラピー直後、私自身、これを信じていたわけではない。というか、信じるとか信じないとかいう感覚が麻痺していて、「ふーん、そういうことをしゃべったのですね」という感じだったのですが。

私はこのヒプノセラピーのころは、ほとんどスピリチュアル系の知識がなくて、基本文献もぜんぜん読んでなかったのですけど（今もですけど）、後になってプレアデス系の本など読んでみると、そもそも地球を創造した人たちを追いやって地球を乗っ取った人たちがいた、そして今、奪回作戦が進行中とかいう話があったり、松村先生が、最初に地球にいた人たちは今は地下にいると書かれていたりと、符合していることがけっこうあって、なんかあるレベルの情報を降ろしてきたのは確かなのかもしれない（精度のほどはともかく）という気分になってきたので、ものすごくドキドキしますが……。

**晶**　シュタイナーの言っていることより、ｓａｙａｋａさんの書かれているもののほうがイメージや質感が伝わってきます。ありがとうございます！

**Ｓａｙａｋａ Ｋｉｄｏ Ｉｍａｉ**　晶さん、ありがとうございます。勇気出して書いてみて

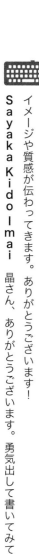

よかったです！　シュタイナーもこういう感じのことを言ってたのでしょうか。

**PARCA**　私も、シュタイナーと同じで、さらにリアル！　と思いました。すごく克明に思い出されてますね！

**SayakaKidoImai**　ありがとうございます！　やっぱりシュタイナー！　映像と情報という形で思い出したのですが、外からみた物質的地球、外から見たエネルギー的地球、各地域の様子、宇宙的構造との関係など、ホログラムのように意図するだけで展開されて、衝撃的な体験でした。

**髙野尚子**　最近勉強を始めたドロレス・キャノンの言っていることとも一致します。

**SayakaKidoImai**　髙野さんと松村先生が仰っていた、星雲界ピープルとの関連について書き忘れていました。たぶんこのことかなーということをしゃべっていました。

「地球の損傷したエネルギー的構造を修復するために、宇宙の各地から集まってきている。最初は宇宙では『そんなこと無理』『難しすぎる』みたいな捉えられ方で、志願者は少なかったが、少数がそれでもやって来て地道に活動した結果、最近になってどんどん回復してきた。それを見て、無理だと傍観していた者たちも次々に参加し始めた。それでさらに加速している。始めはできるかどうか確かにわからなかったが、今はもうできることは確実になっている。後は時間の問題。だいたいのものは悲壮な感じではなく、『楽しいゲームがあるから行こうぜ』みたいな感じで来ている」

**松村潔**　いまでも無理という意見はある。

**髙野尚子**　そうですね。最終手段として別の惑星を用意していたりするみたいですし。そもそも今はパラレル地球へのシフトをする方向になっているようですよね。そのシフトのために地球の波動を高める必要があり、星雲界ピープルはそのために地球へボランティアに来ているということらしいです。

**Sayaka Kido Imai**　無理だとどうなっちゃうんだろう、地球は壊れちゃうんですかね……。

**髙野尚子**　違う次元にある地球へシフトするみたいな話でした。

## 侵入者に殺された過去生

ワイス博士の前世療法のCDによる退行催眠で、もう一つの衝撃的過去生（？）に戻った体験。

ワイス博士による英語のほうの誘導を聴きながら、リラックスに努め、階段を下へ下へ降りていくと想像しているうちに意識が飛びました。

気がつくと、自分は8歳くらいの小さな男の子になっており、4〜5歳と思われる弟の手を引いて町にいました。

ヨーロッパの町のような、石造りの小さな家が建ち並ぶ町並みで、それほど大きくありません。中世のような感じ。

町の人々は中世ヨーロッパの庶民のような素朴な格好をしており、貧しい町です。

町は大混乱に陥っていました。

突然あたりを暗闇が覆い、火がたくさん降ってきた。

その火は大きく、あちこちから火の手が上がりました。

町の人々は何が起こったかわからず、どちらに逃げていいのかもわからず、右往左往していました。

私は弟の手を引いて呆然としていました。親はいないような感じ？

そのうち町の住人は一つの方向に向かい始めました。

その人たちに向かって、私の上空にいる小さな女の子のような存在が、「そっちへ行ってはいけない！　そっちへ行ってはいけない！」と必死で叫んでいました。私は怖くなって、弟の手を引いて反対の方向へ逃げました。

暗闇や火よりも人々の混乱と恐怖のほうが怖かった。

逃げている最中、弟の手が一瞬離れました。あっと思って振り返ると弟はもう死んでいた（火が当たった？）。町は全滅でした。

そこで一瞬途切れました。

気がつくと、ボヤーッとした狭い視野の先に、素足にサンダルのような粗末な履物を履いた足が見えました。

白い裾の長い服を着ている。海の匂いがしました。

白い印象のする町を歩いていました。先ほどの町よりは大きい町、だけどやはりそれほど豊かでない北方の寒い町だと思いました。

町には見上げるほど巨大な教会があり、私はそこへ入っていきました。15歳くらいになっていました。

教会の修道士みたいなもの、という自己認識でした。天涯孤独、この世にたった一人、という感覚。

石造りの四角い小さい自分の部屋に入って荷物を置いた時、入口のほうから多人数が走り込む音がして振り返ると、鎧みたいなものを着て武装した集団がいました。手に槍のような武器を持っていました。

次の瞬間、目の前が真っ赤になったと思ったら、直後にこんどは真っ暗に……。あ、死んだ、と思い、そこで映像が途切れ、覚醒しました。

この体験は、ワイス博士の前世療法の退行催眠を何度やっても、退行催眠に入るカウントで意識が飛んでしまい、覚醒するカウントの最後でパチッと目を覚ますということを繰り返したため、「そんなに思い出したくないことがあるのか？」と余計に興味が湧いてしまい、何度も繰り返すうちに断片的に見えたものです。

ワイス博士の退行催眠では「覚えて帰るとあなたにダメージを与える記憶は全部置いて帰れます」というアナウンスがあるため、何度やってもカウントの最後で覚醒して何も覚えていないというのは、かえって恐怖を感じました。そんな怖い過去生なの？　と。

思い出してみたら確かに怖かったし、これをもっと思い出そうとしてもう一度やろうとしたら、赤いワンピースの女の子が出てきて（妹？）、「全部思い出さない約束でしょ」と怒られました。

最後に目の前が赤くなり、そして暗くなったのは、槍に突かれて死んだのかと思うんですが、前半の大混乱が謎です。

町全体が暗闇に覆われ、謎の火がガンガン町中に降り注ぎ……って、なんやねんと思っていましたが、いろいろ読んだりするうちに、火山の突然の噴火で火山灰と火山弾が飛んできたか、割に大き目の流星が上空近くで爆発したかかなあと思うようになりました。かなり小さい町だったから記録に残っているかどうかは謎です。

面白いのは、この後、私の変な癖がけっこうマシになったことでした。

私はなぜか「玄関から知らない人が突然入ってきて私を殺す」という強迫観念みたいなのがあって、ちょっと前まで割とビクビク暮らしていて、鍵がかかってなかったらめっちゃ怒るし、勝手口にはちょっとやそっとじゃ動かせないどでかい鉢植えを置いた上にドアノブをガムテープでぐるぐる巻きにするという暴挙に出たり、中学生のころは、怖すぎてずっと家族が帰ってくるまでベランダに隠れてたりしてたんですけど、この前世療法と、ヘミシンクでの過去生を思い出してから、普通程度にはマシになりました。鍵はちゃんとかけようね、くらいになりました。

過去生で侵入者に殺されたことが何回かあったから、今に持ち越して怖がっていたのかなと思います。

## 過去生は精霊だった⁉

2013年に鹿児島に旅行して霧島東神社へ行きました。

人里離れた……というか、超・山奥にポツンとある神社で、ほんとにこの道通るの！と絶叫したくなるような山道を車でひたすら進んだところにあります。

お参りした時は、私一人だけでした。

神社の方もおらず、山中の人気のないお社に一人でおり、木々の間から見える景色を眺めていると、だんだん意識が通常ではない感じに変わっていくのがわかりました。

景色を眺めている時、「ここがすべての始まりの地だ。日本のすべての始まりだ」と思い、そう思ったことにびっくりしました(でも邪馬台国とかそういう感じはしませんでした)。

そのあと、境内で2本が対になって生えている木の足元に座って、瞑想しました。

すると、ある時点から、感情や感覚がまったくなくなり、ただ景色を見下ろしているだけ、という感じになりました。何か超越した意識のような感じがし、何も判断しない、なぜならその次元にはいない、みたいな感じでした。

そこからは、神社の参道が見下ろせました。意識が拡大しているようで、何かが来るのがわかりました。

じっと見ていると、２人の男性が連れ立って参道を歩いてくるのが見えました。

その時、「人間が来た」と思いました。同時に頭の隅で、「人間が来た？　自分は人間じゃないみたいな物言いだな」と思っていました。

その人たちが参道を歩いていくのをじっと見ていました。その時、「大昔ここにいた。木々の上にいて、こうやって人間を見ていた」と唐突に思い、木の上から人間の活動を見守っていた風景が頭の中に浮かびました。

その人たちが境内に入ってきて話し声が聞こえ始めると、その意識状態は俄かに解除され、私は人間に戻りました。

過去生で精霊みたいなものだった時があったのか、それとも、神社の精霊みたいなものと意識が同化したのかな、と思っています。

霧島東神社は、しつこいくらいの強力な誘いがあって、行くべきなんだろうなーと思って行きました。最初に鹿児島行きを決めると、「霧島行け」と会う人、テレビ、雑誌、ダイレクトメール全部が霧島コールしてきて、霧島に行くのを決めると「霧島東神社行け」とセラピストから直接的に言われました。なので、「はいわかりました」という感じでした。

## 夢の神殿

2004年か2005年。

心理療法（POMR）時に、見えた過去世のビジョン。

ベッドの台座にいろいろな色の宝石が埋まっている。

そこで私はどうやら仕事をしているらしい。その仕事は、ベッドに寝て夢を見ている人の夢を一緒に見ること。その夢の中から、その人に必要なことをしてあげること。台座にある宝石は、エネルギーをそれぞれの宝石に合わせて寝ている人に流すためのもの。他にハーブを焚いたりもする。そこはアスクレピオス［ギリシャ神話の神：編注］の夢の神殿だった。

何代目かわからないが、やたら体の大きくてハートチャクラの大きなアスクレピオスらしき人がいて、メッセージをくれた。

それは「Compassion」「Emcompass」というような言葉。

それから、胸の上部に発信機みたいなものがあり、それを使えば縁のある人かどうかわかる、というようなことを言われた。

のちにユング心理学の分析家のＣ・Ａ・マイヤーの本『夢の治癒力』の中で、マイヤーの夢分析を受けた患者がエピダウロス（夢の神殿があった場所と言われている）で宝石を見ている夢を読んで、共通性に鳥肌が立ちました。マイヤーは宝石のような大切なものと解釈していたようですが、私は夢の神殿で波動調整のために使われていた宝石がやはり存在したのではないかと思ったのです。

ＰＯＭＲ（Process Oriented Memory Resolution）は過去のトラウマを解消する心理療法で、トラウマをホログラムに置き換えて追っていきますが、この手法で過去世にまでたどり着くことはよくありました。

**高野尚子**　これはやはり２００５年ではないかと思います。

このころ、トランシット冥王星がネイタル月と合でした。

そして、なぜか電化製品が壊れまくっていました。洗濯機、冷蔵庫、シーリングライト、極め付けはＩＣカードです。Ｅｄｙが使えなくなり、交換をお願いしたのを覚えています。ＩＣカードも壊れるのかとびっくりしましたが、このころ冥王星を通じて、外宇宙のものが入ってきたのかな？

月にパランしている恒星がラス・アルハゲで、アスクレピオスの星なのです。その星の関わりの過去世を思い出したことと、電化製品が壊れたことは今まで関連づけてなかったのですが、アスクレピオスのヒーラーゆえに、手から何か出ていたのかもしれないです。だからＩＣカードまで壊れたのかもしれないです。

私は修士論文で夢をテーマにしたのですが、そのきっかけは、ある夢を見たことでした。その夢は、私が丘陵のような所に座っていると、太陽が昇ってきて（大画面で見ている感じ）、わー綺麗と思っていたら、もう一つ太陽が昇ってくるというものでした。ただそれだけですが、風が吹いていて、とても美しく、エネルギーがチャージされる夢でした。

そのころから夢日記をつけ始めました。当時は、神殿とか、砂地（キリストの映画『パッション』を見て、後からこの場所っぽいと思いました）とか、ユングみたいな人とか、興味深いものが多かったです。象徴的に未来を予言するような夢もたまに見ていた気がします。

もともと臨床心理の学科だったので、夢の研究に変更したのですが、その文献を読んでいて、アスクレピオスの夢を治療に使っていた神殿の存在を知ったのでした。

占星術を知った今、調べてみると、そのころはネイタル海王星にトランシット冥王星が合でした。

冥王星がネイタルの天体とアスペクトをとると、外宇宙の繋がりができるのだとわかりました。

## いただき物が多い僕

滝の中にて

去年の夏ころ、夢に滝が出てきました。

僕は基本的に水が苦手で、水と大きな音がセットになっている滝や噴水はとくに苦手です。

それが夢に出てきてしまったので、怖いよう……と思いながら、どうしようかと考えていました。

なんとなくなんですが、中に入れそうな気がしました。

でも真っ暗で、それも怖い。

少し離れたところで、「どうしたらいいですか？」と尋ねたら（特定の人ではなく）、灯りが欲しければそう念じなさい。念じればもう手元にあります。と言われ、閉眼して松明みたいのをイメージし、開眼してみると確かに手で持っていました。

で、滝の中に恐る恐る入っていくと、鏡がありました。

神社にあるような丸い鏡です。

これまたなんとなく、持ってきてもいいのかもしれないと思いました。で、夢から覚める前に鏡を借りて、起きて、自分の生活に組み込んでみました。

普通に鏡なのですが、僕を映すというよりも、僕のまわりに寄ってきちゃうものとかを映すような。

僕自身は合わせ鏡みたいで、どれが僕だかわからないような、そんな感じでした。なので、サビアン研究の人との付き合いが深かったので、僕のものではない記憶が意識に上がってきてしまい、毎日泣いていたように思います。

たとえば、戦国時代とかに子どもを斬り殺されて、それに間に合わなくて泣いているその人の過去世の感情が僕に投影されちゃったり。

その人は奥さんもいるのですが、ご夫婦で占星術と霊視みたいのでお仕事されていて、セッション中の光景みたいのも違う部屋で勉強してても視えちゃうんですよね。

そういうクライアントさんも呼んでしまう方たちで、基本的に過去世は皆さん、殺されてしまっているというか。

一度、僕も面識のある方がクライアントとして来た時に、僕に勉強させてあげたいからとクライアントさんがおっしゃり、セッションに同席しました。

過去世とご先祖の思い残しの強い方がいて、とくに鎧を着た人が重くて重くて、ものすごくしんどかったです。

なんだろう、僕自身の地球での実態が薄いからなのか、形代《かたしろ》みたいになっちゃうんですよね。

そのため、そのご夫婦のところにいると、何でも身代わりみたいになっちゃうんです。

別に普通のご夫婦ならいいんですけど、霊能力まで関わってくると、過去世的な怒り（僕に対してのものではないのです）が瞬間的に爆発した時には僕が一気に食らってしまうんです。

それで、その怒りが暴発した時に喘息が悪化して、死ぬかと思うぐらい苦しいし、咳は出るし、息できないしで、かなり参ってしまいました。

クライアントさんのお話とかも僕に話すことではないはずが、けっこう話してくるので、まだ上がりきれてないのとかが繋がっちゃうし、ものすごくたいへんでした。

お互いのカルマのお片付けが済んでないので、ぶつかることも多々あり、奥さんは怒り、その人は沈黙し（後に号泣する）、僕はたまらなくなって外に飛び出していって、ちょっと距離のある公園で一人で泣いてるようなのが連日続きました。

ただ、それだけの経験を約1ヵ月ぐらいの期間に凝縮してしたからこそ、二元論がどれだけ自分にはしんどいだけのものなのかを体感しましたし、いろんな技とかも見れました。

……技なのかな？

とりあえず、自分のところに来ちゃうような雑霊とかは追っ払えますし、結界を張るのと、場を壊すぐらいはできます。

これはもう見よう見まねというよりも、どっかでいつだかやっていたんだろうなという感覚なので、思い出してるという感じです。

ちなみに他人のは絶対やりません。

そういうふうには使いません。

あ、最初の鏡ですが、同じ夢を見た時に鏡は返してきました。

それから、阿弥陀如来さんにお会いした時は宝玉をいただきました。

淡い黄色？　クリーム色？　みたいなとても柔らかい色をしていました。

ゴールドシトリンが少し濁ったような、クリームを混ぜたような感じです。

剣はもらえなかったんです、誰からも。

でもメルクリウスの杖みたいのは、フィレモンさんからいただきました。

マスターのクツミさんはひよこをくれるんですよね。

貸してくれるというか。

ひよこはピヨピヨ鳴いてるのに、クツミさんはいつもほわっとしたお顔で無言のため、ギャップ萌えします。

トトさんからは鍵の束を渡されたことがります。

が、もう返しました。

僕の繋がりのほうで陰陽師から小鼓を渡されたりもしたな。

あ、僕、とてもいただき物が多いのです（笑）。

タイミングはなんとなくわかるので、返したり、どこかに置いてきたりをしています（エアーで）。

## 生まれた直後の記憶

特定の時代の人格が突然起動することがあり、深く意識すると、たとえば子ども時代の私の人格が二言三言重要なキーワードを残すことがありました。私は三十代の独身男性なのですが、今朝は起き抜けに「おんぶー、だっこー」という言葉が浮かびました。ふだん、絶対に思い浮かばない組み合わせの言葉です。

以前、日常的にかなりの時間を過去のことを思い出すことに使っていて、いわゆるトラウマ掘りみたいなことをしていました。

数日間、思い出そうとする意志のエネルギーが蓄積されると、私個人に関わることはビジョンや言葉で突然湧いてくるかのような感覚で（天啓みたいに）思い出すことがありました。

昔の記憶はふだんの記憶とは異なる記憶のしかたをしていて、暗記物で覚えたような事柄を思い出すように、言語的な記憶では格納されていないようです。どうも、子ども時代の記憶は触覚や聴覚のような感覚的な記憶の層に格納されているのでは、と推測してます。昔の記憶を呼び起こすには、アクセスのしかたを言語的なアクセスのしかたではなく、感覚的な記憶をたぐり寄せる姿勢で取り組むと考えてます。

おそらく、前世や生死の中間領域というものがあると仮定すると、相応の思い出し方がある気がしてます。

……

以前の街の気配を察知してしまうことについて、私はこれを書いていてなぜか、麻布十番駅付近の気配を感じてます。現在地は江東区なのに……。

**松村潔**　自分が生まれた直後とかの記憶は、ノンバーバルの記憶の扱い方を習得しないと思い出せません。言葉をおぼえてない時代なのだから。わたしは新聞紙にくるまれて、この新聞紙を触ると、かさかさという音がしていたのを記憶していますが、わたしが生まれた時代には、生まれてきた子どもを新聞紙に包んで、誰かが踏まないように机の下に入れるという習慣があったそうです。で、死と再生の壁、無と無限の壁をこえてしまうと、こんどは生まれた直後でなく、生まれる直前の記憶が再生します。

**木毎隆**　以前、松村先生が生まれる直前に谷の底に突き落とされた……ようなことを本の中で書かれていて、受胎ってたいへんなんだなあと思いました。

**松村潔**　たぶん受胎はたいへんで、反対に死ぬのは気楽。無理やり狭いところに押し込めるのは息苦しいけど、開放するのは楽。

**M・H**　私は自宅で産まれました。難産で時間がかかり、産まれた時は仮死状態。ベテランのお産婆さんが私を逆さにしてお尻を叩くと、ようやく産声をあげたそうです。その時、父が夕飯にカレーを作ってお産婆さんに食べていただいたらしいのです。私が2歳ぐらいの時、夕飯にカレーが出て、2歳の私が「産まれた時コノ匂いがした」と話し、両親は驚いたそうです。その記憶は今の私にはありません。ただ1歳の誕生日の記憶は鮮明に今もあります。

# 幻視とリモートビューイング

## Chapter 5

黒曜石の上に、水晶球の中に
あるいは虚空に、あるいは闇の中に
いるはずのない者が、あるはずのない光景が
忽然と姿を現すことがある。
何を伝えたいのか、何を教えたいのか。
それが生き方を変えてしまうこともある。

## 幾何学模様の世界

10代のころ、入眠時にウトウトとしていると、方眼紙の模様（縦線と横線の幾何学模様）のような世界に行くことが、たびたびありました。体は伴っておらず、意識だけですが、その模様の上をものすごいスピードで私が飛んでいる、あるいは模様が移動しているという状況です。

そこでは、私が歪むように感じるので居心地が悪く、「また来ちゃったな。早く戻ろう」と思い、もがいていると、通常の意識に戻りました。夢を見ているのとは異なる感覚でした。20代になるとそのようなことはなくなりました。

数年前ですが、ソファで気持ちよく日なたぼっこをしている時、目を閉じた瞬間に、壮大な美しい幾何学模様の世界にいました。幾何学模様は金色に光り輝いていました。しばらく眺めていましたが、一度目を開けた後は目を閉じても見えませんでした。モスクの美しい内部装飾の画像を見たときに、似ているなと思いました。

その数週間後、同じような状況で目を閉じると、目の前に目がありました。びっくりしましたが、やはり一度目を開けた後は目を閉じても見えませんでした。

**髙野尚子**　幾何学模様が年数経って変化したのか、Mさんの見る意識が変化したのかわかりませんが、羨ましいくらい美しい光景ですね！　そういうの、私も見てみたいです。

目を見たということで、私も思い出しましたが、先日、鍼灸を受けて目を閉じてリラックスしている時に、私も目を見ました。片目だけでしたが、自分の目のように思いました。その時に「コーヌコピアさん」と呼ばれました。これは私のアセンダントのサビアンシンボルで、名前をもう一つ持とうかと考えていて、お友達が「アセンのサビアンに関係あるものにしたら？」と言ってくれていたので、なんだかオーケーもらったのかもです。

## 祖母と二つの仏壇

印象的な変性意識体験です。

私が結婚した直後、夢の中にガイドらしき人が出てきて「次はS子」とはっきり言いました。S子というのは従姉妹です。

その1ヵ月後、従姉妹から電話があり、人に紹介された初対面の相手に結婚前提で付き合ってほしいと電撃プロポーズされ承諾した、と言われました。ガイドは親族の結婚情報までくれるのかな、と思ってびっくりしましたが、もしかしていつも夢に出てくるガイドと、親族関係の情報をくれるガイドは違うのかもとも思いました。血族についているガイドみたいなのがいる？　先祖的な？

その後、めでたく東京で結婚式をあげることが決まり、祖母がどうしてもそれに出席したいと駄々をこねていました。90歳を超えての長旅になりますので、どうかと思ったのですが、祖母は「ご先祖に聞いてみて、大丈夫と言われたからどうしても行く」と言って、行に入ったそうです。

祖母は仏教系の団体で長くマイペースに修行っぽいことをしてきた人です。そのあたりの事情を知らずに、私は毎日ヘミシンクをしていましたが、ある日、フォーカスに入ると（12だったと思います）、祖母の家にいました。祖母の家の仏間へ通じる襖が閉まり切らずに少し開いていました。そこから中を覗くと祖母がいたので、仏間の中に入りました。仏間には白木の仏壇と黒塗りの仏壇の二つがあります。祖母は黒塗りのもののほうに向かって座り、盛んにお辞儀をしていました。祖母にはちょっと目力怖すぎる姫的な着物姿の少女がついているのですが、その少女が祖母の前の仏壇に腰かけて祖母を見ていました。祖母は仏壇にお供えしてある果物を取って食べ始めました。私はそれを「何だろう」と思いながら見ていました。

その日そのことを母に話すと、母は驚いて、「さっきおばあちゃんから電話があって、昨日の夜、夢でご先祖から回答をもらったって。出席しても大丈夫だって」と言いました。祖母が先祖から回答をもらうシーンを見ていたようです。

祖母は回答をもらう時は夢で見るそうです。お経をあげて仏壇に向かって「これこれの回答をください。もしＯＫなら青い夢を、駄目なら赤い夢を見せてください」というようにお願いするそうです。そこから行に入って1週間くらいでだいたい回答をもらえるそうですが、この時は夢の中で一面美しく真っ青に染まった波打つ空間にいたそうです。

私は祖母がこのことについてご先祖におうかがいを立てて行までしていることを知りませんでしたので、びっくりしました。

二つの仏壇には用途に違いがあって、おうかがいなどは専ら黒塗りのもののほうに向かって行うそうです。これも知らなかったことです。書いてて気づきましたが、ちょっと体脱っぽくもある体験ですね。バイロケーション？

## 虚空に流れる物語

よく白昼夢的なものを見ます。その中にどうしても謎のままのものがあります。白昼夢は3種類くらいあって、一つはボーッとしてると（電車の中とかカフェとかで）、いつの間にかどこか知らない上空を飛んでいるというもの。これはたぶん体脱の一種かと。二つ目は、目を瞑ってもまだうっすら赤く紗がかかったような感じに見えているということ。これも以前、松村先生がそういう体験のことを書かれていて、第3の目というか、エーテル体で見てるのだとわかりました。

3つ目がすごく謎なんですけど、やはりボーッとしてると（電車とかカフェとかで）、目の前に文章が展開されていくことがあります。それは巻物だったり普通の本の形だったりさまざまなのですが、誰かがページを開いてくれているようで、私が文字を追うスピードに合わせて勝手に展開していきます。

これだけだとよくある、アカシックレコードが文字として展開して……みたいなやつかなと思うんですが、内容が謎すぎて……。なんか普通の現代小説だったり、ファンタジーだったり、もっと謎な時は、日本の古語で書かれています。それを読んでいる時は、古い文字もすらすら読めていて、内容も理解しているようです。覚醒してからは大半の理解を失ってしまいますが、何について書かれていたかくらいはうっすら覚えていた時もあって、何かの説明だったりとか、個人の日記ぽかったりとか……。これが何かわかる方、同じような体験されてる方、いらっしゃいますでしょうか。変性意識下での体験であることは間違いないと思うのですが。

**結井さくら**　探索をしようと変性意識に入ったとき、巻物や本が出てくることはありますが、ボーっとしているときに勝手に本で出てくることは、私はありません。

でも、人それぞれのクセというか、パターンがあって、サヤカさんはそういう出方が多いということではないでしょうか？

私が一番印象的だったのは、できたての日本の土地の上に、天狗が現れて、私に巻物を見せたことです。そこには筆文字で、世界の成り立ちが書かれているようで、そのときは私も「わかった！」と思いました。

そのあと天狗は、宇宙をペラリとめくって、その向こう側にたくさんの大小さまざまな歯車がぎっしりと詰まっているのを見せてくれました。そして下のほうの小さな小さな歯車を指差して、それが私だと教えてくれました。その時、私は天狗の妻だったような気がしました。

**Ｓａｙａｋａ Ｋｉｄｏ Ｉｍａｉ**　天狗がガイドの人はたまにいるって、まるの日圭さんが書かれてましたね。ガイドが見せてくるものは、脈絡がなくても結井さんのビジョンのように象徴的な意味がわかるものが多いのですが、これは本当に、無意味に思えるものなんです。何も象徴的意味をつかめなくて、誰かの日記を覗き見してんのか？　みたいな。あるいはその場にいる人の意識に勝手に同調して、その人が最近読んだものを追体験してんのかとか考えていました。

**ＰＡＲＣＡ**　私は夜寝る時にまぶたの裏にいろいろ映って見えるのですが、それが文字のこともあれば、まんがの絵のこともあります。ある時はまんがの絵（しかもぜんぜん知らないまんがの絵）がずーっとコマ割りと一緒に延々と映っては変化して流れていって、まったく脈絡がなくて、なんで？　と思って見ていました。本のページが見えることもありますが、字は読めるほどはっきりしていなく、内容はまったくわかりません。目をつぶっている状態でのことなので、Ｓａｙａｋａさんの現象とは違うかもしれません。

**Ｓａｙａｋａ Ｋｉｄｏ Ｉｍａｉ**　それです！　漫画の時もあります！　ほんとに脈絡ないんですよね。意味が見出せない。ストーリーはあるんですけど。捏造とでも考えないとほんとに意味不明で。

**ＰＡＲＣＡ**　わー!!

**髙野尚子**　変性意識の中で文字を見ることはよくあります。はっきり読めるものもあれば、よくわからないものも。私の場合は、ガイドからメッセージをもらうという瞑想の時にそのようになることが多いので、象徴的ですが、意味があることが多いです。

Ｓａｙａｋａさんの場合は、少し違って見えます。最近友人から聞いた話では、転生せずに宇宙から直接地球に来た魂には、過去世がないか、とても少ないので、アカシックレコードから情報を直接ダウンロードして、仮の過去世を作ったり、地球のことを学ぶそうです。そんな感じで本を読んで学んでいるように見えます。

松村先生も、黒い服の2人のガイドらしき人が若い時まで側にいていろいろ調べてくれてたみたいなことをおっしゃっていましたが、同じような感じかなと思いました。

**Ｓａｙａｋａ Ｋｉｄｏ Ｉｍａｉ**　髙野さんのこのお話を聞いて、初めて自分の体験に納得がいきました。しっくりくるということはそういうことなんだろうと思います。ありがとうございます！　宇宙から来たのは間違いないので（夢で思い出し、ヒプノで詳細を思い出しました）、本当にそうなんでしょうね。髙野さんがどこかで書かれていたように、私も地球復興活動みたいなことをやるために地球に留まっているらしいのですが、別に「使命をやらねば！」みたいな感じじゃなく、ただ楽しいからやっているそうです。人生に目的とかとくになくてただ楽しいそうです。ただ、楽しい人生送らせてやるからこれをやれみたいな約束事はあるそうで、面倒くさそうでした。

**松村潔**　星雲界から来た存在は、太陽系の輪廻システムにしたがっていないので、仮に、架空の体験として前世を捏造するか、集団意識から拾ってくるか、誰かをコピーします。

実はわたしが占星術をしているのは、山田孝男のコピーです。コピーしたあと、それを発展させました。で、ダイジェストとして、三人分くらいを取り込んで、ブレンドしたりもする。そういう架空の前世記憶は、リアリティがないので、本人はいつも嘘くさいなーと思っています。興味を失うと、急に記憶が解体します。でも、そもそも記憶というのは、思い出す瞬間に再構築しているもので、jpegみたいに、構成する都度、ビット落ちするものなのです。輪廻に従わない星雲界の人たちはヒプノしても、前世記憶を引き出せない。太陽系輪廻システムは、7の数字を基礎にしていますが、よその恒星の惑星システムとかは、それと違う法則を使うので、理解するのは難しいです。自分にできることは、人にもできる。この人たちが有害になるケースとは、人の記憶を組み替えたりしてしまうことです。感覚がうまくいってないケースもあります。味を間違えたりもするかも。塩と砂糖を間違えたりするので、グルメにはなれないな。逆に言えば、地球的な性質をしっかり維持するのに、味覚にこだわるというのは、いい手かもしれません。グルメは批判されるべき怠慢さの頂点の位置づけですが、地球的アイデンティティを維持するのに有効性が高いのかも。ぼうっとすると文字とか本が出てくるのは、わたしは水晶のときにはよくありますが、アカシック二宮金次郎と名づけましょう。

**PARCA** 先生、コメントありがとうございます。嘘くさい記憶は捏造なんですね！新しい視点です。

でも、まだまだ自分が宇宙出身というのに抵抗を感じるのですが、この抵抗はなんなのでしょうか？　アッサリと自分は宇宙人と言えてしまったほうがスッキリするのでしょうか？　長らく、宇宙的な感覚のほうを捏造だと思って来たので、馴染めません。

**松村潔**　地球内部にあり、古い宇宙の記憶とつながった領域を掘り下げるといいと思います。宇宙出身には抵抗あるが、地底都市出身というのならいい、と。

**PARCA**　地底都市ですかっ！　そういえばシャンバラ伝説とか、惹かれるものが……。

**結井さくら**　石屋をやっていた時、人間は地球の表面にはびこっているけれど、石は地球のすぐ内側にはびこっていると思いました。ということは、さらに奥は、それは三次元的な奥ではないかもしれませんが、奥は宇宙なのだと思いました。

**Sayaka Kido Imai**　アカシック二宮金次郎！　私は宇宙のどっかの星から直接宇宙を飛んで地球見物に来て、間違って落ちたのですが、一定期間地球に留まろうと決めて今23回めのようです。けっこう過去生あるなと思ってたんですが、通常（星雲界出身じゃない場合）もっとあるものですか？　それとも23回自体が捏造？　でもこれはヒプノで思い出したものですが……。

感覚はうまくいっていないと思います。過敏過ぎる感覚と機能しにくい感覚があり、身体が重く面倒臭い。味覚は過敏ですが食は面倒臭い。グランディング、もっとしようと思ってから確かにグルメに目が向いています。

人の記憶を書き換えるとはどういうことでしょうか？

**松村潔**　23回というのは、ボーネル式に言えば、少ないです。地球をくまなく埋め尽くすという点では、理屈的には、３６０回の転生が必要ですが、同時にいくつかのものをまとめて平行体験することもあり、３６０回という人はいないと思いますが。魂一つは、同時に複数の身体に入り込むことが可能で、その情報は同時に、魂に回収されます。

**竹内紫恩**　核だ！

なるほどーー！

浮いても潜っても、やっぱ宇宙人に感じますね。

皆、宇宙人かなーって。

でも、そしたら、なんでわかってくれないの？　とかなくなりますよ（笑）。

わからなくて当たり前。

なぜならば、皆が皆オンリーワンな宇宙人だから。

**髙野尚子**　松村先生もやはりそうなのですね。友人の話の確認ができました。

最近ヒプノセラピーよりもさらに深い明晰夢状態に入ってもらう（本人はまったく覚えてないので、録音する）ことで、過去世というよりも、星雲界の情報が出てくるやり方があることを知り、勉強することにしました。本人の目覚めている意識が入らないので、そこに歪みが生じにくいようです。この話（過去世の捏造）も、そのやり方で出て来た情報とのことです。そういう過去世の捏造がないと、地球はあまりにも違いすぎるから、まったく適応ができなくなってしまうから、ということらしいです。

## 超古代サーガ

作曲前に高次瞑想をしていたら面白い体験をしました。

ソファに座って『Into the Deep』を聞いてリラックスしていました。

すると、いつの間にか体験の中にいました。

ものすごく大昔の世界のようでした。

地球？　……だと思うんですが、なんか「地球です」と言い切ってしまうにはちょっと微妙というか、そうですね……。

現在の地球の直線時間とはちょっと位相のずれたところの地球の過去みたいな感じ、という気がします。

豊かな自然のある世界です。

が、植生が今の地上のものに見えません。

一つ一つの生命が今よりもっと大きい、そして空気は薄い、というか、なんかちょっと今と違う気がします。

太陽の射し方も……高山地域と熱帯地域を足して2で割ったみたいな印象です。

そして人類がいます。

人類は3種類います。

一つは、今の私たちと同じ人類。同じような背丈、同じように言葉をしゃべる。同じようにそれ以外無力。

今のようなテクノロジーに基づいた文明を築いたりはしていません。

服装は、南の海の島の人々みたいな感じ。簡単な布で作ったワンピースみたいなものを着ています。

これを便宜的にホモ・サピエンスと呼ぶことにします。

残りの二つは、最初の人類からすると神のような存在です。

でも体験の中では、いちおうそれらも人類、というような感じなのですが、何か種類が違う。そうですね、ネアンデルタール人から見たらホモ・サピエンスは神がかったものに見えたかもしれません。

そういう感じで、人種……というか、種類の違う別の人類、という感じ。

一方は、水棲の人類というか、水辺に住んでいて、鰐のシンボルを掲げています。

鰐を崇拝してるのかもしれないし、鰐の形の神を信仰しているのかもしれません。

詳細はわかりません。

水辺に住んでいるとはいえ、水辺に葦でできた家を浮かべ……みたいな原始的な環境ではありません。水辺に浮遊する宇宙船のような都市があり、そこに住んでいます。

もう一方は、鳥のシンボルを掲げる人類です。

こちらは、たぶん空に住んでいるのでしょう。空というか、高地かもしれません。

こちらの人類はビジョンの中にほとんど登場せず、「そういう人類もいる」という認識だけを私は持っています。

この二つの神的な人類は対立しています。

どうも、ホモ・サピエンスへの支配構造に関する対立のようです。

二つの神的な人類は、どちらもホモ・サピエンスからは神として崇められており、ホモ・サピエンスはどちらにも仕えているような感じでした。

が、だんだん2種の神の間でホモ・サピエンスに対する態度に違いが現れてきました。

鰐のシンボルを持つほうの人類が、ホモ・サピエンスにより積極的に関わりだしたのです。彼らは、ホモ・サピエンスに対して生贄を求め始めました。その生贄は美しい少女でなければなりませんでした。

彼らは生贄として捧げられた美しい少女と交わり、子どもを産ませ、ホモ・サピエンスと自分たちを交雑していこうとしました。

どうも鳥のシンボルの人類はこれに反対しているような感じです。

ホモ・サピエンスたちは、両者の間に挟まって困っていましたが、鰐のシンボルの人類たちの要求を突っぱねるわけにもいかず、少女の生贄を出し続けました。

次第に、鳥のシンボルの人類側とより親しくし、鰐のほうには生贄を出さない部族と、鰐のシンボルに生贄を出し続け、その結果鰐とより親しくなり、鳥と疎遠になっていく部族とにわかれていきました。

ビジョンの中の私は、鰐の人類のほうと親しくして生贄を出し続けている部族の、生贄の少女でした。

少女は頻繁に鰐の人類の長老のような感じの人のところへ行きます。

そしてその長老と床をともにして、また自分の集落へ帰るのです。

昔の人類には個の意識がなかったのではないかということを感じることもあるのですが、この体験の中では、私が入っている少女には個の意識がしっかりあり、長老とのセックスは嫌でたまらないものでした。

で、もう嫌だ、戻りたくない、と森の中へ入っていきます。

その世界には四季がない、というか、ある、というか……すべての季節が同時に存在しているみたいな世界で、集落のある場所は基本的にいつも春なのですが、森の中にはいつも冬で雪が積もっている場所もあるのです。

そこへ行って、雪の上に寝転び、全身を雪で覆いました。凍死しようとしたのですね。すると集落では私が帰ってこないと騒ぎになったらしく、ほどなくして母親らしき人物がやってきて掘り出されてしまいました。

このあたり、なんで私のいる場所がすぐにわかったのか。

やはり全体的には意識を共有しているのかもしれません。そして同時に個の意識もある。

松村先生の『精神宇宙探索記』を読んでいたら、ちょうど「古代においては、神々の戦いとして、鳥族のリラ人、鷲族のプレアデス人、蛇族のシリウス人との間で戦いがあったと言われている」という記述があり、また、シュメール神話などではエンキ神とエンリル神との間でこの体験と同じように人類への関与のしかた（交雑について）で対立があったというような話もあり、古代の地球の神話の時代に飛んだのかな、と思いました。

過去生なのか、アカシックから過去生をまたダウンロードしてきたのか？

## 子宮のリトリーバル

今のところに引っ越してきてから、そういえば人生の中で入院手術をしていないなと思っていたら、意外にもすぐにそれは訪れた。

子宮筋腫だと知って、すぐにでも手術を受けたかったのだが、全摘ということで半年待つことになった。手術がしやすいように、毎月、リュープリンという子宮を小さくする注射を打たれた。そのために疑似的に更年期障害の症状が出たのだが、薬に身体がコントロールされているみたいで、動くと残像が残るような重さを感じていて、ひたすら手術日を待ちわびる日々となった。

入院するのは初めてなので、準備をするのは楽しかった。入院しても個室だったので、勝手に自分仕様の部屋にすると、そのうち看護師たちが用があるフリをして入ってきたりした。わたしにとっては待ちに待った手術だったので、お見舞いに来た先輩は、なんだ明るいじゃないかと拍子抜けしたように言っていた。

手術前夜は、看護師から睡眠導入剤をもらって眠ることに。すぐコテンと眠れるものかと思っていたけど、そうでもなくウトウトとして深い眠りについたと思う。ふと目を覚ますと病室にいるのだが、ちょっと雰囲気が違う。なんだか腰から身体が浮いてくる、ベッドからは数十センチ上がっているのか……。足も横に広がっている。分娩台にいる仕様とでもいうのか。わたしは、まあ、病院だし、薬飲んだし、よくあることではなかろうかと思っていると、足を向けた壁のほうから、空気のような大きなエネルギーが足と足の間に目がけて飛んできた、ぶわ～ん！　ぶわ～ん！　と、なんだこれは!?　大きなエネルギーが押し寄せるたびに、着ていたネグリジェと身体の間にも空気が入ったように膨らんでくる。最低でも10回はあった。もしかしたら、これは手術成功祈願かと、そういう感じのことと思うほど、明るいしつこさがあった。そのまま身を任せていると、お祓いが終わったようで、身体はベッドにゆっくりと落ちていき、そのまま眠って朝を迎えた。

手術の準備室に入って、ガスマスクが鼻のあたりに近づいたところで意識がなくなり、看護師に揺り起こされた時には手術は終わっていて、麻酔の威力に怖さを感じた。自分が行方不明になる。

病室に移ったら、担当医がとてもいい手術だったと言ってきて、手術してナンボだと高揚していた。退院は思ったより早く、帰宅後に、病院の上げ膳据え膳サイコーだったなーと思い巡らせて、短かった入院生活が意外にも懐かしくなった。それからわたしは徐々に回復していった。

その後の２００８年、松村先生を知り、夫婦で松村先生のカウンセリングを受けたところから展開が速くなってきた。ヘミシンクというツールも、先生の雑記で教えていただきました。するとヘミシンク・ゲートウエイ6巻セットを貸してくれる人が現れた。

記録ノートが2冊目になったころの２０１０年12月1日のヘミシンクで、黒い長い髪の女性となって擬人化した子宮が現れて驚きました、しかも彼女は怒っていて泣いていた。わたしは事の重大さにショックを受けた。術後5年も無意識に蓋をしていたのだ。そして2日間、じっくりと彼女と向き合い、大泣きして彼女に謝り、感謝を伝えた。最初、彼女は悲しいというか素っ気ない雰囲気だったが、わたしは彼女を手に取るようにして解き放ってみた。彼女はいったんわたしの元の場所に戻ったが、再びそこから離れて飛んで行った、ふわっと。そして白い光で合図をしてくれた。ありがとう、あなたを愛していますと、お互いに。

内容がちょっと重いと思って、公開を躊躇していましたが、わたしの感情体験の大きな一つですし、この体験がなかったら体脱には繋がらなかったと言えます。そして脳内改造してもらう前に、身体を治さなければならなかったように思います。

ヘミシンク中の体験は、自分解放ワークになっていました。それと出生図と経過図を見たら、手術日に合が4つ（n月＝t海王星、n水星＝t天王星、n金星＝tキロン、n海王星＝t水星）もあり、あの手術前夜のお祓いは、やはり手術成功祈願だと受け取りました。

**norikom**　こんばんは、初めてコメントさせていただきます。手術前の体験、似たことがありました。私も一昨年、子宮を全摘をしたのですが、夜、お腹の上で丸顔の女の人の顔だけが鞠のように飛びまわりながら、「典子さ～ん、頑張ってくださ～い♪」と明るくユーモアたっぷりに励ましてくれました。ご丁寧に私とお揃いの赤い眼鏡をかけていて、今思い出しても笑ってしまいます。

その後体験されたお別れの儀式、大切ですね。今夜は彼女のことを思い出して感謝したいと思います。

**Sayoko Takeshita**　norikomさんの体験を読んで、その時の自分の状態が彼女に投影されるのかなと思いました。

赤い眼鏡の彼女が励ましながら飛び回るって、ちょっとシュールで面白いですね。

**norikom**　顔はアニメのように可愛らしく、声は深い温かい声でした。

**髙野尚子**　Ｓａｙｏｋｏさん、なかなか深い体験ですね。

リトリーバルのこと、くわしくは知らないのですが、なんとなく子宮のリトリーバル体験のような感じがしました。

でも、子宮の感情体が残っているというのはある話だと思いました。

私は一度流産し、掻爬の手術を受けました。その時、麻酔でまったく記憶がないのですが、外にいた家人によると、痛い痛いと叫んでいたそうです。

それ以後、子どもはできなかったのですが、孫が欲しかった母親が不治の病で入院した時に、「あの子が生まれてたら中学生くらいかしら」と言ったその言葉のせいなのかわかりませんが、母親が亡くなる数日前に、私は夢を見ました。母親と中学生くらいの男の子が一緒にいるところでした。なんとなくだけど、あちらの世界へ母親が行くのに、その子が迎えにきたのかなと思いました。一ヵ月にも満たない胎児だったので、まだ魂は入ってなかっただろうと思っていましたが、Ｓａｙｏｋｏさんやｎｏｒｉｋｏｍさんのコメントを読んで、胎児の感情体が成長した姿だったのかなと思いました。

**ＳａｙｏｋｏＴａｋｅｓｈｉｔａ**　そうですね、リトリーバルとも言えますね。

髙野さんの夢見は、髙野さんの体験の一部としてもいいと思います。

**ｎｏｒｉｋｏｍ**　高倉健の『鉄道員ぽっぽや』という映画のシーンを思い出してしまいました。

## オヤジ撃退

1ヵ月前から、眠っていると背中に何度も気配があり、そのたびに目が覚めてしまうのだけど、その気配の正体がわかった。

それは明け方のこと。わたしは変成意識の中でうつらうつらしていた。ふと背中にピタッとした密着感を感じた瞬間、「添い寝していい？」と、耳元で知らない男性の声が聞こえた。イメージは小太りのイボガエルみたいな感じ。姿もはっきりしないが、ボヤ〜と気体のようにいるのがわかる。間違いなくベッドの隅に知らないオヤジがいる。

わたしが驚いて状況を理解しようとしている間にも、オヤジはカラダをくっつけてきた。無視すれば、いなくなるだろうと思って放置することにした。その夜も寝つきが悪く、ようやく眠れたところだったので眠ることを優先したかった。しかし、オヤジは調子に乗ってさらにカラダをくっつけてきた。徐々に拷問になってきた。

このオヤジを撃退するには、変成意識からこの世に戻り、覚醒するしかなかった。まだ眠っていたかったのだが、しかたがなく目覚め、身体の向きを変え、また眠りについた。

わたしは再び変性意識の中にいるらしく、またあのオヤジが隣にいた。もう、黙っていられなくなった。「い・や・だ！　あっちいけ！」。オヤジに顔を向けてはっきりと言った。徐々にオヤジのエネルギーみたいな色が見えてきた、黄緑色だ。正体のようなものを見せて、オヤジはいなくなった。

するとこの変成意識に変成意識仕様の夫が現れた。わたしは「変なオヤジが来た」と、変成意識仕様の夫に話をしようと想念を描いた瞬間、「オレのことを言うなぁああー！」と、黄緑色オヤジの「ぐわー！」と吠えるような叫びと、阻止するかのようにわたしの左手の甲に手を乗せ、空気のような風のようなエネルギーでわたしを威嚇してきた。

まったく怖くなかった。前の月から快眠中に何度も起こされているので、怒りの感情のほうが優先したからだと思う。しかしその反面、いったい誰なのか？　なぜ添い寝？　どうしてわたしのところにやってきたのか？　と聞くこともできたのではないかと疑問がよぎった。そう思いながら変成意識仕様の夫に黄緑オヤジの話をし、さらに目が覚めた後すぐに覚醒したこの世の夫にも話をした。

この話は2年前のことで、恒星パランの4つの年齢域のStarsin Culminationでした。その他の体験日をチェックしてみたら、初の試み（リトリーバルなど）の時期がRising、数をこなすかのように圧倒的に多かった体脱はCulmination、脳内改造など楽しめた体験はSetting、地味にコツコツ（ガイドとの接触など）な時期はLower Culminationとなっていました。面白いですね、また理解が広がります。

**晶**　空気のような風のようなエネルギーでの威嚇、私もやられたことがあり、頭の中に直接話しかけられてとても怖い思いをしたのですが、ｓａｙｏｋｏ様、怖くなかったなんて素敵です。

**Sayoko Takeshita**　エロジジイに強気なだけで、素敵と言っていただいて嬉しいです（笑）。

**髙野尚子**　何か言って来る存在には強気で断るしかないですよね。エロジジイではないですが、つい最近、私のまわりをくるくる回る存在がいて、女性の声だったのですが、うるさかったので、「うるさい！」と声を出したら、いなくなりました。

　昔読んだスティーブン・キングの小説で、存在を家に招き入れなければ入ってこないというのを読んで、こちらの出方は大事なのだなと思いました。でも、できるようになったのは最近になってからかも。こういうのに慣れてきたからだと思います。

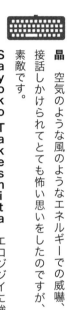

## 神々しい動物たちの星に行って

なかなかうまく言葉にしづらいようなものばかり見るので、書いてはみるのですが、書いたものを読み返してみると、見た映像とまるでかけ離れてしまっているのです。せっかくの体験の記憶が歪んでしまうように感じ、書いては消し、書いては消しの繰り返しでした。

バイノーラルビートを聴くようになってから、閉じたまぶたの裏によく見るようになったのは、原色系の抽象絵画のようなものや、増殖を繰り返し続ける百合のような植物です。実際の百合とは違いますが、百合のような形をした花の中から、新しい花が次から次へとエンドレスに生まれていく映像です。なんだか動物っぽいエネルギーを感じる植物です。でも、これはなにか違うものがわたしの中で翻訳・修正された映像のようにも思います。本当はなにかべつのものを見ているのです。

受けとるメッセージは、たいてい「死と再生」「生命力」に関わるものです。

空飛ぶ夢ももともとよく見るのですが、明らかに地球上ではないところを飛んだ時の説明が難しく、いつも書いてる途中で伝えることをあきらめてしまいます。

昨夜飛んでいたところは、美しい動物が生息する星でした。どの動物も水色と白でできていて、オーラがあり、神々しさを感じます。最初、遠くのほうに、水色の豊かなたてがみを持つ白馬が見えました。わたしとその馬の間には、建物だかなんだか視界を遮る障害物がいくつもあって、その馬の全貌を見ることも、近づくこともできませんでした。文才もボキャブラリーもないのが本当に悲しいのですが、ありきたりな言葉で言えば、美しくて、神聖さを感じさせる馬でした。

次に会ったのが、大きな針ネズミのような動物です。なにかに乗って遊んでいて、なんだろうと思って近くに寄っていくと、タイヤのようなものに乗っていました。それを回して遊んでいるのです。よく見ると、針ネズミではなく、ライオンでした。この子も白のボディーに水色の豊かなたてがみを持っていました。近くには、ワニみたいな子もいて、土管みたいなところに入って、顔だけ出して寝ていました。

ライオンに触りたいなあ、と思って、近くに飛んでいき、おでこに触ろうとすると吠えられました。でも結局は触らせてくれて、その瞬間、少しだけ通じ合えたような気がしました。

宇宙との距離をすごく近くに感じる星で、上空にあがっていくとすぐにもう宇宙空間が現れるようなところでした。宇宙にきらめく星の数が半端なくって、とても綺麗でした。
読み返すと、なんだか小学生の作文みたい。

**高野尚子**　Ｙｕｋｉさん、ありがとうございます。とても美しいものを見ているのが伝わってきます。言葉ではないのだなと、逆に思いました。

百合のような植物。植物はエーテル体が強かったと思うので、エーテル体の象徴を植物を通して見ているのかもしれませんね。何か深い意味もあるかもしれないですけど、続けていたら、はっきりしてきたりしますよね。

星はどこの星なのでしょうか？　素敵です。一度聞いてみるといいかもしれません。でも、地球では知られていない星という回答をもらうことになるかもしれませんね。

**Ｙｕｋｉ Ｎａｇａｔａ**　高野さん、ありがとうございます。エーテル体の象徴を見ているという発想はありませんでした。続けてみようと思います。

どこの星なのか、また行けたら聞いてみますね。あのライオンにまた会いたいです。

寝る前に、アルヘナ［恒星の名前：編注］に行きたいと思って、マーラーを聴きながら寝ました。マーラーの恒星パランでアルヘナが関係していたのと、なんとなくマーラーはわたしの中でアルヘナのイメージが強かったのです。

でも、アルヘナは動物とは関係なさそうですし、おそらく違う星なんでしょうね。

**高野尚子**　アルヘナに行きたいと思って見た夢なら、関係あるかもしれないです。何が見えるのか、とくに夢の場合は、その人の過去の記憶に符合するものを使いやすいのです。

アルヘナの特徴は着地したくないというもの。現世で汚されたくないというものです。そういうものが、ファンタジックな動物の姿を借りて出てくることはあるのかもしれないと思いました。

**Yuki Nagata**　確かにあの動物たちは絶対に汚されたくないものたちです……。なるほど、そういう見え方もあるのですね。すごく納得しました。ありがとうございます。

## 魔術師の庭

魔術師のいる庭に行った。

最初はゆりの花を見ていた。背後から魔術師のやっていることを見ていた。盤の上には、占星術のチャートがのっていた。

魔術師は剣を見せてくれ、にっこり笑って儀式に使うと教えてくれた。

手を引かれて、ゆりの花と盤を持って、石の階段のある広い場所へ行く。そこでヒーリングするのだ。

蛇も杖を持って現れた。杖とゆりの花。

私はとにかく魔術師に手を引かれて、その場所へ連れていかれた。

パイプ掃除のイメージ。

この現実のことで繋がりそうなイメージ（覚えていない）が出たので、外の世界へ戻ろうとしたら、愚者も犬も現れ、にっこりした。魔術師もにっこりした。

……

ゆりの花が出て来て、今日の松村塾での松村先生のリリスのコメントと繋がり、びっくりしました。

別の次元の案内者としてリリスが使える、パラレル地球への案内者となるという話でしたが、今学んでいる深い催眠によって、それをやろうと思っています。そのことが、この4年前の魔術師のパスワークに暗示されていたのが面白いです。

## ぐにゅぐにゅ

ぐにゅぐにゅから変成意識に入るという投稿を以前見たので、自分の体験も書きます。

それは、父のお葬式の時のことでした。

祭壇にたくさんの花が飾られていて、それが見ているうちにぐにゅぐにゅしてきて、全部がうごめいている感じになりました。最初は涙で目が曇っているせいなのかと思っていましたが、涙をぬぐってもそのままでした。

そして、祭壇に飾ってあった父の写真の顔が宇宙人のように見えてきて。お葬式で不謹慎だなと思いながら、でも悲しいけど、不思議な体験でした。

もう20年以上も前の話です。

## 光線を照射されて

惑星もやっておこうと思い、金星、火星とやったのですが、自由に動けるタイプ（？）の明晰夢になりました。？をつけたのは、ホバーボードみたいに後ろ向きに飛ばされていて、どこかの地下室みたいなところを、かなりの速度でぶっ飛び、首とか手は動かせるのですが、方向は変えられないからです。

ぶっ飛ぶのも面白いのですが、とくに特徴的な出来事もなく、次に水星にしました。

ここからが本番なのですが、フォーカス10で身動きが取れない感じの時に、まず、何かの説明書のようなものを見せられました。何ページかありましたが、さっぱり意味はわかりませんでした。次に、目の前が真っ暗になり、遠くから、ピコピコピコピコという機械のような音が接近するのがわかりました。かなりの音量になって、その音が何かのレーザー光線のようなものだとわかりました。その電気みたいな光線は4本あり、頭から背中を通り、お尻と腿のあたりに集中的に当てられました。強い電気マッサージみたいな感じです。あまりにも生々しくて、体に何かされていたのは間違いありません。昔ならかなりビビったと思うのですが、最近はなんでもありな感じで（笑）受け入れているので、驚きつつも、成り行きに任せました。

目が覚めたあと、興奮して、もう一度フォーカス10になろうとしてもできないでいましたが、何度も挑戦していると、百会のツボをノックされる感じになり、その後直ちにフォーカス10になりました。

目の前に手紙のようなものが見え、前半は挨拶のような内容で、後半は文字がボヤけて読めませんでした。後半が今の出来事の説明だったようですが、知っている言葉では変換不可能だったのだと思います。で、やはり、今回も何をされたかわからないままです。

ぶっ飛ぶ体験は、もしかしたら、その日に5時間近く車の運転をした反動かなとも思えます。

金星も火星も、接触している実感がないままで、最後の体験も、水星と関係あるのかどうか、検討がつきません。イメージでは、UFOから輪っか状の四角いカラフルな電気ビームが、たくさん飛んできている感じでした。

トリマンでも相当驚きましたが、今回のは生々しさがすごくて、トリマン以上の衝撃でした。

田中友香里　さんの場合

## ディスクのビジョン

通勤中の電車で、決まって同じ駅間でディスクが現れます。うとうとしていて、ふと気がつくと、ぎらぎら輝く花のような円盤が目の前に現れています。顔の前というより、頭からあごにかけてスライドのように差し込まれているような感じです。

はじめは気持ちが悪かったのですが、最近は「これがディスクなのか？」と思いながら慣れてきました。

あるときは、中華料理屋のおじさん（のようなもの）が、どんぶりに酢ラーメンを作ってくれ、「なんで酢？」と思いながら食べるというビジョンを見ました。

同じ駅間なのでこれもディスクなのかもしれません。

このディスクですが、仕事中にうとうとしていたら、差し込まれたままなことに気づきました。これはどうしたものかと思いつつ、通勤で毎日通るので、ディスクが増えていく感覚でいます。

## 無機質な世界と今生きている世界

お酒を飲んでうとうとしていたときです。

真っ暗な空間を、白く光るポイントに沿ってすごいスピードで運ばれました。

四角いゲートのようなところで止まると、右側を見るように促されました。

見た部分だけに光が当たって見えるようになるのですが、白い空間に無機質なものが動いているような感じでした。

すると「そこが本来の世界で、今生きている世界はメインではないよ」というようなことを言われ、その見えた無機質なものの世界がものすごく味気ない世界に感じて、「まだやることあるし、今の世界のほうがおもしろいよ」と思った瞬間、すごい勢いで戻りました。

「やることがあっておもしろい」と思った自分にすごく驚きました。

Emika Kurata さんの場合

## ファビアンと一緒に地底世界へ

一昨日、変性意識でガイドと地底探索をしたお話です。

その夜は黒曜石を見ていたのですが、エネルギー不足のためか、30分程見ていても、雑多な映像やイメージばかりで、今日はあきらめて寝ようかと、うつ伏せで枕に顔を埋めようとした瞬間に、頭の中に鮮やかな映像が見えました。

私を振り返りながらバスから降りようとする、なぜか上下黒ジャージ姿の男性。青い目をして短かく金髪を刈り込んだ細身の男性で、一瞬なのに顔立ちが細部までわかり、まるで時が止まったようでした。知らない人だけどすごく知っている感じがして、そのまま続行すると、相手はますますリアルになってきて、私は彼を追いかけて問いかけました。

「私を知っているのか？　あなたはなぜジャージ姿なのか？」

「運動してるから」と言われ、そんなはずはない。そんな普通の答えはおかしいだろうと思い。私のこと、星のこと、銀河のことを教えてほしいと、私は彼に頼みました。

彼に名前を聞くと、ハムみたいな音を言われたような気がしたのですが、何となく変換してしまい、ハム→ハンス→ファビアンと彼の雰囲気にぴったりなファビアンと呼ぶことにしました。

それから途中を忘れてしまったのですが、私は彼に連れられて、切り立った崖がある、かなり標高が高そうな場所の、人が一人通れるほどの狭くて細い道をかなりのスピードで飛ぶようにずんずん歩いていました。奥は古い石を積んだ古代の祭祀場の雰囲気で、小さな泉には水が湧いていました。その水は少し白っぽく濁っていて、ファビアンが「白くて乳に見えるから女神の乳と言われていた」と説明してくれました。私はこの水は石灰やシリカが含まれているのかなと思いました。

それから洞窟が見え、私はファビアンを先頭にして地下へどんどん降りていきました。尖った鍾乳石を見ながら洞窟を何百メートルも降りていく感じです。深い縦穴の裂け目に着くと、青っぽい光線が筒状になったエレベーターに乗ってどんどん下へ。

その時、ファビアンの姿が変わり、身体中に刺青のような墨が浮かび上がり、読めない文字や記号や紋章が……。尋ねると、宇宙のサイクルと種族マップが合わさったようなニュアンスのことを言われました。そしてスクリーンを通り過ぎるみたいに、インディアンの酋長と大きな黒いトカゲがスライドのように見える。途中またピンクっぽいガスの銀河が見え、あれはアンドロメダだよと言われました。

ようやく一番下まで到着すると、ファビアンが説明してくれました。

「ここは昔の方舟の人たちが住んでいる。方舟というのは一つの集団の意識体で一つの銀河だ。僕も銀河で、君という人間も一つの銀河だよ。この場所は君の中の銀河にあるんだ（内側にあるみたいなニュアンス）」

私がファビアンに、ここに住んでいるのかと聞くと、「僕はここに住んでいない」という。「どうしてここに連れてきたの？」と聞くと、「君が知りたいと言ったから」と言われる。

少し歩くと、真っ黒で底の見えない大きなまん丸の穴が開いている。その中から幾何学模様の音波のような、いろんな模様が発信されているよう。

ファビアンに聞くと、世界の維持機、カルマシステム、アカシックレコード、この３つを備えた機械みたいなニュアンス。ここから発信されて情報をからめ取り、世界を一周してまたこの穴に戻ってくると言われる。

インドネシアのガルーダか、京都は三十三間堂の仏像で見た迦楼羅《かるら》王のような人がこちらへやってきた。ここのガイドらしい。この人に案内してもらう。相変わらずファビアンはフットワークも軽く黒のジャージ姿。

直径5メートルはある大きなライオンのレリーフがついた巨大な金庫のような扉の前に案内してもらう。ファビアンが「いいところに連れて来てもらったね。これは君のカスケイドだ。よかったね。おめでとう」。

扉が開くと、大人一人が腰を屈めて入らないといけないほど天井が低い薄暗い洞窟の中に、性別も顔立ちもわからない静止画の黒い影のようなの人たちが見えた。その人たちは見えない糸で繋がっていて、一人が消えると順番に次々と消えていきました。

「これで君はすべての知恵が使えるよ」

「どうやって知恵を使うの？」と尋ねると、ただ自覚を持って存在していればいい、みたいなことを言われる。私たちがもっと奥に入って行くと、大きな裂け目があり、その向こう側には黒々とした暗黒が生き物のようにうねって広がっている。ファビアンがもう後戻りできないよ。呑み込まれないようにね。この暗闇と君はセットだ。君という人間は銀河だ、君は銀河だということを忘れずに。

ここまででいっぱいいっぱいになり、この日は以上で切り上げて寝ました。

その時はわからなかったのですが、翌日、カスケイドという言葉を調べてみたら、何段も連なった小さな滝のこと。転じて、同じものがいくつも数珠つなぎに連結された構造や、連鎖的あるいは段階的に物事が生じる様子を表すとのことでした。

ライオンの金庫の中にいた、黒い繋がりあった人たちは、私の分身か情報で、それが解放されたとか、私に統合されたということかなと思いました（私個人のものではないかもしれませんが）。

他にもいろいろ言われましたが、忘れたり、わからなかったり。最近、私は自分の関係ある星をずっと探している感じなのですが、ファビアンは同じクラスターの一人というよりも、その時私のバスに乗ってきただけで、なんか単独で自由に動いているような気配でした。

私はジオでは太陽に冥王星が１８０度。

ヘリオでは太陽・月が冥王星０度とビンデミアトリクスが重なっているので、古本を集めるみたいにデータ収集と整理をしているような気がします。

あと、カスケード山脈という言葉で北米の山々を指すようで、だからインディアンが出てきたのかなと思いました。洪水の時の箱舟伝説もあるようでした。ファビアンの身体の刺青も、トーテムポールをもっと複雑に書いたような風にも思えました。

それでも最近ずっと一人で探索していたので、久しぶりにちゃんとしたガイドさんが来てくれて嬉しかったです。

飄々としていてチャーミングなファビアン。

同じバスに乗っていて、知らない振りをして降りようとしていたガイドを、ギリギリで捕まえた感じで……。「運動している」とか見たままのことを言われ、はぐらかされそうになったことから、ガイドにはかなり強く自分の意思を伝えないと駄目なんだと思いました。好奇心というか知りたいという欲求が必要なのかと。よいガイドは押し付けたりせずに、辛抱強くこちらが気づいたり、言い出すまで、ただ近くにいて待っているのかも知れないと思いました。

## 私と黒曜石

ETが降りて来る斜め下方の道を意識しながら、黒曜石にアンタレスと入れる。

砂漠のような、ブッシュのような、乾いた平地に夜空が見える。

いくつかのスウェッドロッジ風のテントがある
焚き火の炎が見え、テントに近づくと、ネイティブアメリカン風の男性が火の側で座っている。

一緒に炎に当たっていると、串に刺して焼いた魚を食えと渡される。

ネイティブアメリカンなのに、瞳の色が濃いブルーで美しかった。

それ以上見えず、あきらめ、就寝。

途中で目が覚め、瞬間キーンとヴィーンを混ぜたような耳鳴りのひどい音が……。身体が上に引っ張られ出そうになる。

うつ伏せで寝ている私の顔を、ふさふさの尻尾が撫ぜるように通る。目の前に子猫のような子狐のような、毛がふさふさの動物が数匹。布団の上や、私の枕周辺をちょこまかしている。

その間も、ずっと耳鳴り、とくに右耳がひどい。

絶対何か来ている気配（怖くなり、しっかり確かめられなかった）。

夢うつつ、やっと耳鳴りも止み、起きると、こういう時のいつもの幻視。白壁、襖一面に、水を丸くしたようなシャボン玉みたいな丸が、渦巻き状に点描曼荼羅のように見える（このタイプは初めて見ました。何らかの言語なのか？　通路時のシンボルなのかやはりわかりません）。

トイレに行き、目が覚めたのでもう一度黒曜石をやりました。

黒曜石を見ると、小さく身体が振動し始めます。気功や、レイキを上手な人から受けているような、細かいエネルギーが滝のように流れてくる。

額から後ろに引っ張られるような、ふわっと広がってゆくような感覚。

首から背中、胸にかけてスーと凝りが解けていき、左の鼻の詰まりが治り、鼻水が出て来る。少しえずくような泣きたくなるような感覚。


……


とりあえず黒曜石のかっさを使うようになり、ひと月が経ちました。

黒曜石を使うことを続けると、だんだん癖になり、見るとすぐに変性意識に入りやすくなってきました。だからといって、黒曜石に映像が見えるようになったわけではないです。

額という自分のパーツの存在感が増しました。

頭にある、イメージを追ってます。

目を瞑ることもあります。

寝ながら見るより、私は起きて手に持って見るほうが見やすいです。

呼吸をゆっくりするよう意識すると変性意識に入りやすいです。

あと、お腹いっぱいに食べないことです。

みーさ さんの場合

## ピンクの唇

黒曜石を見るのを再開しましたが、相変わらず白いもやもや以外のものは見えていなくて、やや寂しい感じです。

去年は三脚を使っていましたが、このころはテーブルの上にティッシュの箱やCDケースを重ねて、高さを調節して見ています。

ある日の夕方、たいして眠くもないのに寝てしまった時、起きる直前に明晰夢を見ました。とりあえず空を飛んでみましたが、すぐに降りました。以前よく読みにいっていたサイトの方が、二ヵ月くらい前に亡くなったのですが、その方のような声がして、私のお腹の左側について何かアドバイスされた感じがしました。

明晰夢を見るのは久しぶりです。明晰夢が見たいと強く思っていないと見られなかったのに、今回はとくに明晰夢が見たいと思っていたわけでもないのに、夢を見ていることに気がついたのでびっくりしました。しばらく黒曜石を見ていたのが影響したのかなと思いました。

先日、浅草橋に電車で行きました。フォーカシングという、体に意識を向ける心理的な技法を去年少し習ったのですが、行きの電車の中でそれをやっていました。目を閉じてフォーカシングをしていると、ピンク色の唇のイメージが二、三個出てきました。電車の中でフォーカシングをしていて、ピンクの唇のイメージが出てくるのはこれで二回目なので、何かの意味があるんだろうなと思います。その後、ローズクォーツの小さい玉のようなイメージも出てきて、何だろうなあと思っていました。

浅草橋について、しばらく方向がわからなくて駅の周辺をうろついていたところ、天然石を扱うお店が何軒もあって、びっくりしました。その中の一軒に入って、水晶のポイントを買ってきました。どうせだったらローズクォーツも買えばよかったなあと後で思い、夕方また行きましたが、閉店時間になっていました。

## 奇妙な男児、そして多幸感

今日の水晶スクライイングは、いつものグリッド柄を見たら安心して、久しぶりにレグルス［恒星の名前：編注］に行こうかと想念を描いてみたけど、夢見になった。

わたしは祖父母宅に父といて、隣の母屋にいる犬に会いに行こうとガラス戸を開けるが、高さ50メートルぐらい下に母屋があり、犬に会えないじゃないかと憤慨する。

しかし、気がついたら空中を飛んでいて、グラウンドで何か運動している感じの人々の上を飛んでいた。田舎は不便じゃないかーと文句を言いながら。わたしは素朴なグラウンドに着地し、そこにいた30人ぐらいの人たちと話す。キレイな人たち。

また気づいたら、グラウンドの隅の木製テーブルに座っていて、やって来た知人女性と談笑を始めた。すると人がゾロゾロとテーブルに集まってきて、いつの間にかテーブルにはいろいろな食べ物が。これから家族パーティーみたいな雰囲気。

わたしの右には太った知人男性が座っていた、ニコニコと愛想がいい。左を見ると、白いマスクをした、イトコだという目がクリッとした男性がいる。見覚えがあるのだけど思い出せない。その人の子どもが、わたしの横にピタッといた5歳ぐらいの男の子。藍染めみたいなTシャツを着て、袖には牡羊座か魚座のシンボルのような刺繍かワッペンがついていた。

その男児は、話すたびに「ごめん」という。わたしが「何で謝るの？『大丈夫？』とかでいいんじゃない？」というと、その男児は「イエーイ」と元気になり、雰囲気も変わる。するとすると男児は、わたしの左手を取り、自分の小さな指を使って、わたしの手のひらの中で動かし始めた。アメリカ人のリズムのある握手のノリにもちょっと近い。何かメッセージ的なことをわたしに伝えようとしているこの子は、インディゴチルドレンとか？　そういう子ども？　と思うが、徐々に多幸感に満たされていって、泣けてきた、いつ死んでもいいと思うぐらいに。

場が変わったのに気づくと、わたしの前に白いスクリーンが出てきた。濃いパープルの文字で次から次へと手書きの文字や絵が描かれては、消え、また新しい文章が出てきては消える。10回はあった。もしかしたらインストールでもしているのかと思うほどのスピードがあるので、ほとんど憶えられなかったが、木の絵だけはシンボルっぽいので脳に残ったようだ。

……。

目が覚めた時に、「ああ、戻って来たんだー」という距離感がありました。水晶スクライイング後の夢見はだいたい強烈に残りますが、今回の多幸感は、ヘミシンクやボイジャーエクセルプロテウスの時のエクスタシー体験にも似ていました。

この夢見では象徴的なことも出てきたので、後で何だったのかわかるパターンだ思います。あと、フォトリーディングの練習をすると読めるかも。

## 水晶と紫色の光

この水晶で透視をするのは2回目になります。

ずっと黒曜石を使っていたのですが、最近、水晶を買ったので、黒曜石のような感じでやるとうまく拾えていない気がしました。

それでUさんが書かれていたことを思い出しました。確か、ジョン・ディーは未来を見るには黒曜石、天使とコンタクトするには水晶と言っていたと松村先生がどこかで書かれていましたが、見ている範囲が違うのだということを今日改めて実感しました。

言葉として、地球の何かについてだったので、規模が違うなと感じました（水晶もレムリアンシードクリスタルというもので、私は自分の過去世や恒星との繋がりをこの水晶から感じます）。

相変わらず、目では何も見えず、そのまま眠くなり、目を閉じると映像が見えます。

半分凍った苺。

黒い革のポーチ。

そのまま横になっていると、紫色の光が窓のところに現れました。その時、私の体は少し浮いたように感じました。すると、その紫色の光は、私の体全体をスキャンでもするような感じで何回かピカッピカッと光り、そのまま去って行きました。

それで、夕方また水晶透視をすると、こんどはスムーズにいろいろ見えました（目を閉じてですが）。紫色の光で水晶透視用に調整された気がしました。

今日、松村塾で松村先生の水晶透視の説明を聞いて、まだエーテル体レベルにまで降りていないので、ノイズがあるのだなと思いました。今日は新月ですので、これを機にエーテル体レベルで水晶透視ができることを目標にします。

この投稿の中では、紫色の光だけが目視できたもの（おそらくエーテル体レベル）です。

## 水晶透視と黒板視

木毎隆さんの場合

久しぶりに水晶を覗いたら、緑色の塊が見えて、しばらくしたら、ある爬虫類になった。その生き物は私の感情体の母親だと言っていた（他のエーテル体などの体の母親については知らんと言っていた）。この爬虫類は一部の地球の法則の作成に関わった生き物らしく、元々の管轄は地球ではなく別の惑星の出身らしい。

気になって例の黒板視で追試してみたら、ぜんぜん別のものが見えて、違う次元を見ていることがわかった。黒板は自分のエネルギーの反射を使っているらしく、より肉体に近い次元が見えている気がしています。

……

黒板視。追記。

女性のヌード。エジプトの女性の壁画か？　と思って眺めていたら場面が変わった。

次に、ヨーロッパの結婚式の場面（教会）。私は祭壇に向かって左側の座席に座っていて、木製のベンチや大勢の人が出席しているのが見える。ステンドグラスが見える。

新郎新婦がバージンロードを歩いていて、神父のほうへ向かっている。

新郎と新婦の背後3メートルにアクリルの塊のような透明な存在がいる。

何だろうと思って意識の上でこの存在に突入しても、この存在の目的や視点がわからない。

単について回っている存在なのか、形式的なものなのか不明だった。

仮に新婦が妊娠していて、受胎目的のための存在なのかも不明だった。

……

さらに追記です。

先ほど、ある人の相談に乗ったのですが、ここに書いた結婚式の内容と重なる部分がかなりありました。

そもそも結婚制度、パートナーと一緒にいる理由、パートナーと別れるか否か、などが大まかに話題として挙がりました。

知らずに見てましたね。

かといって、見た内容が有用だったかというと、微妙なところです。

**Sayoko Takeshita**　黒ファイルをいろんな所で探していましたが、なんと夫がよさげなものを持っていて（白チャリ警察官が持っている黒ファイルに似ています）、それで視てみました。黒の奥行きにちょっと驚いています。まだ映像がモヤモヤしていますが、エーテル体が動いているのがけっこうわかるんですね。これから楽しみになりました。木毎さんの黒板を見せてもらったおかげで、色よりも質感で見ることを意識できました。ありがとうございます。

**木毎隆**　慣れると輪郭が出てきてそのうちにカラーの映像になります。毎回一から、もや、りんかく、カラーの流れを追う感じになります。

**Sayoko Takeshita**　おかげさまでいくつか見えましたよ。もやから来て、一瞬で消えていきますが、ハッキリとした文字でした。

**木毎隆**　おめでとうございます！！

**髙野尚子**　木毎さんの黒板だと肉体に近い次元が見えているというのは面白い発見ですね！

やっぱり水晶、黒曜石など何を使って見るかによって見えるものが変わるのですね。

Ｓａｙｏｋｏさんの「色よりも質感で見ることを意識された」とのコメントを見て、私は黒曜石で見るときは、色よりも質感で見ていることのほうが多いことに逆に気づきました。いろんな方のやり方を見て、自分がどうやってるのかがわかるのが面白いです。

**木毎隆**　水晶だと、遠くのものを取り寄せている気がしました。遠くの異世界のものでも違和感なく見ていました。

黒板はもっと身近な私自身を像の素材にしている感覚があります。見ているものも先の投稿のようにこの世界のものが多いですね。

**髙野尚子**　確かに黒曜石もそんな感じがありました。わりと近未来を見せてくれるのが得意な感じでした。私自身の像を素材にしているからなんですね。

黒曜石はおそらく石の要素があるので、恒星探索でも使えましたが、全体を拾うには労力を使う感じがありました。

黒板の場合は、単なる反射になるのですね。かえってシンプルに見れそうでいいですね！

## レシートと初老の男性

珍しくしっかりした内容を黒板視で観たので投稿します。

照明が少し暗い感じの温泉の休憩室みたいな場所の、10～15畳程度のスペースに小さな枕と薄いマットが敷きつめられている。20人分くらいの枕・マットのセット。

部屋の隅からよれよれの初老の男性が出てきて、一瞬「あれ？　見つかっちゃった？」みたいな雰囲気になった。出会った印に何かほしいと私が言うと、くしゃくしゃに丸まったどこかのレシートをくれた。何も会話はしなかったものの、この場所は人々の体の元を作ったり、エーテル体を調整する場所らしかったです。

この老人はどこかで私と関わりがあったような気がしているのですが、これがよく思い出せないです。顔は知っているけども名前が出てこない、もどかしい感じに似ています。

**高野尚子**　私はこれを読んで笑ってしまいました。なぜなら先日、精神宇宙探索講座に参加していただきましたが、松村先生が最初に来られて、ゴミ箱を探しておられたのです。私が捨てますからと受け取って、それをよく見ると、きれいに折りたたまれたレシートでした(くしゃくしゃに丸まったのとはちょっと違いますが)。この初老の男性は誰なのでしょう?(笑) レシートがくしゃくしゃでなかったように、よれよれでないのも確かですが(笑)

**木毎隆** (笑) そんなことがあったんですね! トリマンへ行こうかなとうっすら思ってました。

**髙野尚子** 面白いですよね。いろんな次元で直線時間ではなく、物事は起きているのですね。出会った印、ちゃんと機能しています。

**木毎隆** もう、いろいろびっくりです(笑)。投稿するか悩んでいたので、投稿してよかったです!

**髙野尚子** この現象、真面目に考えると、エーテル体レベルになると不死になる、ということと繋がりそうな気がしました。松村先生くらいエーテル体の強い方の行動は、時間が経っても、参加者のオーラに残っていて、それを木毎さんが黒板で見たということかな、と考えました。

「あれ? 見つかっちゃった?」という雰囲気について考察すると、松村先生はレシートと知られずに、ゴミ箱に直接捨てたかったようなのです。それはかなり細かく折りたたまれたタクシーのレシートでした。主催である私に気を使われていたのだと思います。見せないようにしたにもかかわらず、私が後から「何だろう」と思って開いてみて、レシートと判明したのです。それが「見つかっちゃった?」に繋がっていそうです。と言っても、先生に紙を開いてみたことは伝えてないのです。エーテル体レベルでは全部伝わってしまうのかもしれないです。

**木毎隆**　もっというと、私の映像の中の男性は、宇宙に連れて行く人を選んでる節もあったのですよね。何人かな、と思ったら38人と思い浮かびました。宇宙というか、地球外に連れて行く候補者選びです。精鋭メンバーを選んでいた感じです。

「見つかっちゃった！」というセリフは実は若いころ、厭世的になっていた時に接触した意識体が言った言葉なので、私からするとこの意識体、松村先生、映像の中の老人がどこかで多層的に繋がってる可能性もありそうですね。私の中ではアルクトゥルスで全部繋がってるかもと思ってます。私のパランでは金星がアルクトゥルスなので。

**髙野尚子**　わかります。こういうものは多層的に繋がっているので、トリマンのセンターでもあったと思いますよ。

宇宙に連れて行く人を選んでいた！　私、この講座を主催する前にそれっぽい夢を見ましたよ。

**木毎隆**　今ようやく一つ前の髙野さんの投稿を理解しました！　濃厚に空気に松村先生のエーテル体情報が残っていて、私はあてはめ記憶でこのエーテル的情報を拾ってた感じですね！　面白い～！

**髙野尚子**　はい、そうだと思います。とても面白いです！

# 神秘的な夢

## Chapter 6

眠っている間も
わたしたちの魂は目覚めていることを
夢は教えてくれる。
神秘との懸け橋を渡って
魂はどこに行っているのだろう?
魂は何をしているのだろう?

## 夢の中の5人家族

私は弟とふたり兄弟なのですが、小さいころから夢の中では家族は必ず5人、つまり3人兄弟で、私と弟の間にもう一人いました。

25歳くらいのある日、またそういう夢を見ました。

家族5人で海に浮いていました。空から気球のようなものが降りて来て、それに乗って海から脱出すると4人になっていました。

私はそのころ、カウンセリングを受けたり、心理学の本を読んだりしていましたので、昔はわからなかったこの夢の意味がわかりました。

そして、海から脱出できなかったもう一人の悲しみを少し感じました。それは脱出できなかった悲しみではなくて、認識されていない悲しみでした。

それで、起きてすぐ、母に割に強い口調で「本当は3人なんでしょ？」と言いました。

すると母は、「さやかの下にすぐ一人できたけど、中絶した。言わんでいいことだから言わなかった」と言いました。私は、ずっと本当は5人家族だと訴える夢を見ていたことを伝え、「産まれなかったことじゃなくて、認識されていないことを悲しんでいる」と伝えました。

それ以来、「本当は5人家族」と訴える夢は見なくなりました。そのかわり、妹と思われる赤いワンピースの女の子がダイレクトにコンタクトしてくるようになりました。

悪い男と付き合っていたら、夢の中で「その男のことをこれ以上知ってはいけない」と叫んできたり、過去生探索していたら、「それは全部思い出さない約束でしょ、全部思い出したらあなたは壊れちゃうでしょ！」と叫んだりしてきました。だいたいいつも彼女は叫んでるイメージ。私が危うい領域に踏み込みそうになるとブレーキをかける役割のようです。そのために、産まれないことを選択したのかもしれません。

私にとって、この産まれなかったもう一人は「妹」という感覚ではなくて、ガイドという感覚です。最近、彼女は出てこないのですが、どうもうちの猫に入ってるんじゃないかという気がしてなりません。というのもうちの猫の一匹は、私と夫が喧嘩すると仲裁に来て盆踊り踊ったり、私が怯えると私と夫の間に入って夫をじっと見たりするからです。

追記。

その猫はよく夢の中で分裂するんですが、ある時5匹に分裂したので、「分裂されるとどれが本物かわからないから、1匹になってよ」と言うと、次々に合体して2匹になり、その2匹がまた合体して赤いワンピースの女の子になりました。それがあったので、この猫に妹が入っているんじゃないのかと思うようになったのでした。

なんで分裂するのかはよくわかりません。

## 3回目の太陽

海辺の小さな家に一人の男性がいました。

その男性はその家で育ちました。

海に面した窓際に小さな部屋があって、そこが彼の部屋でした。

彼は毎日そこで海を見ていました。

私は少し離れた場所からそれを見ています。

ガイドのような存在の声が、解説をしてくれています。

「彼には小さな子どものころから不思議な力があった。

彼はそれがあまりにも当然のことだったから、まわりの皆は違うのだということに気づいていなかった」

男性の子ども時代である幼い少年が、外に出て海を見たり、散歩をしたりしています。

「彼の不思議な力は違う世界が見えるということだった。

彼が世界を見ている時、世界は突然まったく様相を変えることがあった。

それまで見えていた景色は消え、さまざまな明るい色の光がまわりを満たした。

彼の部屋のカーテンはカーテンの形を留めなくなり、光の粒の塊になったりした。

そうなると彼にはもうそれを触ることができない。

触ろうとしてもすりぬけてしまうのだった。

彼が海辺を歩いている時、砂浜や波の一部が、滑らかな黒い鏡に光の粒を散らしたようなものに変化することがあった。

彼のその能力は、世界をエネルギーとして、エーテル体として認識できるということだった。

ただ彼にはその能力をコントロールできなかった。

彼が少年になった時、彼の父親にそのことがバレてしまった。

彼はその能力のせいで普通の生活ができなかった。

そのことを彼の父親はただ単にできない子どもだとしか思っていなかったが、彼が自分の見ているものをある日何気なく口にしたことで、彼の能力がばれてしまった。

彼の父親は彼のことをうそつきだと思い、怒り出した。

彼は自分に見えている世界が当然、皆にも見えている世界だと思っていたのでとても困惑した」

悲しそうな顔で自分の部屋に座っている彼が見えました。

私の見ている世界は彼の視点の世界でした。

普通の海辺の景色が、突然、色とりどりの光で満たされたあいまいとしたものになりました。

カーテンは突然予告なしに光の粒に変わりました。

海辺には小さな宇宙のような滑らかで黒いものがたくさん散らばっていました。

彼はその世界を本当に美しいと思っていましたが、自分が世界をコントロールできないことに戸惑っていました。

世界が変化すると、彼はそれまでしていた行動を止めてしまわざるをえませんでしたが、まわりの皆は世界が変わっても普通に行動を続けていました。

父親にうそつきとなじられた彼は強い孤独を感じていました。

成長し、大人になった彼は孤独にうちひしがれながら明け方の海辺を歩いていました。

海はまた突然変化し、たくさんの明るい色がマーブル状に入り混じった光の塊になっていました。

彼はそこへ入っていきました。

そこで私は彼の子どもになっていました。

お父さんが海に入っていくのを私は見ていました。

お父さんはこちらを振り返り、色とりどりの光の海に身をゆだねました。

お父さんは知りませんでしたが、息子である私にもお父さんと同じ世界が見えていたのです。

お父さんは海に入るとイルカになりました。

お父さんのイルカは光の中を少し泳ぎ回った後、息子のところにやってきました。

息子である私は手を広げて海の中でイルカを抱きとめました。

お父さんはイルカの姿のまま私に何かを言おうとしました。

しかし、みるみるうちにどんどん弱っていきました。

お父さんにも自分の最後が来たことがわかったようでした。

その時、水平線の向こう側に太陽が姿を現しました。

お父さんのイルカはその太陽を見ると、「ああ、3回目の太陽だ……」と言って力尽きました。

その時、幼い少年だったはずの私は立派な青年になっていました。

青年の私は、お父さんが最後を迎えることをわかっていました。

お父さんがイルカであることも、自分たちがイルカであることも知っていました。

腕の中で動かなくなったお父さんを抱きかかえ、海の中を向こうで待っている家族のほうへ歩きだしました。

家族にもお父さんの最後はわかっていました。

わかっていたことだったのに、腕に動かないイルカを抱えて家族に何かを言おうとしながら、こらえきれなくなった大粒の涙が目からあふれ出しました。

終わり。

この夢がどういう意味なのかずっと気になっています。

別の星での記憶なのか……？「3回目の太陽」とはいったい？

心理学的にも考えてみたけどさっぱりわかりません。

**高野尚子** すごく面白い夢ですね。宇宙の歴史的な何か深い意味があるような気がします。何かはわかりませんけど。3回目の太陽、というので、私は夢で太陽が2回昇ってくるのを見たのを思い出しました。なんだったんだろう？

**Sayaka Kido Imai**　この夢はたいへん美しかったので、私に気力があればそのうち絵本にしてみたいです。嘘つきだと怒られることとか、海辺の景色などは地球っぽいのに、3回目の太陽とかそういうところは別の星みたいな感じですよね。男性の人生を俯瞰している間、そういえば日の出の映像や太陽の映像はなかったと思います。イルカは美しい海の夢にはたいてい出てきてフレンドリーなんですけど、私はイルカの星から来たんですかねえ……。髙野さんの夢も面白いですね、太陽が2回上る……2個の太陽？　私もこの夢とは別に、太陽が2個空にある夢を見たことがあります。やはり別の星の記憶なのか……。

**髙野尚子**　私もその夢はとにかく美しかったので覚えています。それとものすごくエネルギーを感じました。ぜひ絵本にしてみてください。別の星の記憶が蘇るかも？

**さり**　イルカが子どものころからずっと好きだったので、興味深く読ませていただきました。

　父のイルカが亡くなるところで、込み上げるものがありました。

イルカはわたしの守護動物のようですが、イルカが大好きというと、よくプレアデスから来たと言われます。

**Sayaka Kido Imai**　私も夢から覚めると泣いていました。今プレアデスとイルカで検索をかけてみたのですが、イルカはシリウスやプレアデスと関連づけられる動物だったのですね。

**さり**　クジラとイルカは、地球に最初に来て、人間が住めるように調整したと聞いたことがあります。

**Sayaka Kido Imai**　イルカとクジラの関連のページを幾つか読んでたら、自分がヒプノセラピーを受けてしゃべったことと符合してくる気がして驚きました。教えてくださってありがとうございます！

**髙野尚子**　私が知っているイルカと恒星との関連はシリウスです。

**Sayaka Kido Imai**　シリウスとイルカの関連ページや、そもそもシリウスって何だ？　というページをいろいろ読んできたのですが、読めば読むほど、ますますこの夢は地球とシリウスの関係のことじゃないかと思ってきました。

そして自分はどこの星から来たんだろうと思いますが、まだぜんぜんわかりません。シリウスAのような気もするし、アルクトゥルスっぽい気もする……。けど、アルクトゥルスはほとんどいないって話だしなー……と。ヒプノでは、ぜんぜん別の銀河から来たようなイメージだったのですが。

**髙野尚子**　アルクトゥルスーシリウスのパスはよく使われている気がします。シリウスは駅のような役割も果たしているようです。

## 天井を突き抜けて夢を貫通してしまった大興奮

夢を見るとそれを現実の人が受信したり、現実で興奮するとそれを他の人が夢で受信したりします。

ちょっと前、私はヘミシンク体験を加速させたくて、ヘミシンク系の本数冊とCDを何枚か、アマゾンでその時の有り金全部つぎ込んで大量買いしました。それは深夜のことでした。まあ……深夜ならではのテンションというのがありますよね……あれです。あれによってヘミシンク大人買いという暴挙に出たわけです。後悔はしていません。

すると朝起きてきた旦那さんが、「なんか面白い夢見たよー」と言ってきました。旦那さんはふだん夢自体をあまり見ない人です。

「どんな夢？」と聞くと、「えっとね、車に乗ってたの。そしたら、エンジンルームの下くらいからいきなりアマゾンの箱が飛び出してきて、車を突き抜けて空に飛びあがって、僕の頭の上でくるくる回った」

……それは……何時ころのことでしょうか？

「わかんないけど、寝てたから深夜じゃない？」

そうでしょうね。

ちなみに私はふだん一階で寝ています。夢でアイディアを受信することが多いので、起きてすぐにピアノを弾けるようにです。旦那さんは、仕事のある日は二階の自分の部屋で寝ています。

旦那さんの夢でアマゾンの箱がくるくる回ったのは、私がアマゾンで購入ボタンをポチッと押して、大興奮していた時間帯で間違いないでしょう（笑）。私の「アマゾンでヘミシンク大人買いフーッ！」という興奮が1階から天井を突き抜けて旦那さんを貫通し、夢の中で車の下から飛び出して上空でくるくる回ったのだと思われます。

これの他に、犬のトイレトレーニングを頑張ってしている時に、犬がトイレ大成功！という夢を見たことがありました。そしたら現実世界で母が、「昨日トイレ成功したんだったよね？」と聞いてきたということがありました。

成功も何も、その時、犬は絶賛便秘中でした。

「トイレ成功したよって言われたんだけどなー」と言って首をひねっていました。確かに夢の中で母に「成功した！」と喜んで報告していました。

私の「トイレ大成功！」という夢の中の興奮を受信して勘違いしたらしいです。

さかもとなつみ さんの場合

## 私が見た予知夢

予知夢（もしくはテレパス）。

・学生のころ、当時、テレビで透視が流行っており、友人が「やろう」と口にしたと同時にこれから友人が描くであろう図形が見えた。

友人が好きなバンドのアルバムのレフィルに描かれていた六芒星が、目の前にハッキリとカラーで見えたのだ。

ちょうどおでこあたりだったので、後であれが第三の目だと気づき、こちらの分野に興味が湧くきっかけになった。

・会社の昼休みに仮眠をしていると夢を見た。

私は仮眠を取っている机に座っていて、後輩が「これを見て感想をください」と、パソコンでおかしな動画を見せてきた。

私は「どういうつもりで聞いてきたのかによるなぁ」などと返答に困っていた。

昼休みが終わって起きると、件の後輩がやってきてCDを渡し「感想を聞かせてください」と言ってきた。

私は「よく感想を求められるな」と思ったのだが、よくよく考えるとこの人と物の貸し借りをしたのは初めてのことだというのを思い出した。

・会社の仮眠でもう一つ。

〆切を聞いてない仕事をもらい、「起きたら聞こう……眠い……」と泥のように眠ったら、起きる寸前でパッと映像が見えた

私の机のそばに担当が立っていた。カレンダーを左手に持ち、右手で6日のところを指差していた。

起きて聞きに行くと、〆切は6日だった。

## 夢の中のリッチマンと亡くなった親せき

寝落ち手前の夢までいかないところでのこと。

めっちゃ仕事ができて、リッチマンで、これから新事業を始めるための商談をしようとしている紳士がいて、僕だと思われるぽやーっとしたお兄ちゃんが落ちてたボタンを拾おうとして（それしかもう見えてなくて）、思いっきりぶつかってしまいました。

取り巻きたちが、「どこ見てんだ、ゴルァ！」と激怒してぶん殴られそうになったのを、紳士が持っていたステッキで制止して、「何を見てたんだ？」って聞いてきました。

「ボタンが落ちてて、それであの、僕は拾ったボタンは神社に行く時のお賽銭にしてて、ボタンしか見てなかったです。ごめんなさい」と謝りました。

紳士はボタンを拾って、「これか」って言いながら僕の目の前にかざして、「ほら」と手のひらに置いてくれました。

場面が変わって、街中でたまたま再会した僕たちは、紳士が食事をするというので一緒にレストランへ。

あまりのちゃんとしたレストランにビビり、僕は「あまりお金を持ってないので、こういうところは無理です」と正直に言いました。

「ご馳走するから気にするな」と紳士。

僕はまたとんちんかんにも、「じゃあ、おにぎりが食べたいです」と言いました。

ちょっと困惑しながらも、「ライスを握って持ってきてほしい」と紳士がウェイターに言ってくれました。

紳士は常連さんみたいで、リッチマン、すごいなぁと（笑）。

僕は運ばれてきた二つのおむすびを食べました。

海苔とかもついてない、白米だけのおむすびでした。

一口食べて、「わあー。あったかいなあー。こんなあったかいお米食べたの、ずっと昔だなあー」って言ってました。

本体の寝る手前な僕は、それを聞き、そのビジョンを見て、いつの間にか泣いてました。

昨日、神社巡りをしたからかも。

日本では、あったかいごはんを食べられるのって当たり前かもしれないけど、すごくすごく幸せだなあってしみじみしながら起きました。

追記。

じゃあ、ちゃんと米を炊いて何か作りますかと思い、キッチンにいたところ、15時に連絡があり（小学校の下校のチャイムが鳴ったので時間がわかりました）、父方の親戚が今朝方に旅立たれたとのことでした。

僕と父は、こちらの家のお墓参りを20日にしており、整った感じがあったのかな。

その親戚の方は基本的に常時ヨッパッピー（酔っている状態）で、20年ぐらい前はよく祖父母宅に遊びに来てましたが、飲酒運転で帰っていったんですよね。

親戚が来て飲み会が始まると、出前のお寿司やお刺身が食卓に並ぶので、子どもとしてはありがたい存在でした。

ビールの注ぎ方を習った気がします（笑）。

## 寝てる僕がおんぶしているおばあさん

たった今の出来事。

もうこんな時間だ、起きなきゃ起きなきゃーと時計を見たのが14時41分。

でもなんでこんなに眠いんだろう、ぜんぜん起きられない。むしろまた寝そう。アホか。

もう15時になるんだぞ。

と思ってたら、寝てる僕の背中に、同じく寝ながらおんぶされてる人がいました。

いちおう、知った顔にしてくれたのか、父方のばーちゃんでしたが、たぶん、ただのおばあさん。

こちら変成意識でも登場する、たぶん、あの脱衣婆的なおばあさん。

起きるんだから離してよー！　と思うんですが、声は出ず。

もがきまくって、がっちりホールドしている足を外し、なんとか逃れられました。

と、初めてこれが夢だと気づきました。

でも目は覚めたけど、やっぱり強烈な眠気。

なんだかまだあのおばあさんの気配もするし、寝るもんか！　と、枕元に昨日たまたま冷蔵庫にあって、もらっといたサイダーを置いといたので、甘さとしゅわしゅわで覚醒しようと爆飲み（途中まで）しました。

で、ちゃんと覚醒して、時計を見たら11時57分。

夢の部屋もかなり今の自分の部屋に似てたけど、間取りみたいのが違う感じで（今の僕の部屋のが広い感じ）、やれやれ戻ってこれたなあと一安心。

はあ、本当にやれやれ……。

追記。

先日亡くなった親戚のお通夜が明日のため、僕がいちばんわかりやすい（感じ取りやすい）と知って、こちらに来たのかもしれません。

でも14時41分はなんだかわからず。

橋のようにも見えるので（１４４１↓欄干橋の左橋の右欄干）、向こうに渡るということなのかなあ？

川蝉さんの場合

## セーラームーンになった貞子

私は15歳くらいから25歳くらいまで、ひどい神経症に悩まされ、暗黒の青春時代だったのですが、高校1年くらいのときに急速に体の具体が悪くなって、ある夢を境に最悪の状態になっていきました。

その夢とは、顔面が傷だらけのひどい状態の少女が振り向いて私を見るというもので、彼女は海岸に立った一本の松の木の下にいました。白いワンピースを着ていたような気がします。ロングヘアでした。

私は、クリスチャンの親に育てられたのですが、内心は無神論者で、目に見えない者などまったく信じないタイプの子どもでしたが、この夢は私の心から離れることはありませんでした。もちろん、このころは占星術にも出会ってないし、死んだら土に帰るだけだと思っていました。

私の金星は、山羊座13度の12ハウスで、冥王星がスクエア、土星がオポジションという、かなりプレッシャーの高い状態ですから、このような厳しい金星時代を過ごすことになったのだと思います。後で調べてわかったことは、この神経症がひどくなったのは、トランジットの天王星と海王星がネイタルの金星にコンジャンクションのときでした。

今でもたまに具合が悪くなるときもありますが、ほぼ順調でよくなってきたな〜と思っていたころには、トランジットの冥王星がネイタルの月にトラインになっていました。太陽期に入ってすぐのころです。

自分としては、気功治療と心理学系の大学院で研究した結果のように感じていますが、年齢域や星まわりの影響も後押ししてくれたと思われます。

結局、自分の病気を治すためにもがいていて、結果として今の私がいるという感じです。この夢と病気が、私を占星術や気功的エネルギーや、変性意識の世界、恒星の世界などに導いたわけです。

実は昨年のことですが、明晰夢であの少女に再会したのです。彼女はかなり具合がよくなっていました。元気とまではいかず、表情も声も暗いのですが、顔の傷は無くなっていました。小柄ですが、しっかりした意思のある人柄であることが感じられました。どこかの基地の食堂で、一緒に中華料理を食べました。

食べ終わると彼女は私に「さあ、行くよ」といい、私は案内されるままに、基地のような場所を歩いていきました。

自動ドアが開くと、とても驚いたのですが、そして書くのに躊躇するのですが（笑）、数名からなる女性の戦隊がいました。わかりやすく言うとセーラームーンみたいなチームです（笑）。

私はとくにセーラームーンに興味はなく、よく知らないのですが、セーラームーンと違うのは、全員がレオタードを着ていて超グラマー高身長、全員がハイテンションということです。底抜けの明るさでした。彼女たちは地球で何か大切なものを守るために、何かと戦っているチームのようでした。

私と食事をした彼女は、そのグループの一番下っ端のようで、私を指導する役目を持っているようでした。ということは、私が一番下っ端ということになりますね、オトコですが（笑）。そういえば、彼女だけはレオタードを着ていなかったです。

その基地からは、地球に向かってトンネルがあり、そのトンネルは四角の筒状でした。トンネルには、宙に浮いたコックピットが二つあり、そこは、やはりレオタードの隊長と副隊長らしき女性が居ました。

そのふたりが「行け〜！」と、号令をかけると、他の仲間たちが一斉にトンネルに飛び込み、急降下していきました。最後に、私を指導している彼女が飛び込みましたが、彼女だけは一直線に降りていかず、四辺の壁をグルグルと跳ねながら降りていきました。

何かの役目を果たしに出動したようでした。

実は、この明晰夢を見る直前に、ガイドさん、ガイドさん、と念じていたのです。まだガイドとの接触をしたことがなかったので。すると、ふたりの女性の声で、はーい、と聞こえ、この明晰夢に繋がっていきました。隊長と副隊長の声かもしれません。

私は、彼女に出会ったとき、直感的に、あの傷だらけだった少女だと思いましたが、それを裏付けることがありました。

私はときどき、エネルギー使いの先生から遠隔治療をしてもらうのですが、私を調整するときはたいへん面白いと言っていました。それで、「先生に見えているのは、もしかしてこれですか？」と、上記の明晰夢体験を説明したのです。

すると先生は「間違いないね」と言いました。また、指導役の女の子は、かつての傷ついた女の子だと言い、それは金星に関係しているとも。先生は占星術はとくにやっていないのですが、そう言いました。

彼女の具合がよくなってよかったと思いますし、もっと元気になってほしいと思うのですが、どうすればいいのかは、自分ではよくわかりません。もっと金星活動を開拓すればいいのかなと、ふと今、思いました。

私もあのグループの一員だとすれば、彼女たちの使命のお手伝いをすることになるような気もしますが、それが何なのかは、今のところ、わかりません。

**松村潔**　金星と冥王星のスクエアの、ありきたりな使い方でなく、もっと積極的な使い方というか、別ルートというか、特別メニューみたいなものを発見することですね。穴から地球にというのが、金星・冥王星の貞子スタイルそのもので、セーラームーンは金星と土星のオポですかね。わたしはよく以前は、セーラームーンはオリオンベルトの三女神と結び付けていました。パヒュームも、その神話元型使っていたし（わしらみんな広島じゃけえ）。ミンタカの種は、古い時代ギリシャにいたという話ですが、世界地図を日本地図に対応させると、瀬戸内海か、と。

**川蝉**　トンネルがなぜ四角だったのか、不思議に思っていたのですが、スクエアの意味かもしれませんね。私は、四元素の世界に降りて行くということかなと想像してました。

なるほど、金星に土星的に制服を着せたらセーラームーンですね（笑）。ハウスサビアンだと魚座6度の将校の位置ですから、彼女たちが何かの大義名分のための戦いというイメージにつながると思いました。

**竹内紫恩**　おおおお、僕は金星が6ハウスの魚座1度でして、ディセンダントに近いのですが、金星期は化けさんたちにとても悩まされたのでした（笑）。

**川蝉**　その配置ですと、非物質も含めていろいろなタイプの女性が集まってきそうですね。

**竹内紫恩**　ああ、そうかもしれませんね。導いてくれるのって男性が多いのですが、サポートしてくれるのって女性が多いですね。

火星は2ハウス天秤7度です。

川蝉さんのこの夢、かなり驚きました。僕は大学生の時に、木に腰掛けてるか、ぶら下がってるか、くっ付いちゃってるかの白いワンピース着た骸骨の女性を見たことがあって。ヤバいってわかってすぐに視線を外しましたが、翌日にその木のすぐ横で車同士が衝突事故を起こしてたんですよ。ばくさん（地縛さん）だったんだろうけど、あれは鮮明に覚えてます。

**川蝉**　か、かなり怖いですね。私は離脱中は割に怖いものなしになるんですが、通常はかなり怖がりですから、そういうのを見たら絶叫しそうです。

白いワンピースは何かの象徴かもしれませんね。私は映画は見てませんが、貞子もそんな服じゃなかったかな？

**竹内紫恩**　白のワンピースなんですけど、透けてて。だから骸骨がすべて見えたんですよねー。たぶん、一瞬だったんだろうけど、その一瞬でもこれだけ覚えてるのって相当なインパクトでしたね。

最近はそっちにチャンネル合わないんですよ（笑）。そのチャンネルの切り替えがやっぱり、戦いの神7から笑いの神7に銀河総選挙でトップ（？）が入れ替わってからかなあ。

車のナンバーと会話が成り立ちます。笑っちゃうことばっか起こすから、おまいらマジさーｗとか言うと、８１８１（ヤイヤイ！）とか。３はｋｉｓｓなんです。

**髙野尚子**　川蝉さんの夢の基地は、どこかの宇宙の惑星にある基地のような気がします。どこかはわかりませんが、地球へのトンネルがあるので、太陽系内かもしれないです。金星かもしれません。勝手に言ってますけど。面白いです。

**川蝉**　私も金星関係だと思っています。金星から来たＵＦＯかと思っていましたが、言われてみると、確かに金星にある基地かもしれませんね。

**髙野尚子**　宇宙人関係の文献によると、金星にはノルディック（北欧人）のように見える宇宙人がいるようです。そして女性（に見える）宇宙人が多いと。川蝉さんの見たものと一致しています。オリオンから金星経由で地球に来た種族もいた（レムリア時代に）ので、そのあたりの関係もあるかもしれませんね。

**松村潔**　厚い雲に覆われているので、皮膚の傷みが少ないらしいです。地球は皮膚の傷みが激しい。彼らが地球に来た時には、光線の直射に耐え切れず、いつもサングラスをつけているそうです。わたしは池袋の隣の大塚の駅前で、彼らの一人に会っている。

**川蝉**　そうそう！　北欧人風でした！　びっくりしました。まさか、そんな情報があるなんて。

先生、サングラスをかけているというのは、つまり、肉体的に地球まで来ているということですか？

**松村潔**　金星人たちは肉体的に地球に来ます。といっても、少し違う振動状態にまで変化可能ですが。アダムスキーは、金星人の話ばかりですが、オーソン以外に、男の人の写真も掲載しています（怪しい）。土星から出向した一人にラミューさんがいます。ここまでくると、ＰＡＲＣＡさんが思い切りくわしい。

**川蝉**　ということは、私が夢で遭遇した彼女たちは、地球上のどこかにいるかもしれない!?　かなりの衝撃情報です。

私を指導する役目の彼女だけは、北欧人風ではありませんでした。日本人だったと思います。もしかしたら中国人かな。関係が複雑そうです。もしかして彼女も地上にいるとしたら……ゾクゾクします。金星人土星人について、本でも調べてみます。

**松村潔**　でも、地上的に存在しうるということを期待すると、これは物質身体、エーテル体というバランスの中で、物質のほうを強調してしまうので、彼らが望まない方向ですよ。金星にはたくさんの回路があり、あちこちから来ている。

**川蝉**　なるほど、物質的な遭遇でないと手応えが感じられないならば、エネルギーレベルでの体験を軽視していることにもなりますね。

実はオリオンはまだ試したことがないんです。ミンタカへの接触を試したいと思います。

安芸の宮島は、憧れている場所の一つで、いつか必ず行くと決めています。楽しみです。

ｐｅｒｆｕｍｅは３人で、セーラームーンはもっと多いですが、それでも三女神になるというのは？　教えていただけますか？

そういえば、先日、日食の直前に、体脱中にサキュバスみたいな存在に遭遇しました。あちらの要求には応えませんでしたが（笑）。こういうのもそれっぽいかも、と思いました。

**松村潔**　具体的な人数と、機能としての人数は違うと思いますが。

**川蝉**　ありがとうございます。見た目の人数が一致していなくてもよいわけですね。

**松村潔**　なんせ変成意識においての体験ですからね。ものの世界ではないです。で、結局セーラームーンの人たちは、ハピネス軍団という名前になってしまうんですかね。

サキュバスとかは、キリスト教が作り出したねじ曲がった概念で、空気の中に住む者たちという意味でもあり、正当に評価すると、まつたく違う意義が出てきますね。

**髙野尚子**　晶さんが、金星からのハピネス軍団のことを投稿の中に書いているようなので、川蝉さんもお読みになってみてください。

**川蝉**　晶さんの記事を探してみます。ありがとうございます。ハピネス軍団という名前なんですね。私は自分ではＬレンジャーと呼んでいました（笑）。レオタードとラブとＬ、サイズのＬで（笑）。

サキュバスは、確かに私はキリスト教の家庭で育ったので、その影響があるかもしれません。正当に評価するなら、また別の形での接触になるということですね。

余談になりますが、エネルギー使いの先生にこの話をしたとき、とくにサングラスの話題が出たわけじゃないのですが、なぜかサングラスをプレゼントしてくれたんです。面白いシンクロニシティだと思いました。

**竹内紫恩**　あ、この前、サビアンからサングラスもらいました！　天秤23度の雄鶏から射手21度の借りた眼鏡をかけている子どもですね。なんだかバトンタッチが成立して、その眼鏡をもらったんですが、サングラスでした（笑）。

**川蝉**　ついでに言うと、私の金星には木星がセクスタイルですから、超グラマーで高身長になったのだろうと思います（笑）。

## 明晰夢の中のモールにて

最近は、毎日のように明晰夢か体脱になります。波があります。

実家のようで実家ではなさそうな場所でハピネス軍団に声をかけると、頭上から柔らかい光が差し込み、全身が包まれた。誘導されるように扉をあけると、童話の世界のような庭に出た。

どうやら宿泊を兼ねた商業施設のようで、庭を囲んでいろいろな建物があった。なんとなく一軒を選んで中に入ると、そこでは小物やアクセサリーを販売していた。私の知らない文字でデザインされている。店に入って来た人たちも、「この店の品はかわいいね」と言っていた。私は、この変性意識編成会の方々かなと、なぜか思った。

私は店を出て、違う建物に入った。入り口から見た感じとは違い、かなり大きい建物のようだ。デパートとホテルを混ぜたような場所だった。

エレベーターに乗ると、なぜか3階までしかボタンがない。私は、一般客には3階までしか許されないのかなと思った。

3階に着くと、そこには広大なプールや温泉があり、大勢の老若男女でにぎわっていた。

とりわけ目を引いたのは、イルカなどのたくさんの海洋生物が所狭しと泳いでおり、人間と一緒に泳いでいるものもいたことだ。窮屈そうに、狭い場所にたくさんカジキマグロか何かが入っているプールもあった。

私は、ここはエネルギー体とか魂みたいなものを癒す場所なのかなと思った。私も泳いでみたかったのだが、水着を持って来ていないのであきらめ、もう一度、エレベーターに乗った。

ホテルの廊下のようなところで、松村先生に出会った。なぜか少しだけ、ふっくら体型。先生はあちこち案内してくれて、ブティックのようなところを歩いたりした。ふたりでエレベーターに乗ると、下がるボタンがあった。私は、気づかないうちに6階あたりに来ていたらしく、いつのまに6階に来たのか不思議な気持ちになった。

エレベーターを降りると、さっきのプールや温泉のある3階だった。少しだけ様子が変わっていて、遊園地のような感じが追加されていた。

先生は、ここはもうあまり興味がない、というふうな表情をしていたので、「私には新鮮ですが、先生は何度も来ているのですね？」と言った。先生は苦笑いした。

ふと、先生の右腕と私の左腕がなくなり、見えないラインで繋がっているような感覚になった。つまり、先生が左側、私が右側を歩いていた。私はまるで手をつないでいるかのような錯覚を覚えた。突然、「やはりこれはやりすぎでは？」と思った。見えないラインの真ん中に、剣のイラストのようなビジョンが見えた。

すると、先生は、これを飲みなさいというふうに、水の入った水筒を私に差し出した。なぜか、息子が使っているスヌーピーの水筒だ。私は水筒の水を飲んだが、明晰夢ではいつも食べたり飲んだりしても、その感覚がない。

明晰夢のまま、また違うシーンになった。こんどはエネルギー使いの先生と旅行に行く夢だ。寒い地域のような気がする。

電車を降りるとエネルギー使いの先生と合流した。私たち以外に数名いる。友人が、でっかいリムジンを手配してくれていて、全員で乗り込んだ。先生はいろいろなことを教えてくれたが、忘れてしまった。

そろそろ覚醒の時間が近づいて来たのがわかる。エネルギー使いの先生は、今日の変性意識での交流を、目が覚めたときの確認をするために、合言葉を決めようと言った。その時は、綺麗な公園のような場所にいて、薔薇が咲いているのを見たので、私が「薔薇にしましょう」と言って目が覚めた。

目が覚めた後、今日はいつもよりゆっくり起きたのですが、家族が近所の方から花をもらったと言って、食卓に持って来ました。一輪の薔薇の花でした（笑）。

**Emika Kurata**　私はヘブライ語やルーン文字を使った魔法のワンドやアクセサリーを作って販売しているんですけど、川蝉さんの記述にそれが出て来て、とってもワクワクしました。そして先生が川蝉さんの教育係みたいで羨ましいです。きっと違う次元で本当にあったことなんだなって思いました。

**川蝉**　もしかしたら、エミカさんのお店かもしれませんね。探索中、なんとなくですが、あの場所に集まっていたのは、ここの方々のような気がしました。薔薇の合言葉は、エネルギー使いの先生としました。この先生は、シンクロの中で生きておられるような方で、毎度驚かされますが、今回も漏れなく起こりました（笑）。
　ハピネス軍団が連れて行ってくれた場所がどこなのかはわかりません。やはり金星のどこかなのかなぁ？　と思っていますが、本当にわからないことだらけです。

**高野尚子**　松村先生は本当にいろんな方の夢や恒星探索に登場されますよね。それぞれの方にとっての意味づけがあるのだろうけど、先生が応身っぽい役割を果たされてるのかなと思うこともあります。薔薇は第五元素の関係ではなかったですか？

## 腕にとまった鷲

今朝は、ちょっと面白い体験でした。

エネルギー不足を感じたので、イメージで全身をエネルギーで満たしていたら、フォーカス10から、明晰夢に。またしても実家（笑）。

明晰夢になっても、私は引き続き、エネルギーで全身をみたしていたが、家族やら親族（知らない子どもたちだが親戚設定）が邪魔で、しかも家の中が片付いていないので、これではうまくチャージできないと思い、外に出た。

外は薄暗く、赤みを帯びて、少しおどろおどろしい雰囲気。ちょっと不摂生生活になっていたための気がする。

イメージでエネルギーを引き寄せると、全身がますますエネルギーに包まれた。

呼吸法のイメージでチャージすると、激しすぎる感じになり、目がさめることも多いが、イメージだけだと量のコントロールをしやすいことがわかってきた。これからはイメージでやっていこうと思った。

空を見上げると、大きな鷲が旋回して飛んでいた。そのことに私は驚いたが、好奇心が湧いて、腕を差し出し、ここにとまってほしいと思った。

鷲は、しばらく近づいたり離れたりして、迷っていたが、いよいよ、私の腕に着地し、翼をバタバタさせた。目が合うと、なぜか鷲の顔は、フクロウの顔になっており、サイズも、腕にのるのにちょうどよいサイズになっていた。

今回の体験で、離脱中にエネルギー操作でいろいろ試してみることに興味が出てきました。肉体時は、私は緊張感が強い性格のため、エネルギーにも鈍感で、操作も下手っぽいのですが（呼吸法でガツンと入れなければわからない）、変性意識中ならば、いろいろな技を使えるのではないかと思いました。

## 夢で見えた知人の交通事故

田中友香里さんの場合

先日、交通事故で大ケガをした経験のある方と知り合いました。

その方と私の見た夢の話です。

お会いして間もなく、ひょんなことから、交通事故で足と腰に大ケガをし、半身不随の可能性もあったということを知りました。

その話を聞いた瞬間、車に飛び込む映像が一瞬見え、「自ら命を絶ちたかったんだ」とわかりました。

いきなりそんなことは言えないので、その日はお別れし、その晩に夢を見ました。

その交通事故の場面を少し上から見ていました。

交通事故の現場であるにもかかわらず、にぎやかで明るく祝福されているように見え、いろいろな眩しい生き物がざわざわしていました。

その光景からすごいスピードで離れていくと、「本当は一緒にいられればよかったんだけどね～」という声が聞こえ、私は泣きながら目を覚ましました。

目を覚ますと同時に、その方の感情や命を絶とうとした理由、これまでの人生が一気に押し寄せてきていました。

悲しいし、うれしいし、怒っているし、よくわからない涙で、一瞬のうちにあらゆる感情を経験させられているような感じでした。

と同時にひどく感動もしました。

次にその方にお会いしたときに、お話したほうがいいと感じ、お話しました。

生き別れたお子さんがいること、お父様との関係、この世界にどうしてもなじめないこと……。

夢で教えてもらったことそのままでした。

その人自身のものというより、なにか他の意思を感じさせる経験でした。

## 夢の中の母の意図

母は、他界してから私の夢に3回出てきました。

1回目は、母がお気に入りの水色レースカーディガンを着て、ただニコニコ笑っている夢。

最期は痛みとの戦いだったため、亡くなった瞬間、無表情の顔を見て、むしろホッとしました。

もうどのくらい母の笑顔を見ていなかっただろう……。ただ笑っているというその1コマの映像が、私にとってはどんなに嬉しかったことか……。

ああ〜、痛みから解放されて、天国で笑って暮らしてるんだな〜、としみじみ思ったものです。

2回目は、なんと、ロボットで登場！

プラスチックみたいな体には、「もうあなたとは住む世界が違うのよ」という冷たいメッセージを感じました。

……ここで余談ですが、小さいころ大切にしていたいつも一緒にいたぬいぐるみちゃんも、お別れ後にロボットで登場しています。大好きなぬくもりがなくて悲しかった……。

そして3回目は、この世の私との決別を意味していました。

ある日、夕食後に横になると、仕事の疲れからぐっすりと眠ってしまいました。

夢の中で、母と私はコタツに足を突っ込んで、ふたりでお昼寝していました。実際にも、お散歩に付き合ったあと、よくふたりでお昼寝をしたものです。私は横にいる母の寝顔を見て、安心して寝入るのが常でした。

夢の中でも、ふだん着を着て、気持ちよさそうに寝息を立てる母……。その横で、うつらうつらし始めると……。

いつもと違う気配に横を見ると、眠っている母は喪服を着ているのです。そして、顔面蒼白……。ほとんど水色の肌です。

ええ!?……と思っていたら、唇だけ真っ赤に紅が塗ってあるので、そのコントラストが怖い！　でも放っておけない！

「おかあさん！」と夢の中で叫ぶ私……。

母を起こそうと、何度も何度も叫んだ……。「おかあさん！」

そしたら、目も開けず、黙ったまま、右手で私の右肩を思いっきり後ろにグイッと押した……。

その衝撃で私は夢から覚めました。

号泣しながら……。

そして、右肩に残っている押された感触を噛み締める……。

自分の右手で右肩を何度も押してみる……。

あの感触じゃない！　とハッキリわかる……。

あれは母だったんだなあ……。

その後10年以上経ってから、ご自身も亡きお父様と夢で会っていた友人にこのことを話した。そしたら、友人の答えはこうだった。

「さりさんは境界線がないから、そのままだと一緒に黄泉の国に付いて来てしまうと思って、この世に押し戻したんじゃないかしら？」

いやはや……。真実はいかに……。

でも私は腑に落ちた。あれだけの強い力で押されたんだもの。

それだけは真実だ。

それ以来、母は夢に出てこない。

そのかわり、数年に何度か超似ている実在の人として現れる……。

ある時は、印鑑屋さんの事務員として……。

またある時は、目の前をすぅ〜っと通り過ぎていく通行人として……。

一番最近は、7月末に娘とサーカスを観に行った帰り、娘さんとお孫さんと思われる方々と一緒に、交差点でご一緒した。

娘はおばあちゃんに会ったことがないので、いつも恋焦がれている。

そこで、そお〜っと話すと、超喜んで静かに眺めてた。

その方は、とても素敵な感じで……。

まあ、天国の母から娘へのプレゼントなんでしょう〜。

だって発作の2日後の出来事だったから……。

娘にも、体がきついだろうけど「人は命のある限り生きねばならない」と伝えにきたのだと思います。

木毎隆 さんの場合

## 眠っている私の右肩を叩く人

最近亡くなった知人と思われる人が、姿を変えて夢に挨拶に来た……と思われる映像を見たので共有します。初めての経験です。

仲良しだったかというととくにそういうわけでもなく、生前多少気にかけてもらったりしていました（飲み会の席でやたらいじられたり、ちょっとだけよい品のお古を売りつけられたり……）。

昨夜、夜中に右肩を下にして寝ていたのに、右肩をトントンと叩かれたように感じて目を覚ましました。目を覚ましていつもの布団の中にいたので怖くなったが、何かを思い出すかのようにじっと肩の感覚に集中していたら、肩を叩いた存在に関連する情報を汲み取ることができた。

80年代のネオンのような蛍光色の原色で、古代のアジア圏の人のイラストのようなものが浮かんだ。原色で明るく、果物のような甘ったるく、そして原始的な雰囲気が漂っていた。土偶の平面の線画で、これをさらに原色で描いたものに似ていた。

私は夢を見ていたのだと思うが、夢にしては、私が観るような種類の夢ではない。こんな不思議な壁画のような映像はこれまで見たことがない。ある知人がこういう雰囲気が好きな人がいたのを思い出した。というよりも、その人物しか思い浮かばなかった。この夢のメッセージは明確で、翻訳すると「私はこの圏内の人間でした。元気にしてます」かと思った。もしかすると、私はこの知人を介して、この集団と接点を持ったのかな、と思った。でも、とくに私から何か積極的に関われることが思い浮かばない。見守るくらいで。
気のせいか、遊びに来いと言われているらしく、「いつかそんな時があれば少しだけ旅行で行く」くらいのことを話しました。

**董**　私も同じような体験をしたことがあります。亡くなった友人からの映像です。私は昼間の仕事中、机に座ってパソコンを前にそれを見ました。誰からのものか明確に判るのは不思議です。

**松村潔**　たいてい誰かははっきりわかりますよ。相手も、知らせようとしているのだから。

**木毎隆**　その後も亡くなった知人は、寝ている私にちょっかいを出すかのように夢に出てきますが、死後に所属するクラスターの様子について身をもって教えてくれたようで、とても貴重な体験になりました。

晶 さんの場合

## 輪廻とHUB、そして靴の夢

気持ちのよい夢ではなかったけれど、初めてのものがいくつかあったのでメモ。

悪夢というのは、夢の中の感情が悲しいとか怖いといった精神状態の悪夢と、小道具シチュエーション自体が気持ち悪かったり、残酷だったりするという悪夢がある。


---

私は父とどこかへ行くようで、砂利の空き地にある古い車に向う。

車の横にぴったりと寄り添うように、巨大な水袋（直径40センチ×長さ120センチの円柱型水袋）がゴロンと置いてあった。

よくよく見ると、透明な水の中に腸や肺などの内臓がたくさん入って浮いている。

これをどかさないと車に入れないので、私はビビりながら、砂利やドアで破かないよう、後部ドアを注意深く開けて中に入ると、足元には割れた石膏像みたいなものがあり、邪魔である。よく見ると、それは胸像ではなく、内臓が抜かれた上半身が乾燥化し、硬化したようなものだった。

私はそれを車外にごろんと出す、助手席にもあったので出す。

運転するのは父だ。私たちはここを去らなくてはいけない（だけど、私の本物の父は障がい者で、実際は運転ができないから新鮮だった　そして私は、車の夢で後部座席に乗ったことはなかった。幼児の時からずっとそうだった）。

少し行くと、道沿いの古い和風の屋敷に招き入れられ、広い玄関で靴を脱ぎ、入っていく。

この場合、古い屋敷はＨＵＢであるのが私の今までの分析である。

中に入るとたくさん部屋があり、市松人形が詰まった部屋をチラ見すると不気味で少し怖かった。この薄暗い屋敷は横溝正史的で緊張する。

父の前を歩く人は案内係のようで、屋敷の女主人か仲居頭のようなある程度地位のある人らしい。でも、幽霊かもしれない。私は距離があかないように必死についていく。

長い長い、人が一人通れる程の細い廊下に差し掛かる。

両側はほんのり明るい障子で、腕が出てきてつかまれないように気をつけながら、無事に通り抜けられるように通過する（夢の後半はいつも管や線路や滑り台なのでこの細い廊下もたぶんそうだと思う、つまり産道であり、毎日のアセンダントの受肉の儀式のような通過ポイント）。

やっと明るい小さな玄関についた。50センチ四方の小さな勝手口の玄関に着くものの、私たちが履いていた靴は最初の入り口に置いてきてしまい、出られない（靴がないと出られないと思い込んでいる）。

また、正面玄関まで引き返すにしても、魑魅魍魎《ちみもうりょう》が潜むところをまた通過するほどの気力はなく、なぜ懐に靴を入れておかなかったのか後悔しつつ。

そこに脱ぎ散らかされている他人の靴ではなく、「たぶん、あるのでは？」と探った下駄箱の来客用つっかけを父の分と2足拝借して、やっと外に出た。すると案内して先導してくれた仲居頭のガイドの女性が外に出て追いかけてきて、私を呼び止めて新しいよい靴を持ってきてくれた。

そして踵が包まれてフィットする靴を履かせてくれた。

つっかけではするする滑っていざという時走れない。

私は屋敷を出てホッとしたのと、優しさに触れて笑みを浮かべている。

少し先を歩いていた父のようなものは振り返り、少し離れてそんな私の様子をじっと見ていた。

よく見ると黒い人影であって、最初から父ではなかったと気がついて目が覚めた。

最初の内臓や身体は今生の私の物かもしれない。

死んだ後、魂は輪廻していくと信じてきた。でも成仏しているはずなのに魂の脱皮した皮のようなものが残っている場合があって、私が乗った古い薄汚れた車はその皮の部分なのかエーテル体なのかわからない。

屋敷はＨＵＢなのだけれど、今まであまり行ったことのない屋敷だった。

ＨＵＢにしたって、いつものガラス張りのクリスタルパレスのような駅舎やデパートやどこかの基地とは違うので、ちょっと失望しました。

靴はたぶん、業のようなものだと思う。だから人の靴を履きたくなかったのだろう。

そもそも私は来客用のつっかけでよかったはずなのに、そして本当は靴だっていらないはずなのに、いつの間にかにここで輪廻を繰り返しているから、靴がないとだめだと思い込んでしまっているのかもしれない。

新しい靴をシンデレラのように履かせてもらっている時、父のような黒い影のガイドは「靴をちゃんと履くんだね」というエネルギーで私を見ていた。

私は　夢の中では「ありがとうございます」と嬉しかったのに、起きた後は、「なぜ靴を履いてしまったのだろう」と思ってしまった。

直近でみた数本の映画の感想の共通点は、「今ここが楽園で、それは自らの瞬間瞬間の選択でつくること。その一瞬一瞬の積み重ねの中で生き続け、生き抜くことが大切だ」というものだった。それはずっと前から知っていた。下書き線に沿って色を幾重にも重ね、絵を完成させるように、既知に心と血と涙を通わせていく感じでやってきたつもりだ。

水袋に入った内臓と干からびた上半身と古い車は、私の輪廻の中の今の体や心や魂だと思う。

私は靴を脱いでポイントを通過し、裏口に出てすぐ脱げそうになる来客用のつっかけで外に出たにもかかわらず、フィットする靴を履かせてもらった。

体外離脱は、私にとってはグランディングや故郷を求めるような感じがする。

でも、肉体があるのを体験して地に降りる冒険をずっと続けているのだと思う。

そういうことを自覚させられるような夢だった。

父のようなものと仲居頭の女は、私のガイドだと思う。

SMCの瞑想を習った時に、意識の世界で作業室をつくり、そこにガイドを呼んでいる。

そうしたら、いつもの金髪長髪の妖精のようなガイドと、鳥女のような風貌でまったく言葉が通じないガイドが出てきたのだけれど、なんとなくその人たちだろうかと思った。

**Sayaka Kido Imai**　ピナコテーク・デア・モデルネ［ドイツの美術館：編注］で見た絵の一枚に、晶さんのこのお話を思い出させるものがあったんです。背面で合わさった二つの十字架にそれぞれ人が張り付けられていて、それを上空の雲から見物している存在がいる（面白そうな表情）。そして地上では、張り付けられている人に、天使が革製のブーツのような堅牢な靴を差し出しています。普通に考えると意味わからん絵なんですけど、私はこれ、十字架は4元素、二つあるのは2極性、張り付けられた人（あれー!?　みたいな表情をしている）は、2極性の4元素の世界ということで、地球に降りてきた人という意味、見物してるのはガイド（降りなかった自分）、天使が靴を差し出しているのは、グランディングというか、地球へようこそ的な意味かと思って笑ってしまったんです。なんでキリスト教があんなに十字架を重視するのかと思ってたんですけど、そういう意味だったのか、とも思いました。靴は地球生活につなぎとめる何かの象徴なんでしょうかね？　恒星世界に飛び出していきたい時には邪魔になるものだから、晶さんは起きてから履かなきゃよかったと思ったのかな、とか？　何にしろ、靴という共通の象徴が、ことはまったく関係のない人の描いた絵に同じような感じで現れたのに驚きました。

**Sayoko Takeshita**　わたしは最近の夢見で靴を2足盗まれました（笑）。

代わりの靴が出てきたのも似ていますね。晶さんの靴を履くくだりでは、靴も乗り物みたいだなと思いました。そう考えると、移動するときは、靴をちゃんと履くと、確実にどこかへ着けるような感情になります。新しいよい靴って、行き先みたいね。

**晶**　ＳａｙａｋａＫｉｄｏ－Ｉｍａｉさま、絵が目に浮かぶよう。そうかぁとなんだか夢の解釈が深まりました。ありがとうございます♪

子どもの時から靴も靴下も履きたくなくてイライラするのですが、キネシオロジーで年齢退行してトラウマを解除するセッションを習っていた時に、やっぱり靴が象徴で出てきて、そしてだいたい黒いおじさん靴というか（今は占星術を勉強して蟹座の土星っぽいと私は思っています）、私にとってもグラウンディングに関係するのかもしれません。

この夢から覚めた後、履かなきゃよかったと思ったのは、黒い影の人は離れて見ていたから、先導者でありつつも私の自由意志や選択を尊重していたと感じ、来客用の靴でなら私も先導者と同じような立場で自由でいられそうな気がしたのです。

喜々として、たとえフィットした新しい靴をもらったとしても、靴をはくという不自由を選ぼうとする感じが「えええ、やだなぁ」って思ってしまったのですが、きっと体があるまま恒星探索するのも味わい深い体験になるのかもしれません。実物の花と、絵に書いた花、それぞれの感動があるみたいに。

ｓａｙｏｋｏさま、似ていますね！　びっくり！　響き合っているようで嬉しい。ありがとうございます。靴も乗り物……そうかもしれません。

## 狐女

夢と体脱の中間。

数年前です。地下の部屋でパソコン仕事をしていたところ、突然眠くなり、ぱたりと寝てしまいました。

しかし、どうしても終わらせなきゃいけない仕事があって、心の中で「やらなくちゃ、起きなきゃ」っていう感じでいました。

すると、いつの間にか私の頭の横に母が座っていて、あれこれと口やかましくねちこっく話しかけてきました。

「もう、うるさいなぁ！」

思わず放った自分の言葉に我に返り、「朝？　5時!?　仕事しなくちゃ！」と目が覚めて、焦って飛び起きようとすると体が起き上がらない。

それでも一生懸命起きようとすると上半身をおこし首を伸ばし、パソコンモニターの上部にあるデジタル時計を見ると、2：53。

……なんだ夢か。5時じゃなかったし、誰もいない、そもそもいるわけないし……。

と思い、目線をずらすと、こんどは足元に妹が立っている。

「妹ちゃん！」

嬉しくて、わわわわーって話しながら、にこにこ笑うだけの妹を見て、「あれ？」っと我に返る。

「嘘！　ドイツにいるんだからここにいるわけない！」って言いながら、うっすら「また夢か……」と思いつつ、妹の顔を見つめていると、妹の肌が見る見るうちに白くぬめーっと透明感のある冷たい光り方になり、笑う唇がニターっと左右に思いっ切り裂けていく。耳のほうにまで勢いよく裂けていきながら、同時に目と眉は上に引きつっていく。

ものすごく恐ろしく、「わぁぁあああああ」と叫ぶ。

叫びながら「狐？」って思ったけど、少し覚醒していく。

母が出てきて「夢かぁ」っと思い、妹が出てきて「夢かぁ」と思って、夢落ちの２段構えにちょっとぐったりしていたので、一瞬、狐女が怖かったけれど、怖いと思っているとろくなことにならない。ということを経験上知っているので、瞬時に「化かしてるんでしょう！　あっちに行け！」と追い払った。

また、起きよう起きようっと体を起こそうとするのだけれど、金縛りにあった時みたいに起き上がれない。

寒かったからか、無意識にストーブぎりぎりのところで寝ている私の下半身がしっかり見える。

なぜ意識は覚醒しているのに体がこんなにも言うことを効かないのだろうと観察していると、横っ腹の傍にストーブがあり、オレンジ色の光が眩しい。

ぜんぜん起き上がれなくて、どうしようと思っていたら、一筋の白い煙が見える。

私の体はストーブにつく寸前……。燃える！　と思った途端、体がパっと動けるようになり、起き上がれたのです。

そのままさっきの夢と同じように首を伸ばして、モニター上部の時計を見たところ、2：56。


---

たぶん、ストーブが危ないからガイドが助けてくれた。

最初はやさしく起こしてくれたけれど、ぜんぜん起きないし、肉体から脱けているので起きることができない。

間に合わないから、あえて（サービス精神で）怖い形を使って助けてくれたのだと思う。

そうでもしないと私は起きることができなかった。

寒気や鳥肌がたったり、耳鳴りがなったわけでも、怖い嫌な気配もなかったから、そのように思う。

巨大な低温やけどができてしまっていた。

ただの夢だとしても、口がニターって裂けて目が吊り上がった、あの造形は恐ろしかった……。けれど、自分の想像力って捨てたもんじゃないかもしれない。

4番目のおばも霊感が強く、戦争で死んだ祖父の弟が軍服姿で帰ってきて家長に報告しにくるという霊と何度も階段ですれちがったりしている。

また、改装した同じ部屋で寝ていると、足下の壁のところで着物を着た女の人がおいでおいでしてきて、顔を見ると真っ白で狐女だったそうだ。

寝ているのに、招く手に合わせて布団ごとずりずり引っ張られて起きられず、「助けてー」の声も出ず、その時、階下にいた3番目のおばに「助けて」と心の中で呼びかけていたら、おばが二階に上がってきてくれて、「いつまで寝てんの！　早く起きなさいよ！」と胸を叩いてくれた瞬間に金縛りが解け、「助かったー」と思ったたって話してくれた。

ものすごく恐ろしかったそうだ。

その時の狐女と同じもの？

よくわからないけど、私はもうむやみに怖いって思うのはやめました。

ガイドは私を護るためなら、天使にも幽霊にもどんな形にもなろうとするのがわかりました。

これは見えないものでも見えるものでも同じだけれど、
自分にとって穏やかなサインの時に気づけるようでありたい。

## 招く指

あるお盆の日、昼間にやたらとうつらうつらとしてきて、ちょっとだけ……と思い、ベッドに横たわって寝ようとしたところ、夢うつつの状態で目を閉じているのに、階下や家のまわりで何がおきているかわかる状態に神経がはりめぐらされている感じでいました。

体脱を試みる気はなかったので、好機はそのままにして、眠りに落ちようとしたところ、眉間の上のあたりの「第三の眼」とよばれるところが、眼を閉じた暗闇の中で光ってきて丹光がだんだん形になってうごめいてきました。

立方体やピラミッド型にして体脱にもっていく気になれず、「眠いから寝ます」とアファメーションをして無視して寝落ちしようとすると、その光の形がだんだん手のように変化してきて、指がうごめいているのがだんだんわかってきました。

外国人の手招きのように掌を上にして、ゆっくりと指で招いています。

それに気がついた瞬間、私は金縛りになりました。

目線も動かせない金縛り。

眼をそらせないで、じっと見ているしかなく、よくよく見て感じてみると、私のおでこの真ん中から糸がでていて、その糸がその手招きしている手の中に吸い込まれています。

お盆だったこともあり、ちょっと雰囲気も怖かったので、「あっちの世界に引っ張られる！」とパニクってしまい、一音一音絞り出すようにお経を心の中で言いました。

金縛りはとけてホッとしたのですが、好きな金縛りと怖い金縛りがあって、好きな金縛りは「チャーンス！」って思えるのですが、そうじゃないとちょっとやっぱりひるんでしまいました。

あの時のは「そんなに体がいらないなら、いいでしょ」と言わんばかりな感じがして、拒んでしまいました。

今なら、また違うのかもしれません。

一緒にどこかへ遊びにいったり話しかければよかったと思います。

**髙野尚子**　わかる！　怖い金縛りとそうでないのとある。ラップ音も怖いのとガイドなどが存在を知らせるのと2種類あるよね。

**晶**　ラップ音もそうですね。私のガイドは無視し続けてると写真立てや小物を動かしてくるので、「わ、わかりましたよ……」ってなります（笑）。

**髙野尚子**　そういえば、昨年、Airbnbという民泊システムを利用して、千駄ヶ谷のあるマンションに泊まったのですが、ラップ音がかなりひどかったのです。誰かドアを開けようとしてるのではないかというくらい、ガタガタして。

先日、不動産の事故物件のサイトがあるというので、見てみると、なんとそのマンションと隣のマンションの間で管理人が◯つりをしていたとありました。思い出すと怖いです。

**晶**　えー、怖いですね。その人が来たのか、そこが通り道なのか、なんなんでしょうか……。

**松村潔**　管理人の首つりというと、あの墓場の前の坂がある向かいの物件か。墓場の側の坂の降りたところに、わたしの事務所がありました。そして近所には、おばけトンネルが。

**髙野尚子**　ご存知でしたか！　そこです。先生の昔の事務所の近くだったのですね。そして、例のおばけトンネルの近く……。どうりで変な感じでした。かなりガタガタとけっこう派手なラップ音が聞こえました。でも、（知らなかったせいか）怖くて眠れないというほどではなかったです。

**松村潔**　あの管理人がどうして死んだのか、理由はわからなかった。直後に、ビルの中にあったアンティック店は、すぐに出て行きました。

**髙野尚子**　そうなのですね。ビル全体暗い雰囲気がありました。宿泊者のフィールドバックもあまりよくなかったです。何かをみんな感じていたのでしょう。そういえば、泊まっていた時に、「わたしはここから脱出できない」って男性の声を聞きました。その人の声だったのかな？

**松村潔**　あの一帯はかなり特殊な場。

**Sayuri Tokito**　晶さん、質問よろしいでしょうか？　まるでポルターガイストのように、ベッドがガクガク揺れ、腰から抜けてしまいそうになるのですが、そのようなご経験はおありでしょうか？

**晶**　起きている時にはないのですが、夢うつつの時に何度かあります。私の場合は精神的に覚醒しろと促されたなと思う時と、いたずら的な感じ（この人は見えるからやって見よう的な霊？　あっちからのサービス精神）がありまして、ベッドがガクガクして、「あ！　地震だ！　おっきい！　やばい！」と飛び起きたら地震でもなく、部屋のまま見えているのと同じような夢なのか抜けてるのかみたいなことはありました。体脱する時には、体からけっこうな振動を感じるのですが、それとも違う感じでした。

**Sayuri Tokito**　ありがとうございます。わたしのケースも同じような感じです。右横を向いている時に起こりやすく、振動に流され、腰から持って行かれる感じで、グッと踏ん張っていると左足をつかまれる。これは誘い？　晶さんのコメントを読んでいるとそのような気になりました。

実は昨年恒星に行き過ぎて、日常生活に支障（やたら舌を噛む、脚をぶつける）が出て来たので、少し控えているのです。

恒星はあちらからは働きかけてこないという先生のコメントがありましたが、中間的な非物質の誘導と思えば、少しトキメキますね。どうせなら美味しいディナー付きでお願いしたいところです。あちらで何度かご馳走になりましたが、味がないのが残念でなりません。このような話ができる晶さんの存在が嬉しい限り。

**晶**　こちらこそありがとうございます。頭がおかしいって言われないので、それだけで本当にハッピーです。

身体をぶつけるの、すごくわかります。ふだんからぶつけ気味で、知らない痣がよくできているのですが、昨年は、恒星探索のしすぎで車をよくぶつけてしまったり、赤信号で行ってしまって捕まったり、昨年は思いがけず散財がありました。

たまに味があったり、香りがあったり、美しい絵を観ることがあり、えもいわれぬ恍惚な体験があるのですが、なかなかそれは訪れてくれなくて……。

現実世界でカケラでもいいからと追体験を求めてしまいます。

**松村潔**　まあ、わたしは朝起きたら、なぜか手から血が出ていたりして、あれ、これなに？みたいな体験はわりにあるかな。

**Sayuri Tokito**　生傷が絶えませんですね（笑）。そうだ！　先生！　以前、5足の蜘蛛が糸を伝って降りてきて、私の手の甲にとまり、緑の泡をブクブク吹きながら皮膚の下に浸透していったのですが、あれはいったい何だったのでしょうか？

**松村潔**　エーテル物質の装置では？　エーテル体に食い込んで、溶けていき、その後、スイッチオン。エーテル体の世界では、機械というのは半ば生き物です。情報発信してるよ。

**Sayuri Tokito**　あちらからも、こちらからも情報発信していると思っていいでしょうか？

**松村潔**　四次元以上の世界で、一方的なものはないですよ。することはされること。

ちなみに、手だけが体脱したとき見えた、わたしの指についていた巨大な指輪も、緑色でした。それはアルシオンがつけた発信装置。というか、捜索ビーコン。

**Sayuri Tokito**　PCやiPadを開けた瞬間、そこにほしいメッセージや指示が表示されるのですが、要するにそういうことですね。これは月の受容力を高めると、さらに受信しやすくなる類のものと思ってよろしいでしょうか？

**松村潔**　月の受容力を高めて、月と水星のパスである［19］太陽のカードのパスを強めるのがいいです。すると月のものは言語化されるわけだから。

**norikom**　何日か前に天井につきそうなぐらい大きい黒い影の人に左足つかまれて連れて行かれそうになり、久しぶりに怖かったので、こちらの体験を読んで落ち着きました。

## わたしの見た夢

変性意識ではなく、ただの夢かもしれませんが、
いつも寝る前に行きたい恒星を設定し、黒曜石を見ているのですが、いつの間にか寝ています。
そんな感じの中で見た夢の話です。

●空港
大きな空港。複合施設。とても大きなビル。長い階段、エスカレーターがある。

エレベーターに乗った時に、私の隣には背広を着た背の高い男性がいた。

エレベーターはガラス張り。

一番上に行くと、扉が開き、ミニスカポリスのような美女4、5人がいた。

その美女たちはスラッとして皆同じように見えた。

「お母さん！」と美女軍団が言うと、隣にいた男性が「待たせたわね」と言い、エレベーターを降りていった。

私は「貴方がお母さんだったのですか？」というと、男性は「ふふふ」と笑い、美女たちと消えた。

その階には会議室のような部屋がたくさんあった。

そのビルには洋服屋もあり、その奥にはシャワールームがある。

私はとても汗だくで、疲れていたのでシャワーを浴びたり、地下にある食堂でご飯を食べたりした。

食堂のおばさんがいつの間にか松村先生になっており、ほほえんでいる母性的な松村先生を見て、先生のキャラがいつもと違うと思いながら、私はお味噌汁を飲んでいた。

そのお味噌汁はとても美味しかった。

その空港には大きな本屋さんがある。

私はたくさんの本を選んでいて、持ちきれなくなったのでレジで預かってもらっていた。

戻るとほとんどの本がなくなっている。

とても焦って、残っていた本を見ると、黒くて分厚い古い本だけだった。

「よかった。この本が残っていて本当によかった」と、私は大事にその本を胸に抱きかかえていた。

空港でもらったレシート。たくさんの文字が書いてある。

アルファベットのある1文字が何度も打たれていた。

チップ？　データーをうめられた。

自立した存在。

この世は夢。

顔の半分にキラキラした物がついていた。

●黒くて小さいおばあさん
おばあさんが死にそうなのでと、部屋に呼ばれる。

おばあさんはたくさんの装置をつけられ、横になっていた。

医師らしき人が、「貴方の部屋で亡くなりました。この部屋がよかった。あなたの受信機ですよ。抜け殻は受信する」と言ってきた。

私はこのおばあさんとよく川を散歩をしたり、空港でお茶をしたりもした。

おばあさんは足が疲れたというので、私はよくおんぶしたりもしていた。

このおばあさんは子どものように小さくて肌は黒い。

●会議

丸い円卓が真ん中に置かれた会議室。

今回は私が音に敏感すぎるということが問題になっていた。

会議室にいた人から、「もうすぐ来ますから」と言われ、誰かを待っていた。

「今、来ました！」と言われ、扉を見ると大きなフランケンシュタインのような男。

脳がむき出しで、パーマをかけるときにつけるヘルメットのような物をかぶっていた。

そのヘルメットはまるで呼吸しているように収縮していた。

男にはたくさんのコードが繋がれ、銀色の点滴スタンドのような物を押しながら部屋に入ってきた。

私は「これはとてもやばいのが来た」と思っていた。

男は私の左横に座り、私をじっと見つめた。

目は真空のような感じ。ブラックホールが広がっている感じで、目を見ていると恐怖心は消えた。

突然男が口をあけ、口を近づけてきた。

口の中もブラックホールのような感じで、掃除機のような感じもした。

男に両肩をがっしりとつかまれ、体は硬直し、動かない。ずっしりと重い。

嫌だと思い顔を背けると、私の左のほほにずっと男の顔があった。

その後、目が覚めてからは2、3日ほど左耳がひどく痛かった。

●小さいころによく見ていた夢

レインボーの色とりどりの丸い光でできた階段を、影に手をひかれ登っている夢。

とても楽しくて、上まで行くといつも影は消えてしまう。

それがとても悲しくて、目覚めると「ここはどこ、私はだれ？」状態で、一時、孤独感が消えなかった。

●丸い球体

そこにはたくさんの船があった。私は船を持っておらず、その場所でただ浮かんでいた。

初めは私を私と認識することはなかった。

浮かんで空を見ていると、次に空から見ている景色に変わった。

そこで丸い楕円のような球体を確認する。

次に景色が変わったときに私なのだと認識する。

夢から覚めると、漠然と怖くなった。

この恐怖は形容しがたいのですが、あえて言葉にすると、終わりがないということがわかったような気がしたからか。

今まではもう地球には生まれて来たくないなーとか、肉体は持ちたくないなと思っていたのですが、結局、遊びに来ていたのだということが腑に落ちたというか。

目に見える景色に少し色がつき始めたような感じ。

夢から覚めてしまう前に、眠りにつくのだということ。

**高野尚子**　ミニスカポリスの美女軍団は、晶さんや川蝉さんが書かれていた金星のハピネス軍団と通じるものを感じて面白いです。
黒くて分厚い古い本を私はトゥバンで見ました。それぞれそういう本がどこかに置いてあるのかもしれないですよね。

**Chiyokolto**　それぞれそういう本があるのでしょうね。おもしろいです。置きっ放しにしていたくせに、とても大切な本みたいでした！

# 恒星探索

## Chapter 7

光ですら何万年もかかる彼方の恒星へ
感情体ならば一瞬で到着する。
その恒星は天文学的な概念を越えた
意味と象徴の故郷である。
それは、わたしたちの人生を変えることも。
そんな旅の記録をご紹介しよう。

## ファーミウミルファーアルファー



星の影響で変性意識に入りやすい日だったので、トゥバンとビンデミアトリックスに恒星探索をしてみました。

深いレベルに入ると身体の一部が勝手にビクビクと動くのでそれがサインになるのですが、その日は、それに到達するのが速かったようで、星の影響だろうかと思いました。

誘導にしたがい、３Ｄダークネスでターゲットに飛ぶやり方をしたところ、ダークネスの一部が、部屋の中のあるポイントで濃厚になり、圧迫感のある塊が斜め前に見守るようにいるのがわかりました。

これは、霊がやってくる時の様子に近いです、空気の一部が密度が濃くなるように感じたり、硬水のミネラルウォーターコントレックスを口に含んだような肌触りの違いを空気に感じたり、スライムのような粘度のある空気に変わる時があり、それは私とは別の意思をもった見えない存在がいるサインです。

恒星探索の始まりにこのような介入があったのは初めてで、３Ｄダークネスに初トライしてすぐ楽しい手応えがあり、嬉しくなりました。

この時の探索で、ダウンロードしたものはいろいろあるのですが、探索を終えようとしたところ、最後に「ちょっと待って」と引っ張られるように何かを伝えてきた感じがして、それをここに書きたいと思います。

絵ではなく音だったので、雲から形を見出すように拾える音をつかもうと試みると、ペルとかパルとかの音とファーミウミルファーアルファーという音が拾えました。

探索を終え、いったい何を伝えたかったのだろうかと、拾った音の中から目星をつけて、ネットで「ミルファ星」で検索すると、ペルセウス座のα星ミルファクだとわかりました。

ペルパルの音、ペルセウスとアルファーもちゃんと拾えていたのです。

本当にある星だった！　とワクワクしたものの、どこかで見聞きした言葉が、上がってきただけかもしれないし（私は自分に起きている不思議現象に喜びながら頭は冷めて疑い深いところがあります）、「ミルファクだから何なの？」と思い、ミルファクはパランもへリオセントリックでもかすってはいないので、astro.comで恒星ファイルからミルファクを選択し、ネイタルチャートで表示してみると、私のドラゴンテイル（セレス合）にミルファクが重なっていたのでした。

なので、テイルは前世に関係するので、ミルファクに個人的に縁があるのを伝えてきたのかなと思いました。

ミルファクには散開星団もあるので興味深いです。

恒星探索って面白いです。

**高野尚子**　恒星探索、面白いです。晶ちゃんの書き込み読んで思い出しました。

探索を始めたころ、夢を見ました。白っぽいシルバーのドーム型の円盤のような建物を見たのですが、その星の名前はアルフェと言われて、調べるとアルフェラッツという星があったので、そそこかなーと思っていました。

それから勉強して、アルフェラッツの意味を知り、アンドロメダ座だと知った今、とても縁がある星だとわかりました！　縁があるのを伝えてきてたんですね～！　思い出させてくれて、晶ちゃん、ありがとう！

**晶**　よかったですー。

わたしはまだミルファク自体の意味はわからないのですが、自分で調べたいなと思います。ミルファクに探索するか、トゥバンのアカシックでミルファクとの繋がりを調べるか。

恒星探索、面白いですね。

## 三重連星から電話番号を聞かれた

Emika Kurata さんの場合

先日の3月3日のひな祭りに一泊で伊勢へ行きました。その日は快晴で夜、友人たちと五十鈴の河原で天体観測をしました。

春の大三角形を探していると、オリオン座の両肩付近を流星が横切り、友人たちは歓声をあげました。

旅館では豆電球をつけて就寝となりました。

私はもちろん目をつむっていたのですが、ほぼ意識がなくなる寝入りばなに、まるでペンライトを瞼に当てられたようなまぶしさに何度か眠りを中断させられました。「何だろう？」と目を開けて確認しても、豆電球のオレンジ色がぼやっと部屋を照らしているだけ。瞼をパチパチしては、おかしいなと思いつつもその夜は寝てしまいました。

朝方でしょうか。印象的な夢を見ました。

友人たちと旅行でこの旅館に泊まっていることは、現実世界と同じなのですが、どうも隣の部屋には男性が3人で泊まっているらしく、朝食が出る大広間に降りて行くと、その男性たちがなんとなく私に声をかけたそうな雰囲気でした。

　朝食が終わり、彼らを先頭に私も部屋へ戻ろうと階段を登る時に、私より一段上にいた男性が振り向き、「ずっと僕たちの部屋へ呼ぼうと思っていたんだ」と言われました。

　振り向いた顔立ちは、肌の色がココア色の長身で、何となく外国人かハーフかなと思い、「どこから来たのですか？」と尋ねると、「エリダヌスです」という答えが。「へぇ～」と言うと、そのエリダヌスから来た男性に電話番号を聞かれ、０９０……と、私も何となく教えているという夢です。

　階段での立ち話なので、その男性の向こうにもあとふたりの男性がいるのですが、ほぼココア色の彼に重なるようにいて、顔立ちなどはわからなかったのですが、ふたり目は白人のような気がしました。

　印象的な夢なので帰ってからエリダヌス座をいろいろ調べてみたら、オリオン座の隣にあるんですね。地球にかなり近いらしく（10・5光年）、エリダヌスは川とのこと。

　神話を読むと、神と人間のハーフのフェアトンが父である太陽神アポロンに会いに行き、天の馬車に乗りたいと許しを得たが、乗りこなせず暴走してしまい、地上が太陽の火車で焼かれるのを見かねたゼウスの雷によってエリダヌスの川に落ち、死んでしまったそうです。

まるで天界から墜ちたアントロポス神話みたいだと思いました。または、やんちゃ狼藉で高天ヶ原を追放された素戔嗚《すさのお》のような。

伊勢の五十鈴川での天体観測が、そんな神話を想起させたのかなぁと思います。

エリダヌスの星座の南の果てにはアケルナルがあるのですが、九州南部〜沖縄以南でしか見られないそうです。

一番驚いたのは、エリダヌスの中で、O2／ケイド（ケード）という恒星は赤色で白色矮星を伴星に持つ三重連星だったことです。

だから、階段の立ち話はココア色の男性に重なるようにあとふたりいたんだと思います。しかも白人らしき人が。

五十鈴川はエリダヌスの川（恒星世界）に繋がっているんだわーと、思いました。

寝しなのペンライトの光は一体何だったんだろう？　宇宙からの合図？　今回はとくにまぶしかったです。最近自宅でも眠りそうになる時、頭の上あたりに電気を点けられたような光が瞬くようなことがあります。いわゆる第三の目が開きかけているのかとも思いましたが、とくに日常生活での感じ方などは変わらずです。

黒曜石は映像が見えるようになってきました。

暗くして部屋の中で座ってみていると、空気中に小さな光が発光していたり、素早く横切ったりしています。

まだ寒いせいもありますが、変性意識や体脱やり過ぎなのか、体温が下がり、日中でも34度3分になってしまい、どうしたものかと考え中です。

**晶**　三重連星のくだり、すごいわくわくしました！　恒星と川が繋がっているんですね。電気がついたとか、爆発したような音と光で目を開けたら真っ暗ということが続き、激しい頭痛がひどく、脳手術の夢もあったりして、脳外科で検査したのですが、何もなく、あとから第三の目だと言われました。体温も血圧も低くなりますよね。

**Emika Kurata**　晶さんは、脳外科で検査されて何もなかったんですね。それを聞いて安心しました。体温もまるで変温動物か、このまま冬眠できそうで。私も頭がよく痛くなるのでたまりません。

三重連星……古代も、こうやって星の成り立ちを変性意識で普通にキャッチしていたんだと、リアルに感じました。恒星から電話番号を聞かれて、なんか嬉しいです。

## スピカのジャズ

一昨日、二度寝しようと思った際に、変成意識に入れそうな感じになったので、自分のジオ火星にパランしている「スピカ［乙女座の恒星：編注］に行く」と思った後に見えたものです。

青紫の透き通った海の、水面ギリギリを飛んでおり、ときどき海中に入ったり水上に出たりしながら飛んでいました。

しばらくすると、視界全体が灰色の石板になり、その上に図形や記号のようなものがいくつか現れました。丸や三角などの単純な図形が重なったものがいくつか変化していき、その後に記号が見えました（起きた後で調べてみると、甲骨文字の中にそっくりのものがありました。この記号は以前バイノーラルを聴いた時にも見えました）。

映像が切り替わり、アメリカの白人ふうの家族（5人くらい）が笑顔でこちらを見ており、軽い挨拶という感じのメッセージが届きました。バックで、モダンジャズのメジャーコードの定番の締めのような音楽が、ピアノオルガンの音で大音量で流れていました。

夢の中で音楽が大音量で流れることは今までほとんどなかったのですが、ここ数日、「スピカを探索する」と考えて見た夢では、知らない曲（歌詞付き）が大音量で流れたり、ライヴの夢を見たり、ギターを弾いたりと音楽関係のものが多いです。

スピカに関係しているかはまだわかりませんが、ご報告まで。

**高野尚子**　スピカは芸術との関係など言われているので、もしかすると音楽はその絡みなのかもしれないですね。

**You**　はい。まだ探索もままならない感じで不確かなことが多いのですが、繰り返し行ってまた何か見えたらこちらで共有します。

MW さんの場合

## アクルックスの聖家族

アクルックス［みなみじゅうじ座の恒星：編注］に行きました。

乗り物に乗って移動している。宇宙空間？

ドーム状の丸窓から、白っぽい土が見えると思っていたら、木星のようだった。

窓の前の座席には、向かい合うようにして座っている金髪で北欧人風の美しい４人家族の姿。６〜７歳くらいと、３〜４歳くらいの女の子、20代後半くらいの若くほっそりとした女性は肩を越えるストレートヘア、涼やかな美貌の持ち主で、腕には１歳くらいの赤子を抱きかかえている。

若い女性が母親なのか。

初めは赤子も女の子かと思ったが、聖家族、聖母子像のように見えて、男の子かもしれないとも思う。

白い生地に刺繍を施した、民族風の裾の長いワンピースを、皆身にまとい、さらに、子どもたちは、同様の生地でできたつばのない帽子を被っている。

到着して、空飛ぶ乗り物（エアカー）から降りる。

あたりは、白っぽい土が露出した空間。

降り立った４人の姿がある。

菜の花のような、鮮やかな黄色い花の長いトンネルを、サーッとくぐり抜ける。

春の（？）お祭りが行われている。

透明な樹脂でできたような、白く輝く円錐状のツリー（？）があり、雪の結晶が連なってできたようにも見える。その上のほうに真紅のリボン状の輪っかが王冠のように掛かっている。高さは３ｍくらい？　もっと高いかもしれない。とてもきれい。

そのツリーを囲むように、歌い、輪になって踊るたくさんの人たち。

その周辺ではご馳走がふるまわれていて、テーブルに座って酒を飲んだり、食べたりしている。誰もが、民族衣装っぽい白い筒袖の服を着ていて、祭りを楽しんでいる。とても賑やかだ（でも、なぜか、幻のように薄い存在感に感じられる）。

その様子を４人が立ったまま見守っている。

場面が変わって、青々とした葉をつける巨大な木。楠のような葉をしているが、木の肌は百日紅のようにつるつるとしている。

木の向こう側は、芝生のような草でおおわれた、切り立った崖のような急な斜面になり、村（町？）の様子が眼下に一望できる見晴らしが広がる。

日干しレンガを積み上げてできたような茶色く四角い建物の家並や川、ところどころに緑が見える。

振り返ると、ツリーと、お祭りをしている村人たちが遠くに見える。

途中、私がこの目で見ているのか、印象が遠くて気がかりになり、重力ベストのダイアルを回す。ガイドの車掌さんもどこにいるのか、いても遠い気がする。

最後に、絵に描いたように火が燃えあがるイメージがアップで見える。

以上。

終わってから、４人家族はアクルックス以外の南十字星の星の化身（神的存在）かもと思いました。とにかく、聖性を感じる存在だったのです。

## アゲナ

２００５年に見たビジョン（夢の神殿でヒーラーとして働いている）が三次元占星術と繋がり、恒星探索にするうちに、ガイドとの繋がりが出てきたという話です。

三次元占星術では、ヘリオセントリックを使いますが、その地球ポイントにアゲナという恒星があり、トリマンとセットでケンタウルスの足を示します。傷を負うこと、それを癒すことというセットで、アゲナはどちらかというと傷ついた側を意味している、とのことです（松村先生の『三次元占星術』より）。

最初にアゲナに恒星探索したのは、２０１４年8月の松村先生の講座の時。初めて行った時、とても重苦しかったです。とても嫌なイメージばかり。その場では言いづらくて言わなかったけど､破れたスカートとか､女性として傷つけられたイメージが湧いてました。

その時は重苦しいとだけ伝えたのですが、松村先生が「何回も行ったら変わるよ」と言われたので、その後自分で何回も行っていました。

でも、何回行っても、重苦しい感じが抜けない。一度、松村先生に尋ねたら、「トリマンが癒してくれるのでは？」と教えてくれたので、トリマンにも行きました。トリマンは、アゲナとセットの星なのですが、傷ついたものや間違ったものを修正するという働きなので、教育や啓蒙、正しい知識を与えるのです。

確かにトリマンに行くと、気持ちよかった！

初めて行った時は、夏の日のキラキラした日差しの中、道場の門の前に立っていた。道場の名前が木の看板に書いてあるのだけど、その文字がフェニキア文字っぽく、なんだか読めない。そこにいるだけで気分がよくなりました。今思えば、強くなるための道場の門を叩いた、みたいな感じなのかな？

それで、再びアゲナに行きました。すると、前の重苦しさは少し減ってる。でも、やっぱり苦しい感じがしていました。

正直びっくりしました。最初に三次元ホロスコープ講座でアゲナが地球ポイントと関わっていると知ったとき。「またか」という思いと、「やっぱり逃れられない？」という思い。アゲナはトリマンとのセットで、ケンタウルスの足。その傷の部分を示す。その（間違った考えによる）傷を修正するということで、医者とかヒーラー、教育や知識に関係する、と。

ケンタウルス族にはキロン（ケイロン）がいますが、傷ついた癒し手のアーキタイプ（元型）としてあげられています。ギリシャ神話では、クロノスがピリュラへの思いを妻のレアに知られまいと、馬に姿を変え、交わったため、キロン（ケイロン）は半人半馬の姿で生まれてきてしまった。ピリュラが我が子の怪物のような姿に怯え、捨ててしまったのをアポロンなど神々が育て、芸術（とくに音楽）、医学の知識と治療に優れた人になったと。しかし、治療する際に誤って毒矢で自ら傷を負い、その毒に苦しみ続けた。あまりにも苦しかったので、不死身だったのをゼウスに頼んでプロメテウスに譲り、死を選んだ、と。

アスクレピオスの夢の神殿でヒーラーとして働いているというイメージ。これは10年以上前にトランス状態で見えたイメージで、これがきっかけにヒーリングの勉強を始めましたが、このアスクレピオスも、傷ついた癒し手のアーキタイプなのです。アスクレピオスは、アポロンとコロニスの子どもと言われていますが、コロニスが妊娠中に不義を働いたため（カラスによる誤情報だったという説も）、アポロンが矢でコロニスを射殺したが、火葬の際に死んだ母親の胎内から我が子を取り出した。それがアスクレピオスです。そのアスクレピオスを育て、医術を授けたのが、キロン（ケイロン）なのです。「キロンが代表する医術は、治療者自身が自分の傷に苦しむことで得た治療の知識にほかならない」と、

『医神アスクレピオス』（ケール・ケレーニイ著）にも書かれています。

そもそも自分がカウンセラー（臨床心理士）になろうと決めたのも、自分が不登校になってから。

そして、ヒーリングの道へ進もうと思った一つのきっかけも、父親が現代の医学知識では適切な治療を受けられず、副作用にずっと苦しんでいたから。

自分が過去からそのときどきで選んできたことは、まさに地球ポイントと重なる恒星アゲナが導いてきてくれた。

三次元ホロスコープはそのことを的確に示していた。恒星は長く続く夢や希望を表す。おそらく過去世からもずっと。

でも、だからこそ、重苦しい感じがあった。それは、傷の部分も受け入れなければいけない、ということだから。

自分がずっと選んできたことが、まさにアゲナに導かれていたと三次元ホロスコープの講座でわかり、びっくりしたのと、どんよりしたのを感じ、中級講座でアゲナに行って、ますます重苦しくなり……それでも何回も行ってました。トリマンの助けもあってか、少しずつ軽くはなっていたのですが、やっぱり重かった。

そして、不思議なことに、三次元ホロスコープ講座の後、アゲナのテーマが現実場面でも浮上するような出来事が起きてきました。

アゲナは間違った考えのために傷を受けているのですが、とくに男女という二極化による傷を表すことがあり、性的な事柄に関しての傷や屈折も多いのです。私自身過去にそういう危ない目に遭ったことも多いですし、仕事柄、そういう方に会う確率も高いのですが、講座以降、それがより顕著になってきました。そんなとき、加害者の側に立ってしまった方が来られたのです。同じ女性として被害を受けた方々にはもちろん共感できる、でも加害側の男性に共感なんてできない！　と。でも、話をよく聞くと、その人の中にいろんな誤った思い込みがあり、相手を傷つけるつもりはまったくなかったこと、とても後悔していることなどを語っていました。

その時ふっと思ったのは、自分自身が輪廻転生（私は当たり前に信じていますが）する中で、当然男だった過去世もあり、もしかしたら、この人のように、意図せず相手を傷つけてしまったこともあるのではないか。覚えていないけど（誰でも都合の悪いことは忘れがち、ていうか普通、過去世のこと覚えてないか！）、そんなこともあったかもしれないと。だったら、私にはこの人を裁くようなことはできない。こんなふうに、男女の二極化を乗り越えるため、考えさせられるような出来事が浮上してきたのです。ま〜、しんどかったですね。こんなこと、日々感じ、考えて過ごすのは。

それでもコツコツと、ときどきアゲナに行っては具合が悪くなる……を繰り返していました。

2014年12月の講座でのアゲナ探索でも、やっぱり具合が悪くなった。少しはましにはなっていたけど。大きく違ったのは、アゲナの前に行ったアクルックスで、助けを得られたことかもしれない。

アゲナとトリマンは、ケンタウルスの足で、ヤコブの梯子（神への階段）の最初の場所と言われているそうです（『三次元占星術』より）。ヘミシンクでいうと、フォーカス35へ向かう入口らしいです。

アクルックス南十字星ですが、このヤコブの梯子の床の部分。階段を上がるときに、足をかける場所。宮沢賢治の「銀河鉄道の夜」では、神への階段の入り口はサザンクロス（南十字星）だと書かれているそうです（同じく『三次元占星術』より）。

これもでき過ぎじゃないかと思うのですが、夢の中やヒーリングを受けてトランス状態になった時に、階段から落ちるイメージが出てきて、足が動いて、はっと目が覚める経験が何度もありました。5〜6歳の時に実際階段から落ちて、しばらく階段恐怖症だったということもあるでしょうけど、自分ではどこかの過去世ではきっと階段から落ちて死んでしまったのに違いないと思っていました。

「恒星はたいてい神話的なものや夢、あるいはガイドのような形で擬人化されることが多いので、一度接触すると何十年でもそれを忘れません。このいつまでも忘れない願望は、その人を浄化する力でもあるといえます。発熱すると身体の雑菌は死にます。そのようにこの願望がノイズを焼いてしまうという現象が起こるのです」（『三次元占星術』より）

この言葉の通り、自分が追い求めていた夢は、傷ついた癒し手というアーキタイプ、アスクレピオスという形で、ずっと前から自分の中にあったことがわかった。「願望がノイズを焼いてしまう」と書かれているが、アゲナに行ってからは、何かにでも駆り立てられるように、その方向へ進んでいこうとする自分がいる。どんなに気持ち悪くなっても、何度でもアゲナに行く。実際の現象として、アゲナ的な傷を持った人が多く現れて、自分の心も一緒に揺さぶられることになっても、能動的にそれ向き合い、能動的にその夢を受け入れる。これが恒星の力を引き込むということなのかもしれない。そして、浄化の力となるのかもしれない。

ずっと感じていた重苦しさが変化する転機の一つが、アクルックスへ行ったことのように思える。ケンタウルス（アゲナとトリマン）と共に、次元上昇のヤコブの梯子の土台を作っている。アクルックスでは、四元素の不足がわかるらしいが、その中で見えたものがアゲナの時に役に立って、少しは軽くなったと感じた（こんなふうに、別の時に見えたものが、違う時に現れて、助けてくれたりすることがある気がする）。

もう一つの転機が、ヒーリングだ。アゲナのエネルギーを受け取れるように自分でセルフ・ヒーリングをしてみた。その後にアゲナに行って見えたイメージが面白かった。

自分でアゲナにうまく繋がれるように、ヒーリングをやってみた。自分が学んできたヒーリングを応用したものだけど、こういう感じかなと直感的にやったのが、功を奏したのか、その後のアゲナ体験で変化が起きた！

ヒーリング後にアゲナに行って、そこで見えたのは……。

ものすごくデッカイなめくじだった。私の身長をはるかに超える巨体なめくじ。

しかも、まつ毛が長くて、妙に色っぽく「自立～（って何よ）？」と言ってきた。

「こんなんいたら、重苦しくもなるわ～」と自分で納得しつつ、はて、どうしたものかと？　なめくじ星人として大切にすべきなのか？　でも自立するなとか、なんか変じゃない？

と自分の中でいろいろ考えが廻った。

あー、でも、自分でヒーリングやった時に恒星のエネルギーはまっすぐだったよな。

自立するなって、恒星のエネルギーとは違うよね。

そういえば、松村先生も埴輪星人が腰の治療をさせてくれというのをふりはらったとか書いてたよね……。

ということで、塩をかけました！　なめくじには塩ですよ。やっぱり（笑）。

塩で溶けていくのと同時に、それまで感じていたアゲナでの重苦しさが軽くなっていくのがわかった。

デッカイなめくじが溶けていくと、女性の姿が現れました。

水の中で眠っている女性。

で、この人をどうしようかな～と思いつつ、水の中で眠らせたまま、放置しました！

ここまでが２０１４年末にやった作業。

ずいぶん軽くなったものの、またこの女性がなんか言ってきたらいやだな～と思って。

つまりは、まだその女性にも向き合える感じがしなかったのかもです。

たぶんこの女性は本来の姿に戻ったのではないかと後から思いました。

それが途中からおかしくなって、なめくじのようになっていたのだと。

ま、考えたくはないけど、自分の一部がそうだったんでしょうね……。

２０１５年2月に東京であった講座で、再びアゲナにチャレンジしました！

そこで見えたのは……。

年末に放置していた水の中で眠っている女性。

その人を起こすと、バレリーナのようにくるくるとまわり始めました。そして、その動きで筒のようなものができ、ここで意識が断絶。そして……。

木の階段で左側に黒い針金のようなものがあるが、今回はここをうまく通り抜けられた！　というビジョンと実感！

すごくすっきりして、思わず講座中にワーワー騒いでしまった。

だって、何回も失敗していたのがやっと成功したという実感があったから。

それはきっと過去世でもチャレンジしてきたことなのではないかと感じて。

「29回ものつらいフライトを繰り返して……」と以前、夢で言われたこともあるし。

とにかく、アゲナ達成です！

「また何回も行って確認してみるといいよ」と松村先生が言われてたので、その後何回か行ってます（笑）。

でも、あの重苦しい感じはない。風景があっさりしている。

まだまだ行ってみようと思う。

恒星へ行くことで、自分の内的な変化が促される感じがあるから。

自分が本来やろうと思って降りてきた地球での目的により近づく感じがあるから。

## 星人たち

最近は星人がよく視えます。
アークトゥルスはホイミスライム。
初めて視た時はタコと勘違いしました。
どこの人（生物）かわからないけど、最近は白いニョロニョロ。
その前にこだまをたくさん視たので、関係あるのかな？
トリマンはペラペラの一反木綿みたいで、顔はないです。
アルフェラッツはドラゴン。
ドラゴンは虹になりました。
シリウスは犬が多いけど、αは単数でβ（ですか？）は複数。
しかも複数の時は襲われて逃げ惑いました。
ラスアルハゲは薬草ばっか。
アジェナは赤い土と赤い山しかない。

竹内紫恩さんの場合

一昨日からは、手から白くてきめ細やかな糸みたいのが出るようになりました。前から寝る時のリラックス状態で、手からなんか出てるなあと思ってはいたものの、可視化できるようになったらしいです。

去年の8月ごろにプラネタリウムに行き、シリウスを見ました。

南十字星があったから、日本の空じゃないかも。

シリウス見たら、音もなくて寂しそうで、あんなとこで一人ぼっちで待ってるとかごめんねって思い、上映中ずっと泣いてました。

泣いてる時に、エメラルドグリーンのオーロラが視えて、「大丈夫だよ」と包んでくれて、そのでっかい愛が懐かしく感じて、結局ずっと泣いてました。

ガイドとかはよくわからないけど、最初に視たのはクツミさんでした。

今はサンジェルマンさんが強いです。

モリヤさんとは合わず。

同胞団は剣をもらえると聞いたので、モリヤさんにお願いしたのですが、僕はまったく相手にされなかったです。

でも剣がなかったので、サバイバルから離脱できました。

物事の順番とかもさっぱりなので、ソロモンさんにお願いしたことがあったように思います。

僕は順番わからないから、順路を出してください、お願いしますって。

そしたらちゃんと順路が現れるようになりました。

とりあえず宣誓をするのかな？　と思った時に誓いを立てたのは、サンジェルマンさん、ヒラリオンさん、セラピスさんでした。

宇宙とは100％の信頼でしか成り立たないところがあるので、自然にコール＆レスポンスしてます。

えーと。

僕の右側には黒い牛と黒い鳥がいて、僕の左には白い馬と白い梟がいます。

頭には鷲がいますけど、シンボリックみたいな感じです。

仮面の目だけのやつみたいな。

装飾が金の鷲っぽい。

一昨日は右に隠者が来て、左を愚者が飛んでました。

……なぜ来たのだ？

あ、僕専用（？）のアークトゥルスがいて、マットって名前です。ルマットのマットです。

あ、ひどい。

今、頭に乗って、鷲仮面で遊びだしました。

ホイミスライムそのものなので常にニヤニヤしてます。

楽しそう。

こういうのが起こるようになったのは、昨年のスーパーウルトラムーン（でしたっけ？）の時ぐらいに、太陽と月と地球が一直線に〝通った〟と感じてからです。

今は他の惑星も一直線上に通った感覚があり、そのピタっとかカチっていう感じの後にまたそれぞれ動き出すみたいな。

パピルスじゃなくて、ダヴィンチコードに出てきたカチカチする小さい樽みたいなやつ。

あんな感じです。

いったんは正しい場所に行ってハマる、みたいな。

で、自分の中でサバイバルを終わらせる時に、今までの神7（仮）を七福神にしました。

ＡＫＢみたいな神7なら秋元さん的なプロデューサーがいるかもと気付き、ｎｅｗ神8

になりました。
神Pはダルマと天狗です。
表と裏があるらしいです。
神話は苦手ですが、僕自身はホルスが強いように感じています。
さ、寝よう。

**川蝉**　ドラクエファンなので、私もホイミスライムに会ってみたい。

**竹内紫恩**　マットはミニを増産して、ミニはスライムです。そしてミニが増えすぎると、いつの間にか踏んづけてしまい、転けそうになります。
とりあえず、このコメントにミニを忍ばせておきますね（笑）。

**川蝉**　先日４歳になった息子もドラクエファンなので、あとで見せてみます（笑）。息子には見えるかもしれない。

**竹内紫恩**　もし見えたら、いつの間にか増えるのはちょっと注意ですね。
転ばないように……（笑）。

# わたしの変性意識への入り方

## Chapter 8

変性意識への入り方も人さまざま。
音、光、闇、波、絵画、水晶、踊り……。
人それぞれに探索し、それぞれに工夫し、
それぞれのメソッドを持っている。
あなたも変性意識に入ってみたいのなら
この章の人たちの体験に学ぶべし。

吉田結妃さんの場合

## 音、水晶、スキー、整体

1　音。マインドウェーブのシータ波。最近あまりシータ波だと入った感がなくなってきてしまい、最近はデルタ波です。10分ぐらい。

向こうの世界にいつの間にか入り、気づくと今に戻ってしまうを繰り返しています。向こうにもう少し長くいたいのですが……。

2　水晶も見ていると視点が変になってきて、頭の脳内がパッパッに満ちる感覚になります。30分ぐらい見てるとそうなります。ただ音も一緒に使うので単独ではないです。

3　スキーをやっていたとき、真っ白な世界で直滑降で滑り降りると一瞬、天国にいるような……そんな感覚を味わっていたと思います。

4　術者のエネルギーにもよりますが、整体・クレニオ・ボディワークなど受けていると変性意識になりやすい。

5　水晶と関連しますが、見るときの眼球の位置を意識することで変性意識になれると最近感じます。気功で目を奥にひっこめるというのを聞いて、それは松果体とかそのあたりを意識することだなーと思いました。これはまだ実験中。

**松村潔**　また黒鏡制作と販売するのはどうですか。ちょっと凝った、外の側も作ったりとか。
**吉田結妃**　5角形とか7角形とかですかね。
**松村潔**　エーテル体は確実に図形に反応し、それを意図とみなすので、画像の方向性を決めていくということになる。わたしがいきなりスピカに飛んでしまったのは、へそに六角形を描いたので、それがマカバに化けたらしい。マカバは胸に描くと、身体を壊す人が激増するらしい。トランス状態になると図形が強烈に働きます。
**吉田結妃**　黒曜石ってヤバイ歴史なんですか?
**松村潔**　いまでも手術のメスには使うし、戦いでは使われていたし。割ると、すごい鋭いでしょ。冥王星的意味が強い。なので、『クリスタルジャーニー』の著者は嫌がってる。
**結井さくら**　私はあの割れた断面が大好きです。あの断面ならいくらでも見ていたいと思いました。黒曜石の鏡はまだ買っていないのですが、本当はかち割りの黒曜石に惹かれます。以前、かち割りの黒曜石で少しだけ練習したことがありましたが、うまくいきませんでした。眺めるなら、やはり磨かれたもののほうがよいのかな、と思いました。
**松村潔**　黒曜石だと、わたしはよく多数の虫の足みたいなのを見るけど、水晶でそれを見たことなんて一度もない。虫脳を刺激するんだと思う。

**吉田結妃**　そうか、切り裂くようなエネルギーでもあるんですね。

**松村潔**　見る目的によって使い分けるのがいい。水晶、黒曜石、黒い鏡。

**髙野尚子**　この見る目的で使い分けるのをもう少し教えていただけますか？

**松村潔**　ジョン・ディーは、天使の交信には水晶球。未来を見るのに黒曜石と区別していたらしいけど、わりと現世的な、同じ次元の横滑り情報は、黒曜石のほうが得意なのかもしれない。黒い鏡は、歴史を背負ってないので、なんにでも使えるリーズナブルなもの、という感じもある。このあいだヤフーの画面がくっきりと見えて、驚いたけど、水晶でヤフーが見えるとは思えない。水晶球を見ると、何か色とか雰囲気が、わたせせいぞう的になっちゃうんです。わたしの場合。よく船も見るし。でも現世的になりにくいかな

**吉田結妃**　変性意識には何の図形がオススメなんでしょうか。六角形ですか？

**松村潔**　ジョン・ディー式にいえば、周辺からの影響から防衛して閉じるには五角形で、より上位のものを持ち込む形かな。でも、もともとは召喚は六角形。で、わたしとしては、取り替え式もありかな、と。試しに、身体のまわりに、そういう図形を描いて、呼吸法して瞑想して、どうなるか確認してみるといい。

## 星や花や波やカキーンという金属音や



私はもともとすぐにボーッとしてしまうタイプの人間で、酔っ払ってはいない素面なのに、どうやって帰ってきたのか憶えていないことがしょっしゅうで、あらためて変性意識っていうのはなんなんだろうかと知ることができたら、自分の生活が変わるのではないかと思っています。

幽体離脱での体験があまりに気持ちがよすぎて、それを自由に再現できるようになれば欲望がなくなり、相対的な幸福を求めることもなくなると思いました。世界平和に繋がると信じて熱心にやっていたことがあり、そのせいでいろいろ自分なりに工夫して試していたので、どれが、というより複合的なチャンポンで変性意識に入るという感じです。

星や花や波を見ると入っていってしまいます。

または雨の日のワイパーでも。

体脱の練習を熱心にしていた時は、日常生活がすべて体脱するために、脱けやすくするために五感から認識するものをバラバラにしようとすることをしていたので、その癖で気を抜くとすぐに軽く変性意識状態になってしまうのですが、たとえば水たまりに落ちる雨の波紋の点滅を見ているといっちゃいます。

河口近くの川ぎりぎりの遊歩道を歩いていると、視界の端に1／f ゆらぎ的な水面のうごめきとそこに反射する光の点滅。歩いて前に進んでいるのに、水面の流れが逆に動いていると脳が誤作動してきて、進んでいるのかとまっているのかわからなくなっていきます。この時点で変性意識の深いところに入っていて、自分が粒子みたいに拡がってしまっているような感覚になっています。

そういう状態で、不意に遠くの工事現場で鉄筋がカーンって鳴ったり、金属バットのカキーンっていう（要するに金属の響きを利用して体脱の練習もしていたので）複合わざで金属音がカーーーンって響くと、粒子の体が音の響きで振動してしまい、体脱しそうになって、わあああああってなってしまいます。

そんな感じで　気を抜くと脱け気味になってしまいます。

**松村潔**　四柱推命では漏らす星は食傷星で、これは外に漏れていく体脱にも関係しやすいと思いますが、晶さんの場合、これを強烈に止めてしまう印星があるので、それが、抵抗勢力になるのですが、出ようとするときに邪魔されるというのはありますか。月の身体が5ハウスで、木星と合だと、自分の一部を子どもとして吐き出すというようなイメージで、これを土星がブレーキかけるというのが、食傷星に対する印星みたいなものと似ているかもしれないけど。

**晶**　食神3つ偏印二つのことですね。体脱で出ようとした時に邪魔されて、それがもとでやめたということが一度ありました。

自分の一部を子どもとして出そうという時に、8室蟹土星のブレーキは私にとっては意識しづらいようです

端的に言うと、「よかれと思って」というのを採用したりか、自ら「信念体系に則すならば」という形で自分でブレーキというか、急に引っ込み思案になる感じがあるような。

でも今年の年運や来年からの大運を今あらためて確認したら、いろいろ思うところありました。

**のり和良**　なかなか体脱できませんが、一つには印星も影響というのは初めて知りました。これは相生、相克のお話でしょうか？　印綬、正官、などお堅い配置が並ぶので、それで体脱ができにくいのかと思いました。占星術と違って全柱意識って聞いたことないですが。

**松村潔**　体脱が、イメージとして外に飛び出すというものに警戒する人はたくさんいます。

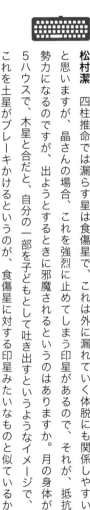

この場合、違う世界に同調する。違う世界も全部ここにある、と思うのがいいです。三次元では空間差異、時間差異がありますが、より上位の次元に行くと、これは無化されます。

**のり和良**　先生ありがとうございます。乙女座も強いので、今気づいたのはこっちの世界での何者であるってことにこだわりが強かったようです。それは単に一つの名刺がわりで、より上位ではこの名刺は通用しませんね。

**松村潔**　それより、この世界で一つの分野で成功しないといけないです。それを達成すれば、リラックスして飛べます。十牛図で言えば、第七図の達成。これによって、H24が三つ揃います。

**のり和良**　ああ、そうなりますか。避けて通れない。やっぱり。

**晶**　●飛びやすい音　音楽

金属音全般

ハング

薩摩琵琶

フレームドラム

ディジリドゥ

トランス　テクノ　2ビート等の電子音

機械の音

トランスやテクノで飛べるらしいと聞き、そんなに好きでもないのにひたすら聞いて、そこその脱け具合を得ていた弊害で、ヘルニアや頭痛の検査のためにMRIに入った時に、機械音がテクノに聞こえてきて、それと電磁波による相乗効果で、「ここはどこ？　わたしは誰？」という忘我になってしまいました。

また、チョコレート工場でバイトした時も、チョコレートの甘い香り、インダストリアルテクノのような機械音、チョコレートの中に入れるオレンジ色のゼリーがベルトコンベアで高速に流れて行くという色の点滅、そして私が手を機械的に動かし続けるという反復的有酸素運動の五感の複合技により、動いている自分が爪の糸巻きで、意識が離れて行って爪のようにどんどん上空にいってしまい、異様な集中状態になってしまって、ベテランの人に「疲れないの？　すごい速いわね！」ってものすごく褒められたのですが、すぐにヘルニアが悪化して1日でだめになりました。身体をどうも無視しがちになります。

●バイノーラルビート（恒星探索時に使用）

上手にレベルに入れた（神経と意識が離れていったような感じに突入し、恒星に指標を定める私にとっての好機）時がわかりやすい。

うっすらと聞こえている周囲の自然音（空調や建物の外の車の音など）や自分の体に響く呼吸の音が、レベルに入るとバイノーラルビートのパルスにあわせてストロボフラッシュのサウンド版みたいに変わります。

すーー　はーーー　が　スッスッスッスッスッ　ハッハッハッハッハと勝手に途切れ途切れに音だけが変わります。

呼吸が蒸気機関車のように聞こえる感じです。

そのスッスッスッスッスッ　ハッハッハッハッはやがて、体の細胞一粒一粒に響いて反響している感じに聞こえてきます。

そして私ははみ出た意識も肉体も、点描画のようになった風にうっすらと遠いところで認識してきます。

それが合図みたいで便利だなぁと思います。

この状態で恒星に管を刺すか、スクリーンに名前を表示させて飛んでいきます。

ストップモーションの光や音にあわせて自分がバラバラの粒子になり、面白いなぁと思います。バックグラウンドの音楽はすべて0にします。

砂嵐は、荒野や砂漠や中東やエジプトをひろってくるし、波の音は海辺にという感じで、探索始めの呼び水にはなるのですが、海王星要素を減らしたいのでパルスだけにします。

**松村潔**　体脱は世界平和をもたらす、というのがフレーズとしていいと思います。

**晶**　ありがとうございます。心からそう信じているので、勇気を出して言葉にしたので、嬉しいです。

## 分断睡眠

1　10代から20代後半までは分断睡眠をすることで簡単に変性意識に入ることができました。日中寝て夜再び寝るときに体脱していました。当時は肉体が動けないのに頭が冴えている状態が不快でした。あの時もう少しリラックスしてその感覚をさらに広げればよかったと思います。

2　今のところ、私はヘミシンクを使用しても変性意識に入りにくいです。しかし、F15から高次のエネルギーを繋がることのできるルートがあるらしいです（非公式情報ですが）。自分の場合は、F15を数日間聴き続けて、合間に上級F12を聴いてから寝ると、高い確率で非日常的な明晰夢を見ることができます。

ヘミシンクや呼吸法で変性意識に入るノウハウには非常に興味があるので、これからもさらに探究していきたく思っています。

## 変性意識をめぐって想うこと

自己想起の方法と逆みたいですが、私は一時期、人がたくさんいるところへ行って、「あの人は私」「この人も私」と繰り返すことをしていました。

多くの方が、ふつうに何度も経験されていると思いますが、なにかを成し遂げようとしているときに、人や物の動きも含めて、環境が総がかりで手助けしてくれるような状態になることがあります。フィクションでは使えないくらい、都合よくまわりが動いていくことは、珍しくないと思います。

相手が善意でしてくれるのか、悪意を持っているのかは、どちらでもいいことでした。私のことを知らない人が、まったく別の意図で動いていたのに、私が動かしていたとしか思えないようなことがありました。そのとき実現されようとしている結果のほうへ、みんなが私を連れて行こうとしていたのだと思っていました。ゴールがはじめから決まっていて、みんなスケジュール通りに動いているような気がしました。

そういうことは、学生時代からもありました。そのような流れがあるときは、何か、今まで埋もれていたけど、浮上したいものがあって、自分はそれに都合がよい、型が合うもので、出口か、または通り道にされているのだと思っていました。

何度も続くと、どこかの時点で、「まわりの人は、みんな自分の操り人形なのではないか」「そして自分も」という感覚になります。「人間は一人だけ」も「これは私の意志ではない」も、通過点というか、そこで止まるところではなくて、そのままだと、何もできなかったので、その状態と、ふだんの状態と、行ったり来たりしていました。

ある場所を訪れたとき、「○○に会いたい」という強い気持ちが湧きました。涙が出てきてよくわからないことになって、実際に声に出して言いました。四ヵ月ぐらい経ってから、その人がその場所に来ました。私がその場所に行ったことを、その人は知りません。その人は、私に関係なく、個人的な興味で、その場所を訪れただけです。はじめは、願いが遅れて叶ったのかと思いましたが、そうではありませんでした。

「会いたい」ではなく、「なんか会えそうな気がする」のほうが正確で、その人がそこに来ることを知っていたから、そう思ったんです。私はそこで、四ヵ月後の時間に触れていたのではないでしょうか。どんな場所でも、願い事は、好きにできるわけではなくて、もうすぐ実現しそうなことしか願えないようになっているのでは。そういうときも、通り道になっています。

物質からはみ出すもの、今ここではないところにアクセスするために、特定の場所やライブに行ったほうがうまくいくというのはおもしろくて、逆戻りみたいです。はじめの段階だけで、慣れると、そこへ体を持って行かなくてもよくなるのでしょうか。

今年［２０１６年：編注］の夏の相模原の事件に気を取られていたのもあって、H24はどうしても仕事を通して獲得しないといけませんか、と思っていました。「仕事の能力や経済力ばかりが、なぜ重視されるのか」という反発は、いまあちこちで、たくさんの人が持っている気持ちであって、私の気持ちではなかったかもしれません。時代や場所が、そのようなルールになっているなら、ライブに行くようにそれを体験したほうが早いですか。

視覚にこだわらないといけないですかと思っていたときもありました。いまはそれが大事だと考えるようになっています。

物を見ても、物しか見えないようになったことは、転落の象徴みたいです。そこから転落したのなら、そこを通って上がっていくのが、正攻法かもしれません。仕事の能力、経済力だけで測られる、そのことによって落ちたのなら、やはり、そこから上がることがとても大切であるのかもしれません。

ふだんの生活で、コミュニケーション能力の基準や、集団的なものに対する反発の気持ちが起こっても、それは自分の気持ちではなくて、たくさんの人がいつの時代も抱えているものが、どこからか流れ込んできているのかもしれないと考えるようになりました。そのあたりは、どうしようもないことですが、仕事とはどういうものか、集団、コミュニケーションとはどういうものかといった定義は、書き換えることができます。

私が石を買うお店の人は、石と話すことができます。花とも。私はまだできません。それは、物を見て、物しか見えないことと関係していると思うので、意思のやり取りができる対象の範囲をもう少し広げたい。「広げたい」ではなくて、「もうすぐ、コミュニケーションをとれる対象の範囲が今よりも広がって、それが普通になりそう」です。iTuneやSkypeみたいにもう驚かれるものではないけど、縁がない人には縁がない、ぐらいの「普通」でしょうか。

広がっても、楽しいことばかりではないかもしれません。むかし、松村先生の本で、鉱物は鈍いから、加工されて痛いと思うのに数年かかるかもしれないと読みました。黒曜石はずっと前から持っていましたが、そのことが気になって、鏡ではなく、原石そのままのものを手に入れていました。それで改めて、丸い鏡になっているものを買いました。何を思っているのか聞きたいですが、やっぱり怖くて重い気分になるでしょうか。

石や花などは話せる人には話せる、それを聞くと、丁寧に扱わないといけないような気持ちになります。一部の人にであっても、言葉や何かで訴えることができるものは、ある程度、丁重に扱われます。でも、本当にあたりまえなんですが、現時点の段階で意思の疎通が取れるかどうかということを、扱いの基準にはできません。

変成意識と関係ないかとも思いましたが、その範囲が広がることと同時に進行するのでしたら、身のまわりのものを意識して扱うのも、方法の一つになるでしょうか。意識しなくても、稽古を繰り返すうちに、自然にそうなりますし、そもそも、基本条件でしょうか。

**松村潔**　自己想起の方法と逆ではないです。というのも自己想起は、個人が個別に捕まえられているものから離れることです。つまりは個人という幻想から離れていきます。

**三橋佳奈子**　そうでしたか……。ありがとうございます。

## 石を使う

私の場合は、黒曜石にしても、水晶にしても、石のまわりにもやもやが見えるところまでです。1~2度、はっきりとした映像が見えたことがあります。

それはシリウスａ探索の時に見えた、ドーム型の窓のある基地のようなもの。それから、4月からの9月末までの予定を聞いた時に、コーヒーカップに豆がたくさん落ちてくるというもの。

それ以外は、石を見ていてだんだん眠くなってきて、一瞬目を閉じた時に見える映像や音（言葉）が多いです。

ただ言葉のほうが出てきやすいようで、もやもやを見ながら聞こえることもあります。

今日久しぶりに水晶でやってみてもやはり同じような感じでした。

声で「他に何回か見せて」。

一瞬目を閉じて映像が。ストレートヘアの女性。その人の舌の上に歯がのるような形ではえていて、歯間が緑色（つまり歯が横に生えてて舌の上なので、歯としての機能はまったく果たしてないですね。今振り返ると）。

男の人の声で「あー、声が聞こえるんだね、君は。小さいころから聞こえるんだね」と。

小さいころから聞こえていたとは思わないのですが、変成意識に入ったときは聞こえやすいのは確かです。

内容については意味がわかりません（笑）。

歯が立たないということなのかと、今ふっと思いましたが……。

## ホーミー

シナモンさんの場合

19歳のころ、モンゴルのホーミー唱法を知り、頭がぶっ飛ぶと聞いて練習しました。ぶっ飛ぶって何？　どうなるんだろう？　と2カ月くらいやっていたら、割と大きな倍音が出せて頭蓋骨に響くようになりました。

ある日、練習していたら、頭がクラクラしてものすごく気持ちよい、多幸感に包まれて立てなくなり、ベッドにも上がれず、床で、「バイト行かれない〜。これ何だろう〜。ヤバいのかも、アハハハ〜」という状態になりました。

今でも、考えすぎやフワっとしたい時にたまにやります。

余談ですが、地下鉄内でやると、出す声は聞こえず、倍音だけが通るので、たまに周囲の人が「何の音？」とキョロキョロするのがちょっと楽しいです（笑）。

## 現代美術と変性意識

今日、ミュンヘンのピナコテーク・デア・モデルネという、最近の画家の作品ばかり集めた美術館に行って来ました。Emil Nolde、カンディンスキー、Franz Marc、パウル・クレー、Karl Hofer、Max Ernst、マグリット、ダリ、Joan Miro、Willem de Kooning、Cy Twomblyなどの作品で、強く変性意識の存在を感じ、非常に面白い体験をしました。

芸術には何にしろ変性意識領域の影響はあると思うんですけど、今日見たものは、影響というより、そこでの体験や知覚を直接描いてるように思います。とくに2000年代に入って描かれたものの中には、二極化の世界に足を踏み入れたことや、「四元素に捕まった！」みたいなことを描いたかなり直接的なものもあって、それはほんとに笑えるほど直接的というか、率直な表現なんです。

私はEmil Noldeの海の絵が好きなのですが、今日見た彼の絵の中には、明らかにシリウスとアフリカ系部族との繋がりのことでは、と思われる絵や、他の恒星との繋がり（アルクトゥルス？）を思わせる絵もあり、そういう絵も描いてることは知らなかったので驚いて固まってしまいました。図録に載ってなかったので、絵のタイトルが確認できないのですが……。他の画家の作品にも恒星の影響はそこかしこに見られました。

そういう、強く変性意識の影響下にある作品の前に立ってじっと眺めていると、ある時点で俄かに視界がボヤけ、絵がいきなり枠からはみ出すというか、拡大してその中に入り込んでしまうような現象が起こります。こういうのは、たとえばモネとかゴッホみたいに、抽象じゃなくて風景みたいな具象を描いてる作品でも小規模に起こることではあるんですが、今日見た現代の画家たちの作品だと、かなりタロットパスワークに近いような感じになりました。これだけたくさんの現代絵画を一気に見たのは初めてなので、この体験には驚きました。

もともと変性意識を描いてる作品だけに、中に入るといきなりすぐに恒星の世界や、かなり濃い変性意識下での、並行現実とか多次元領域のようなところに飛びます。つまり、絵を見て絵に同調して変性意識領域に入っているということなのですが、皆様、同じような経験のある方いらっしゃったらどんな感じかお聞きしたいです。

**晶**　ピナコテーク、私も行ったことあります。すごいコレクションですよね。羨ましい。カンディンスキーやクレー、好きです、ミロも飛べます！ｓａｙａｋａさまがおっしゃるように絵はそれが楽しい。

　自分に同調しやすくて、飛べれば絵の題材や好きなテイストじゃなくてもかまわないと思う時があります。それと私は絵を見るときに、サインや筆の跡を見てるとスイッチが入る時があって、この絵の前に同じように立っていた作者がいたのだなとありありと感じて、作者の筆圧や筋肉や息づかいを感じて入ってしまうんです、タイムスリップするみたいに。

　なので、絵の具盛り盛りの筆跡もいいのですが、サム・フランシスのような一瞬で迸る感じというか、集中して一気に入魂された跡のような一筆描きのものも作者の変性意識に同調する感じですきです。

　私が今まで忘れられないのは、モディリアーニの裸婦で、じーっと見ていたら肌から蒸気が出ているような暖かさが感じられて、自分も暖かくなり、胸が高揚してきて、デフォルメされた女性が本当に実写の女性になったみたいにそこに出てきて感動しました。

　しかし、恒星そのものの影響を感じながら見た経験はありませんでした！　それはまた素敵な鑑賞法になりますね。

**Ｓａｙａｋａ Ｋｉｄｏ Ｉｍａｉ**　晶さん、同じです！　作者の筆圧や筋肉や息づかい……。私はモネとゴッホで一番そうなります。初めて同じ体験をする方のお話を聞いて、だいぶ興奮しています（笑）。私は、裸婦ではルノワールでかなりそれを感じました。肌の

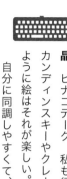

熱と肉の存在というか。なんというか、画家が「何を」描いているのか、画家の意識に入り込み同調して、ありありとわかるんですよね。焦点がどこにあるのか。モネは光の画家と言われていますが、あの人は確かに光とか大気とかから宇宙的なエネルギーを降ろしてきた人だと思うんですが、初期の作品だと自分でそれがわかってなくて、自分がこうも描きたいと思うものがいったい何なのか、風景を描きながら模索してたり。絵の前に立ってると、やはりある時点で中に入り込んでその風景の中にいたりします。作者が何をとっかかりにして変性意識に入っているか、何を意味した体験なのか、同調して追体験するという意味で本当に絵画は面白いです。でも、恒星を感じたのは私も初めてでした!

**晶**　わあ、同じですね♪　私もたいへん興奮しています。ゴッホはとくにそうですよね。彫刻も、指跡や削った時の集中の一撃がこもっていて感じるのですが、ゴッホの絵の具の厚みにもそれを感じるというか、遠目で見て、近目で見て2度楽しい。

もともと幻想的な絵が好きなのですが、ルドンの花の絵が好きで、高校生の時は机の前にずっとそれを飾っていました。花はまわりがぼわわっと光っていて見つめていると意識が広がってしまう。それをルドンの絵を見るとスイッチが入るというか、癒されます。

絵は絵の前に足を運ばないと感じられないけれど、音楽は問答無用に繋がって感じさせてくれますね。音楽はいいなぁと思います。

だけれど、絵を見て感動するように、自分のまわりにあるものをいつもそんなふうに見ていたいものだなと。

恒星を感じる絵という視点、ほんとうにありがとうございます♪　できるかどうかわからないけれど、楽しみが増えました♪

**渋谷**　シャガール、オススメですw（ベタ?）。絵じゃないけど水族館もいいです。急に心ここにあらずみたいになります。

**Sayaka Kido Imai**　渋谷さん、シャガール、一回だけ本物見たことあります。あれも完全に変性意識の体験の作品ですよねえ。数枚じゃなくて大量に見てみたい……。水族館、わかる気がします。すごい水深の深い水槽の中を下からじーっと見上げてると、いきなり絶頂体験みたいのが訪れて世界がやたらキラキラ光り出したことがあります(笑)。

**渋谷**　大量に見ると飲み込まれるかも。なんか捕食されたような気分になるw。

**三橋佳奈子**　ロベール・クートラス（Robert Coutelas）展を見に行ったとき、変成意識には入れなかったのですが、帰ってから、知り合いが、背骨に沿ってひんやりする軟膏のようなものを塗ってくださる夢をみました。トリマン探索をしたときの体験と似ていたのですが、クートラスはヘリオでもパランでもトリマンとのつながりが見えず……、関係はまだよくわかりません。

**Sayaka Kido Imai**　その夢、興味深いですね。三橋さんのその体験も、絵画から変性意識に繋がった体験ですね！　クートラス、今ネットで改めて見てみると、確かに恒星の意識だなあと思いました。

**三橋佳奈子**　トリマンのこと、少し補足しますと、私はそのとき、犬をたらいに入れて洗っていました。犬は水に濡れるのが嫌いなのですが、洗うのは背中だけだからと説得してしんぼうしてもらいました。背中以外の頭などを洗おうとすると抵抗しました。

クートラスの後の夢では、自分がベッドの中で背中に薬を塗られていました。お風呂に入って髪を乾かさずに寝てしまったのに、髪型がよい感じに整っていました。そして髪を自分で切っていて、耳の横のあたりの髪型が変になってしまったと、薬を塗ってくださっている人に愚痴を言っていました。

トリマンでは、犬の首輪が二重になっていて、ゴムの首輪が古くなって毛皮にこびりついていたのを取ってしまいたいと思いました。切った髪はその首輪なのかもしれないと思っています。

夢では自分が手術されることはあまりなかったのですが、自分の母やよそのお母さんが手術されているところを横で見ていたことが何度かあります。自分を洗うかわりに犬を洗っていたのをその経験と重ねて考えていました。

**松村潔**　ヘリオ、パラン、ともにある日、ある時に生まれたという座標をもとにしています。つまり身体的なもの。身体から離れたところでの魂とか霊というのを、身体側から正確に捉えることはできない。そこで魂が特定の恒星と結びつき、それは地球的身体とは関係していないというケースは、もちろんありますよ。というか、このあたりのは特殊事情がたくさんあり、身体の選びかたが適切でなかった人さえいますよ。あるいは魂が、複数の身体に重なっていることもある。身体からとる情報を複数から受け取っている場合、違う身体の情報も、やってくる。

**SayakaKidoImai**　松村先生、ありがとうございます。私のヘリオやパランの理解と同じでした。身体の選び方が適切でなかった例など興味深いですね。ボーネルの本にそういうことが書いてあった気がしますが、あんまり頭に入っていません。それとも勘違いか……。

**松村潔**　急ぎすぎて、選びかたを間違える人もいます。

**SayakaKidoImai**　松村先生はそういう方の実例をご存じですか？　お知り合いの方や鑑定にいらした方など……。

**松村潔**　ずっと昔、ほとんど親友の人がいて、一緒にいろいろしてましたが、これが典型的な間違い身体かな。生活力もほぼゼロでした。自分は金星から来ていると言ってた。

**SayakaKidoImai**　身体が合わないと生活力ゼロのような感じになるのですね。他の人から見て明らかにこれは間違い身体だ、とわかる特徴のようなものってあるのでしょうか？

**松村潔**　そもそも生きるのがとても苦しい。

**SayakaKidoImai**　その一言がガツンと来ました。生活力ないとか、生きるのが苦しいとか、自分に当てはまっている気もします。高校、大学の時はピークでした。今はある程度落ち着いたので、身体間違えたというよりは、身体に慣れるまでの苦しみだったのかなと思いますが……。

Yuki Nagata さんの場合

## チャクラに圧をかける

わたしのやっている呼吸法は、各チャクラに圧をかけ、そこから気を出していくやり方です。

第2チャクラに圧をかけるのが一番やりやすいと思います。逆腹式呼吸（お腹をへこませながら腹式呼吸）をして、お腹の気圧を高めていきます。すると、息を吐いたときに丹田から気が出てきます。

そこから、第2チャクラの回転の勢いを借りて、第1、第3、第4、第5……と回していきます。

変成意識に入りたいときは、過呼吸気味に一気に第7まで回します。

そうすると、意識が冴えた状態のままトランス状態に移行できるので、瞑想がしやすくなります。

## 椅子の背もたれの布張りがスクリーン

石以外でビジョン視したことを書きます。

仕事の打ち合わせ終わりでクタクタになり、ある珈琲店へ入った日のこと。

その時期は働きづめで楽しむものが少なかったので、なんとなく向かいの椅子の背もたれをキャンバスにして想像で絵を描いてみようと思いついた。そこの椅子は、少し起毛したモスグリーンの布張りがされており、光の具合で濃淡ができていた

ボヤーッと見ていると、おかしな生き物にみえてきた。目が花弁の猫、勲章をつけた猛禽類、大砲、歪なカラス、よくわからないもの、そんな流産した映像たちが次々と見えてきて、「なんだか面白いぞ」とそのまま見続けていると、着物がはだけて、髪の毛もざんばらの奪衣婆のような老婆が風に煽られ、こちらに向かって何かを怒り叫んでいる映像がずっと見えた。老婆はなかなか消えず、椅子の背もたれは渦を巻いていた。

この時は水晶透視に似たことを知らずにやっていたようです。

似たようなものは、黒っぽい木目のトイレのドアでも見えます。

## バリ島の踊り

水晶や黒曜石も毎晩使用していますが、以前にくらべると気忙しい日常を送っているので、長時間見続けることが難しく、短時間で出たり入ったりするためにいろいろと試しています。

20歳のころからバリ島の踊りをやっています。そのバリ舞踊の首の動きだけをゆっくりとやります。実際に踊る時には足を踏む↓それが腰に響く↓その結果首が振れる、というイメージなんですが、その動き全体をイメージしながら首だけを動かす。8の字に近い動きになります。動きながら身体の内部全体のつながりを感じる瞬間があります。その時、生命の樹のビジョンを見ます。この動きで呼吸法の時間が短縮できます。一緒にガムランの音を聴く時もあります。音があるほうが入りやすいように思います。

場所としては、毎日のように乗る地下鉄の構内で網の目のグリッドを頻繁に見ます。それを利用してすっと入る。電車が来るまでのほんの数分の間ですが、かなり濃いビジョン体験をすることが多いです。時間がゴムのように伸びていると感じます。

この網の目グリッドはお風呂に入っている時、バスタブにもよく見ます。

竹内紫恩さんの場合

## 変性意識体験史〜その1

僕の母は箏（こと）の師範だったので、物心つく前から弾かされてました。

小さいころの変成意識だと、部屋の壁や天井が急にすごく遠くに感じて、目の前にいる親も遠くに感じて、話してる（叱ってる）声も遠いので、怒られて気にすることはなかったです。

あとは練習や本番ではゾーンに入ってしまうので、抜けグセがあったのかもしれません。あるあるなんですが、ゾーンから戻る時の「あれ？」って瞬間に間違うんですよねー（笑）。

中学生の時に初めて金縛りにあって、その時に見たのは、電気（就寝時なので小さい豆電球だけついてる状態）のオレンジの光が人の形の輪郭をしてる真っ黒い人がいるのを見ました。すべて真っ黒でコナンの犯人みたいなんです。ベタ塗りみたいな。

だから目とかもないんですけど、覗き込んで見てるなっていうのはわかりました。

そこからはけっこう、見えるようになりました。

高校生ぐらいから、クラスからは浮いてしまって、よく学校サボって本屋でオカルティズムやスピリチュアリズムの本を読んでました。

ハマったのは普通に藤原新也さんでしたけど、『印度放浪』や『西藏放浪』は世界観を広げてくれたように思います。

そのころは後を継ぐ継がないで母との関係も悪く、学校で企画したショートホームステイで夏休みの1ヵ月をアリゾナで過ごしました。そこで初めてグランドキャニオンを見て、人間の悩みなんてちっぽけだなあと感じました。その感覚がずっとあったので、ヘリオリーディングをしていただいた際にスッと入れた気がします。

言語的にも同じ言語ではないほうが、一生懸命に話したり聞いたりできるので、それは今のメッセージの送受信に強く作用してます。シンプルに送信して、そのままの形で受信する感覚です。変に翻訳しようとすると離れてく気がします。

ミラクルやシンクロにはなるべく声も体も使って挨拶します。グッジョブみたいな。

軽い感じがいいみたいです、僕の場合は。

20代半ばぐらいでたぶん、1回逝きかけました。

僕は意識なかったのでわからないんですが、薬剤投与後に徐脈したようです。

その時に四方を、白に近いグレーの修道服を着た薄い人たち（一反木綿が修道服着てる感じ）に囲まれて、戻れ戻れみたいにＮＧ出されました。

先日の探索では、この時の人たちがトリマンにいる人たちに似てたので、とりあえずお礼を言いました。

大学も音短大も続かず、箏からも離れて、さて何をしようと思ってから始めたのが脳の勉強でした。そのころにアスペルガーと診断されて、「そもそも脳ってなんだ？」という疑問から入りました。

勉強すればするほど、脳の個性をひとまとめにして画一的な対処を文字で述べる意味のなさが実感できました。

将来的にはアスペルガーは診断基準からなくなるとも言われているため、先天後天の定義がなくなれば、高次脳機能障害がもっとも近いため、そちらも勉強しました。で、やっぱり同じ部位のダメージでも症状の出方にばらつきがあり、それからは観察に入りました。

音楽やってた時から、見て覚えて真似るのは当たり前だったので、いろんな人のいろんな個性や特性をたくさん見ました。

占星術と13の月の暦は流れで。最初は何一つ理解できず。

今はとにかく楽しいです。

脳もですが、勉強と書いてますが勉強とは思ってません。楽しいから勝手にやって、面白いアイディアを繋げてってより楽しく遊ぶゲームみたいな感じです。義務になるとできなくなります。箏の練習、みたいな（笑）。

大学時代の合気道や短大時代の狂言なんかは今でも役に立っています。正中線や丹田という軸の感覚、腹から声を出して胸を管にしてより反響するように謡う道管の感覚とか。

読書だと、夢枕獏さん、荒俣宏さん、京極夏彦さんが好きなので、ダウンロードはそういうところからしてました。

去年の夏ぐらいからはとくに、必要なことは1回で入るようになりました。逆に1回でハマらなければ、不要のメッセージです。

読字障害も面白い変化があり、読むべき部分だけが反転します。

Ａｓｃゲームとかをやると、強いサインからはエレメントの香りを感じます。

ぶっちゃけ、占星術を勉強しだした時にマツキヨ先生の本を読んでもまったくわからなかったです。で、なんとなくルルラブアさんで勉強しました。

あのどうしようもなくハードアスペクトを叩く感じが逆に面白かったので（失礼）。ヘリオ地球が天秤座だからか、特定の星を悪く読んだりができなくなってきて、アスペクトの解釈をすべて奇跡にしたぐらいの時かな。

ビジョンで、銀河学校に行って、星たち（子どもたち）に話しました。

僕は地球のことを教える分には先生かもしれないけど、宇宙のことはわかりません。なので、宇宙のことは皆が先生になって教えてください。と。

そんな感じで打ち解けてしまい、毎日がミラクルで毎日がシンクロで、笑わない日はないぐらいな今に至ります。

ちなみに笑ってばかりいたら、腹筋が4パックに割れてきました。

で、ヘリオや3次元を知ってからは完全にマツキヨ先生にハマりました（笑）。

12サインがシンボライズされて視えるんですが、ジオだと双子座は本の背表紙で、ヘリオだと双子座は向かい合うスフィンクスが護る通路です。

脳梁的な位置には今のこの自分自身が必要で、右脳左脳でジオヘリオがある感覚でいます。

二元論に違和感があり、3からじゃないと始まらないと思っていて、辿り着いたのがマツキヨ先生でよかったです。

## 変性意識体験史〜その2

小学生の時。

ここ危ないなと思ったところで車がぶつかった。

中学生の時。

真っ黒い人を見た翌日は、笑い声と生首（フランスの貴婦人ぽかった）を感じた。

怖かったので目は開けなかったです。

高校生の時。

青鬼が「風が……」と言って通り過ぎて行った。

体脱だ！　と、ちゃんとわかる体脱を2回した。上半身だけ抜けて、自分を見てた。

その後は金縛りにあうたびに頭や足を引っ張られて怖かったので、抜けないように頑張りました。

塾の友達で、フリーメーソンに入っていて陰陽師をしている、という子がいました。

電話中に千里眼かなんかの話になり、僕の目の前にあるものを当ててって言ったら、「なんか青いやつ。丸くて……。テーブル？」と。

その通りで、青い丸テーブルを部屋に置いていて、その時に目の前にあったものでした。

本当にフリーメーソンで陰陽師かは置いとくとして、その子から教えてもらった話は面白かったです。曼荼羅、セフィロト、山手線、呪いについてとか。

友達は式神使ってたので、箏の練習をしてるとよく来てました。

覚えてるだけで、蝶・烏・鷹……まだいたけど忘れました。

金星魚座なので、そのころはとくに心霊的な体験が多くてたいへんだったように記憶してます。

アリゾナでは、ホストファミリーが一人暮らしのおばあちゃんで、その家は本物のポルターガイストでした。

ラップ音というか、家がミシミシいったり、ガツンとかゴンとか音がするし、誰もいない部屋から大音量でいきなりテレビがONになったり。

今思うに、おばあちゃんの旦那さんだったかな、と。

20代。

白いワンピースを着た骸骨が木の枝にいました。

すぐにヤバいとわかり、絶対見ないようにしました。

翌日、その場所で車同士の衝突事故が。

半ばで臨死体験。

そういえばアスペルガーの診断はサタリタのころで、診断された時にクリニックの外に出たら、僕以外の人は皆、金色の糸がありました。

藁の納豆みたいに、金糸がいっぱい空から出てて頭頂と結びついて体を包むようにありました。

僕にはそれがなかったので、皆とは違うんだあ。と切なくなりました。

30代。

チャートが読めるようになったら、過去世か憑いてるものかがチャートから視えるようになりました。なので、戦国武将とか、能に出てくる鬼とかが僕のところに来てしまい、バトルった……。

体を取られそうになった時は、御守りの中に入っていた呪符みたいのを、お腹壊すの覚悟して食べたり、顔に目しかなくて顔自体が赤と黒の渦でできた鬼は絵に描いて燃やしたり、自己流で結界張ったり、場を壊したり、辟易しました。

もうそのチャンネルには合わせません。

対処法は勝手に浮かぶので、そのままやってました。

チャンネル合わせないので、チャートからもそういうのは視なくなりました。

ちなみに、視る時は目を閉じます。

視ない時は目を開けます。

そういえば、僕は毎日夢を見ます。

20代までは予知夢はそれなりにあったかも。

とくに覚えてるのはニュージーランドの地震で、崩れた教会がテレビに映ったとき。

その前に何日間かカップが割れる夢を見ていて、カップの割れ方や割れた形と崩れて一部が残った教会の形が同じでした。

30代では夢で見たことがある場所によく出くわします。

中学の時の音楽の先生は霊感強すぎてすんごい体験ばっかりしてる人だったので、授業時間の半分ぐらいはネタ披露をせがまれる状況に。

その先生はふだん見る夢は白黒で、予知夢や正夢はカラーだって言ってました。

## わたしの入り方、いろいろ

ナカオさんの場合

▼お能の生舞台、テレビだとまったく駄目で、不思議です。
バイーノラルビート、音叉、ガムラン、生の琴音。
▼電車、車などの移動中は飛びます。ただ、車の助手席では飛ばないように気をつけます。運転手まで巻き込んで異常なハイになりやすいので、安全運転大事。
▼仕事中。機織りの仕事なので軽く入ります。職人さんはだいたい軽く入っている。浮きながら、作っている製品に落とし込むために、天空から槍で突き刺すような感覚になりやすい。
▼水の波紋。
▼入眠時、睡眠時、覚醒時、入ってないときのほうが珍しいです、よね。
▼場所、完全に個人的ですが三輪山、段差のある山壁に水が溜まっているところ。滝と滝壺というべきでしょうか。流水と溜まりがあってエーテル体が溜まりまくるところがよいです。新幹線の天竜川のあたり、私も中央構造線と日本アルプスのダブル効果で心地よい

です。

玉置神社の玉石社、熊野本宮大社の大斎原、石山寺の硅灰石、御嶽神社里宮（噴火直前だったからかも）、島根県雲南市木次町木次の桜並木（鉄分を含んだ斐伊川のうねり）など。

▼水晶、黒曜石、辰砂、ヒスイ。土地エーテル体に感応する。黒曜石は自分の膿み出しのような感じ。そういえば、黒曜石の球体で見ていますが、柱のように上に50センチくらい渦巻いてしまってどうしようと思っている最近です。

## 暗闇と渦とスピード

メインは呼吸で、吐く呼吸をひたすら細く長く、1回2〜3分くらいかければほぼ入れる感じです。

変性意識にもいろんなレベルがあるし、細かく書ききれないので、「ものでないものが見えたり、音でない音が聞こえるレベル」に入るやり方をいくつか書きます。

●真っ暗闇にて

小さいころ、押し入れが大好きだったので。

アイソレーションタンクに近いかと思いますが、痛めた首がさらに痛くなったりするので私はタンクにあまり入れません。

善光寺や清水寺にあるような漆黒空間。目をあけても閉じても変わらない真っ暗な環境。これはつくるのが割にむずかしいです。街灯のおかげで夜でもふつうの押し入れや収納ではだめで、音楽スタジオはいいかと思えば機械のランプや非常灯があります。なので家につくりました。

野外ならすごくよいだろうと思うのですけどね、簡単には遭遇しませんよね。アマゾンでは体験できるらしいです。ハワイや八丈島で腕を伸ばして肘が見えないような濃霧に会いましたが、あれもかなりいいです。じっとしていると、なにもないところを背景に何やら見えてきます。

この方法は抽象性が高いものが見えやすいです。文字拾いには私はこれが最適ではないかと思ってます。

●渦があるところで回転

海の５ｍくらいの水深があるところで（湘南では浅すぎてできない）、底に近いところでぐるぐると横に回転します。

上下感覚が混乱してどちらが海面かわからなくなるので、溺れる危険がちょっとあります。プールではいま一つです。

海でなくてもよくて、パワースポットで気がボルテックスになっているところを見つけたら、そこでぐるぐる回ると上に抜けていきます。意識が拡張する感じ。単純に気を補うという場所もありますが、まるで綿あめの機械の芯になったように情報がねっとりまとわりつくところもあります。

回転をやめて座った後、個人的な意図を発するととてもビジョン視しやすいです。

●スピード

車を走らせていてスピードを上げていくと、ある点から目の前のことだけに集中していられなくなり、知覚が全方位的に「汎」の状態になります。

私の場合は、時速120km以上になるとその状態になります。周囲に気の渦のトンネルができて、たとえば目的地の様子などが見えたりします。

先に書きましたがこれもルートによります。車が少ない、カーブが少ない、警察もあまりいない、レイラインに沿っているなど条件が揃うところはそんなに多くありません。今はもうやりませんが。

諏訪湖の脇と富士の樹海の脇は安定的にいいです。樹海では巻狩りの記憶が戻りました。速度はあまり上げられませんが朝熊山や島根の奥もかなりいいです。霧が出ている時の箱根も。

厳密に言えば見えないものが見えるほどでなく、意識の拡張くらい。しかし「一瞬で走り過ぎる」から、松村先生のおっしゃる解説者が働かないうちに、印象を拾えるのだと思います。

ちなみに、朝比奈インターを降りて鎌倉に向かう途中の朝比奈峠などはアンパワースポットで、よろしくない意味で入りやすいです。鎌倉の結界はそういうところ多め。濃い身体感覚を持ったままの体脱をしたいけど、私にはけっこうむずかしくて、数回しか成功していません。おもしろかったけど。ガイドに引きずり回されたり、ソックスを脱がされました。こちらも剥がされたり渡したりばっかり。

私の体験した体脱も視覚的ではなくて、8割がた触覚です。

松村先生のいうレベル2、ヘミシンクのフォーカス21は、いつも、カンテラを灯したキャンプのような暗がりなので、近いのかもしれない。でもヘミシンクでは触覚はあまり感じない。

**松村潔**　ルーミー踊りは、簡単でいいね。秘密の場所、まるで松茸がはえてくる場を隠すみたいに、誰かつけてないか確認しながら、その場所に行き、回る。というのは、いいですね。というか、昔、研究会で、山の中に行き、みんなに回ってもらっていた。

# あとがき1

## Epilogue

# 変性意識編成会代表者としてのあとがき

松村先生の呼びかけにより、facebookで変性（変成）意識編成会グループを作りました。その内容がこの本になっています。経緯として、私は松村先生の精神宇宙探索講座を1年以上主催していますが、その自主練習グループのメンバー一人が書いた変性意識の入り方や幽体離脱に、松村先生が興味を持たれ、いろんな方の体験を集めて本にしようと言われたことにあります。最初はkindle本を作るといっていたのが、グループに参加されていた編集者の太田さんのご助力もあり、紙媒体で出版される運びとなりました。このような機会に巡り合ったことをとても嬉しく驚いております。

このグループに参加されている皆さんは、ほとんどが精神宇宙探索講座やその他の松村先生の講座を通して知り合った方々で、普通の主婦であったり、ありきたりの仕事をされていたりする方ばかりです。本書をお読みになって、「こんなことが!?」と驚かれたり、信じられなかったり、これは特別な人にしか起きないと思われたかもしれませんが、実はそんなことはないのです。

私は臨床心理士として25年以上仕事をしていますので、変性意識状態自体それほど特別なことではありませんでした。催眠療法や自律訓練法、夢のワーク、イメージ療法、そして最近流行りのマインドフルネスも変性意識状態を使うものです。またトラウマというのも一種の変性意識状態で作られたものといえます。しかし、それらはセラピーの研究のため、治療的な意義について議論されるものであったり、守秘義務の関係上、その中身については一般人の目にはあまり触れないようになっていたりします。ですので、変性意識状態の中身に関して、これだけ自由にのびのびと普通の人々が語ったものを集めてきた本は今までなかったように思います。それだけでも、この本の意義はあるように思います。

私は最初趣味として精神宇宙探索講座に参加し主催もしてきましたが、参加された多くの方から「こういう世界があることを知って癒された」という声を聞き驚きました。そして、変成意識編成会グループのメンバーからも、「こんな話を自由に語られる場を作ってくれて、ありがとうございます」、「真面目にこういう話を聞いてくれる場があることで助かります」、「他の方の変性意識体験を読むだけで癒されます」という声を聞き、普通の人にはこういう場がないのだなぁということを改めて知りました。

松村先生は本書の前書きに「いつもの日常意識から、この変性意識に入ると、個人としての狭い枠に閉じ込められた意識から拡大してゆき、いつもは見えないものが見えたり、またどこかに飛び出したり、なんでもありの状態になります」と書かれておられますが、私たちが日常生活をする中では、個人としての狭い枠に私たちを閉じ込めていて、意識を拡大するということを大っぴらに許してない（許されてない）し、それについてきちんと真面目に語り合う場というものがないということだと思います。だからこそ、精神宇宙探索講座で恒星へ行った体験を語ったり、変成意識編成会で変性意識体験を自由に語り合ったりすることが、癒しにつながっていったのだと思います。

私は20代後半でアメリカに留学し、そこでいろんな国の方々と出会い、日本人との宗教や精神性（スピリチュアリティ）の違いを感じました。大半の日本人には他の国の人にあるような生まれながらの宗教というものがありません。それ故に自由な面と、それ故に騙されやすい面があるように感じました。留学先で出会ったアメリカ人の友人は敬虔なカソリック家系出身で、「大人になってからはそこまで信奉していないが、娘をカソリックとして育てたのは、変なカルト宗教に騙されないためである。まずは、きちんとした宗教を知り、それから自由に選ぶようになれたらいい」と言っていました。この話をするとある方は、松村先生の『精神世界の教科書』を高校教育の一環にしたほうがいいのではないかと言っていましたが、まずは正しく知識を持つということは大事なことだと思います。

変性意識体験についても同じようなことが言える気がします。何も知らないと変なものであると怖れたり、逆にすごいものとして崇め奉ったり。これは、どちらも同じくおかしいことです。変性意識自体は、実はとても日常的なもので、何かに注意集中していると、60秒で変性意識に入っており、テレビCMはこれをうまく利用していると言われています。つまり、誰でも簡単に体験できるものなのです。きちんと自分で体験さえしていれば、例えば「あなたのオーラにはこんなものが見えます」と勝手なことを言って相手をコントロールしようという人たちに騙されずに済むのです。実際、浅い変性意識状態で得られた情報はその人のフィルターを通したものなので、必ずしも相手に当てはまるものではないのです（自我を超えるという、シータ波レベルの変性意識状態の情報は正確だと言われていますが、エドガー・ケイシーのようにフルトランスで聞き役がいないと普通は引き出せないものです）。そもそも変性意識で得られた情報は自分やコミュニティの成長のために使うものであり、他の人に何かするためのものではないと個人的には思っています。

そこで変性意識体験にはどのようなものがあるのか？　普通の人々はどのような体験をするのか？　ということを知っておくというだけでも、本書の意義はあると思うのです。

普通の人々といいましたが、それは普通に生活している人々という意味で、私自身もそうですが、この本に収録された体験談の書き手たちは、変性意識とは長く関わっている方々が多いです。何事も体験というものは積めば積むほど深まっていくものですので、幽体離脱のプロのような方がいたり、明晰夢のプロのような方がいたりします。元々直感を大切にし、それを訓練して伸ばして体験に結びつけている方もいます。やり続けるとこんなふうになるということが本書でわかってくるかもしれません。

最近ある知り合いの40代の方、二人から立て続けに同じようなことを言われました。「ここまで生きてきたら、大金持ちではないけど、ある程度のお金もあるし、美味しいものも食べてきたし、海外旅行も行ったし。やりつくした感じがあるので、いつ死んでもいいと思う」と。そういう方々は、まだ変性意識をちゃんと体験したことがないのだと思います。「個人としての狭い枠に閉じ込められた意識」の中で生活していると、このような閉塞感を持ってしまうのだと思います。書き手の一人は「娯楽としての幽体離脱」と言っていましたが、それは閉塞的な日常を打破するためにも、とても大切な姿勢だと思います。日常生活や普通の仕事では役に立たないことが、別の所では生かされるのです。

本書は、信念体系を打破するのにもよいかもしれません。人は気づかないところで、自分の信念体系に縛られて生きています。自分で自分を縛っているともいえます。簡単に言うと、誰もが育ってきた環境や体験から「これはこういうものなのだ」という考えを持っています。そして、その考えから物事を判断しています。ある方は「トンボのメガネ」という歌を使って、このことをわかりやすく説明していました。赤い色のレンズを通してみれば物事は赤く見え、青い色のレンズを通してみれば物事は青く見えます。つまり、人は自分が認識する見方で物事を捉えているのです、それもほぼ無意識に。そのことに気づいてもらい、物事の捉え方を変えてもらうのがカウンセリングの役割の一つだと思っています。変性意識に入り、「個人としての狭い枠に閉じ込められた意識から拡大していく」ことも、同じような効果があると思われます。まったく気づいてなかったより大きな自己の可能性に気づく可能性もあるかもしれません。

この本を読んで、「こんなこともありなんだ！」と驚いていただけたら、それだけで信念体系が揺るがされている証拠です。そして本書に書かれたやり方を自分のために試して、変性意識に入る練習をしてみるのはいいことだと思います。いろいろな発見をして、より大きな自分の可能性が見えてくるようになるかもしれません。

最後に、このような機会を与えてくださった松村先生に本当に感謝いたします。いつもたくさんの人が楽しく簡単にでき、それがなぜだか（笑）癒しに繋がる方法を考案してくださっているように思います。今後も期待しております。自分が書店に並ぶような本のあとがきの一部を書かせていただけることになるなんて、夢にも思っていませんでした。ありがとうございます。しかし、本を書くことは夢（変性意識）には見ていたので、これも変性意識に入ってきた効果といえるのでしょうか。

編集者の太田さんには、グループ・メンバーみんなが支えられました。「変性意識体験というのはけっして異常なことではなく、多く人たちが自己の向上などのために取り組んでいる人間的な営為なのだということを知っていただくとともに、孤立して悩んでいる方々に共感のメッセージを送るためでもある」という太田さんの言葉に多くのメンバーが動かされ、たくさん書いてくれることになりました。

また、本企画に興味を持っていただき、書籍化にご尽力いただいた株式会社アールズ出版の金澤理様には心から感謝申し上げます。

髙野尚子

# あとがき2

# Epilogue

最近わたしがよく話題にしているのは、ヨガのクンダリニというものです。人体の腰には、シャクティという女性的な性力とか、エネルギィのようなものが眠っていて、訓練によって、これが目覚めると、頭の上に上昇してゆき、上から来た精神性と、結びつくというものです。そして人体には七つのチャクラがあると言われており、このクンダリニが頭の上にまで至るのには、特定のチャクラとチャクラの間で、扉が閉まっている部分があるという話です。

wikipediaでクンダリニという項目を開くと、この扉が閉まっている部分は三箇所あり、一番下のムラダーラ・チャクラという場所と、下から二番目のスワディスタナ・チャクラの間にブラフマ結節というものがあり、これが最初にクンダリニ上昇の障害になるということです。

ムラダーラというのは、物質生活を象徴しています。そして下から二番目のスワディスタナは、濃密な気のようなもので、これは上位の精神の作用に反応する成分をあらわしています。クンダリニは、出発点が、基本的に会陰あたりにあり、ムラダーラに該当しますが、そこを刺激して、シャクティを起こそうとしても、濃密な気のレベルのスワディスタナまでには、ただでは上昇しないのです。これは、言い方をかえると、精神や感情などと、物質には断絶があり、物質は精神や感情には容易に従わないということです。

　わたしたちは全員、精神作用で、ものが動いたりすることを信じていませんから、この物質と精神は連動しないというのを常識だと考えていますが、ヨガの発想であれば、それは常識ではなく、たんにムラダーラとスワディスタナの間の結節が、解放されていないかららなのだという話になってくるのです。

　マニラに旅行した時、わたしがスカイプで英語を習っていたフィリピン教師が、前日自殺していたことを知らされたのですが、それから数日、わたしはマニラのホテルで、夜、自殺した教師の心霊体のようなものと、対峙していました。そして帰国する最後の夜には、激しくベッドが揺れ、映画のエクソシストの中にあるような体験をしました。どうしても要求を聞いてほしい、という強引さがありました。

　この時、心霊体はいわばヴィジョンの中でのみ見るので、それが実際にベッドを激しく揺らすなどというのは考えられないと思いました。つまりわたしは心霊体とかは認めるけど、それが物質に影響を与えるということを認めていなかったのです。つまりわたしの頭の中では、ムラダーラという物質性と、スワディスタナという心霊的な気の領域は、「地続きではない」と考えていたのです。土地柄というものがあり、マニラは、こういう断絶を埋める性質を持っているのではないかと思いました。実際に、マニラで聞いた話では、ある夜、村が丸ごと、地面に飲み込まれたことがある。なかなか想像しづらい話です。

物質と気が筒抜けになるということは、物質的安定感が損なわれるということでもあります。つまり本来ブラフマ結節は開けてはならないということなのかもしれません。

チャクラでは、このあたりは一番下にあるものなので、比較的低級な話です。しかし、生命の樹の修行の発想で言うと、一番下の問題を扱うのは、最後の段階であり、もっとも上級者でないと手を出してはならないという決まりがあります。精神的なこと、感情面、心理的なもの、これらはどんなに頑張っても、そこでとどまるもので、物質生活に影響を与えることはありません。物質生活は、沈着した、通奏低音のようなもので、リズミカルに時を刻み、わたしたちの生活を安定して支えている。これがあまり変わらないことで、わたしたちの人生は精彩あるものになっているということかもしれません。

変性意識探索でなく、異次元探索という話になると、このムラダーラがちっとも動かず、精神、感情、心理のみで行うというのは、こんどは不完全な話になります。精神世界の分野では、地球は二極化して、異なる地球にシフトするという話が、もう三十年近く前から、話題になっていて、古い話なので、それに食傷している人はたくさんいます。

でも、そもそも地球というのは、ムラダーラを象徴していて、それがシフトし二分化するというのは、要するにムラダーラの振動が変わってしまうという意味です。じっと動かず固まったまま、というわけにはいかず、もし二分し、推移していく地球についていくには、ブラフマ結節を開けて、物質とは、精神の形骸化したものではあるが、しかし死物ではなく、寝たふりをしているもので、それは変化していくということを実践したほうがいいのです。そこで、わたしは最近、このクンダリニについて話題にしているのです。別次元の地球という話題を取り上げ始めれば、クンダリニ問題、というよりブラフマ結節の話は避けて通れないとも言えます。

クンダリニを扱いはじめると、精神の旅が、急に生々しいものに変わり、突然誰かが燃えたり、空中に浮いていたり、瞑想中に、部屋に置いてあったものがぶつかってきたりするという話が、嘘に聞こえなくなってきます。そしてマニラの自殺した教師が激しくベッドを揺らしても、謎だと思わなくなり、「いい加減にしろよな」という一言で終わったりします。

facebookでの変成意識編成会の様子を見て、フリーの編集者の太田穣さんに書籍化するのはどうかと持ちかけました。すると、たまたま、わたしがある本の打ち合わせをしている時に、アールズ出版の金澤理さんにこの話題を振ったところ、自分のところで出してもいいという話になり、太田さんに編集をお願いすることにしました。これをまとめるのは、大変な話です。太田さんと、株式会社アールズ出版の金澤さんがいなかったら、この本はずっと出ないままのはずです。どうもありがとうございます。

松村 潔

## Profile


### 松村潔（まつむらきよし）

1953年生まれ。西洋占星術、タロットカード、神秘哲学の研究における日本の第一人者。カバラ、グルジェフ、シュタイナーなどの思想もふまえて構築された、独特な宇宙論を提唱する。著書は『死後を生きる』『精神世界の教科書』『新装版 エーテル体に目覚める本』（アールズ出版）、『アスペクト解釈大事典』（説話社）、『精神宇宙探索記』（ナチュラルスピリット）、『月星座占星術講座』（技術評論社）、など多数。

松村潔WEBサイト　http://www.tora.ne.jp/

### 髙野尚子（たかのなおこ）

1963年生まれ。九州大学大学院教育学研究科教育心理学専攻 修士課程修了。イリノイ大学シカゴ校大学院アートセラピー専攻 修士課程修了。臨床心理士。夢やアート、イメージを用いたセラピーの長年の実践研究に加え、ヒーリングなどのエネルギーワークも行う。松村潔氏考案の精神宇宙探索がきっかけとなり、変性意識を深めた先の実践研究も始める。

WEBサイト アルリシャ　http://www.alrescha17.com/

### 変性（変成）意識編成会

2016年夏より、髙野尚子氏が主宰してFacebook上にて非公開グループのページとしてスタート。松村潔が講師を務める講座などの参加者を中心におよそ100名が参加。それぞれの変性意識体験を報告、ディスカッションを続けた。

# みんなの幽体離脱

2017年7月18日　初版　第1刷発行
編著者　松村　潔
発行者　森　弘毅
発行所　株式会社アールズ出版
東京都文京区本郷1-9-5　浅見ビル　〒112-0002
電話　03-5805-1781　FAX　03-5805-1780
http://www.rs-shuppan.co.jp
印刷・製本　中央精版印刷株式会社



ISBN978-4-86204-290-3 C0011